Humbert Kesel

CAPRI

Humbert Kesel

CAPRI

*Biographie einer
Insel*

PRESTEL VERLAG

MÜNCHEN

*Mit zwölf Farbaufnahmen
von Herbert List*

ISBN 3 7913 0007 5
© *Prestel-Verlag* 1971
2. *durchgesehene Auflage* 1983

Dem Andenken
EDWIN CERIOS
gewidmet

Inhalt

Erste Begegnung	9
Gestalt der Insel und ihre ersten Bewohner	17
Der Mythos	26
Die Einwanderung der Griechen	37
Ziegen- oder Eberinsel?	43
Blaisos, der Possendichter der Capresen	46
Die beiden Städtchen des Strabon	50
Die Villa der Io und andere Römerbauten	55
Apragopolis, die Faulenzerstadt	70
Das antike Capri	75
Die Hinrichtungsstätte, vulgo Salto di Tiberio	75
Sellaria, vulgo ›Le Camerelle‹	76
Der antike Leuchtturm	78
Ephebenschule	79
Hippodrom	79
Grab der Crispina	80
Taurubulae	80
Tragara und sein römischer Hafen	81
Die Venusplätze	83
Grotta dell'Arsenale	83
Grotta di Matromania	84
Blaue Grotte	85
Örtlichkeiten, deren Namen auf die griechische oder römische Zeit zurückgehen	88
Griechische und lateinische Inschriften	90
Die Steine sprechen	90
Die Hypatos-Inschrift	102
M. Julius Agrippa – Ein königlicher Hochstapler	107
Tiberius	126
Langobarden und Sarazenen	147
San Costanzo	152

Neun Goldstücke und hundert Faß Wein	158
Privilegien	166
Capri und die Aragonier	173
Von Alfons I. zu den spanischen Vizekönigen	181
Cheireddin Barbarossa	188
Die Wachtelbischöfe	195
Capri am Rande des ›Grand Tour‹	209
Klein-Gibraltar	219
Die Blaue Grotte und die Nachromantiker	229
Die blaue Faraglioni-Eidechse	240
Deutsch-Capri	246
Der sogenannte Krupp-Skandal	264
Gorki und Lenin auf Capri	269
Von Norman Douglas zur schönen Carmelina	275
Die Maler	291
Edwin Cerio	302
Epilog	308
Bibliographie der Antike	312
Bibliographie Capris in neuerer Zeit	336
Sach- und Namensregister	345

Erste Begegnung

In der Villa Clorinda, dem Hause meiner Eltern am Abhange des *Posillipo* in Neapel, empfing ich die ersten Eindrücke meiner Kindheit. Zu diesen ersten Eindrücken, den Eltern, den Geschwistern, der großen Dogge Nero, dem Vesuv, dem blauen Golf und den fernen Küsten, gehörte auch die Silhouette der Insel Capri. Es war die erste Insel, die ich in meinem Leben sah. Sie blieb für mich zeitlebens die Insel. Auch als ich lange Jahre fern von ihr lebte, haftete ein Bild mir unauslöschlich im Gedächtnis: das Häusermeer von Neapel, der Vesuv im Hintergrund, der damals noch richtig rauchte, die Halbinsel von Sorrent mit dem Monte Sant' Angelo – und daneben, schwimmend auf schnurgeradem Horizont, die Umrisse von Capri, meiner Insel.

Die Eltern waren natürlich schon auf Capri gewesen. Sie erzählten von der Blauen Grotte, vom Café zum Kater Hiddigeigei, von der Villa des Tiberius auf schroffem Felsen, von Anacapri und von einer Begegnung mit Friedrich Alfred Krupp auf der *Nixe* des Norddeutschen Lloyd, die im Sommer zwischen Neapel und Capri verkehrte. Wir waren eine große Familie, und man war sparsam in den Zeiten vor dem Ersten Weltkrieg. Im Sommer ging man höchstens nach Bagnoli zum Baden oder nach *Bella Vista*, an den Abhängen des Vesuvs, in die Sommerfrische.

In der Deutschen Schule auf dem Tuffsteinmassiv des *Pizzofalcone*, wo vielleicht das antike *Palaeopolis* lag, wurden dann die Kenntnisse über Capri erweitert. Die deutschen Lehrer hatten die Insel besucht und schwärmten von ihren Naturschönheiten. In der Physikstunde behandelte man am Beispiel des *Salto di Tiberio* die Schallgeschwindigkeit, und wir mußten ausrechnen, wie lange es dauerte, bis der Aufschlag eines Steines aus zweihundertsiebenundneunzig Meter Tiefe gehört werde. In der Geschichtsstunde wurden die beiden römischen Kaiser, Augustus und Tiberius, erwähnt, die Capri als Eigentum besaßen ... ohne natürlich die Stellen im Tacitus und Suetonius zu streifen, die von dem angeblichen Lotterleben des Tiberius handelten. Wir lasen aber das alles heimlich nach: die Lehrer unterschätzten da unseren Wissensdurst und unsere Lateinkenntnisse. In der Naturgeschichtsstunde durfte natürlich die Blaue Eidechse nicht fehlen, eine seltene Abart der Lacerta sicula, die in Capri nur auf den beiden äußeren *Faraglionifelsen* vorkommt.

Ich war schon sechzehn Jahre alt – das war mitten im Ersten Weltkrieg – als sich mein Traum erfüllte und ich auf dem asthmatischen Dampfer *Principessa Mafalda* nach Capri fahren durfte. Der Dampfer wurde von einem Schnellboot der königlich italienischen Marine begleitet, da zeitweise deutsche U-Boote im Golf von Neapel auftauchten.

Es dämmerte schon, als der Dampfer an der *Marina Grande* vor Anker ging und die Passagiere ausgebootet wurden; denn damals gab es noch keine Hafenmole.

Und so stand der ungeheure Felsen von Capri dunkel und beinahe drohend vor mir. Als ich den Boden der Insel betrat, mußte ich die Hand auf die Brust legen, so klopfte mein Herz. Blumen dufteten links und rechts von der Drahtseilbahn, die mich zum Städtchen hinauf brachte. Die *Piazza* sah aus wie eine Bühne mit dem Glockenturm, der breiten Treppe zur Kirche des heiligen Stephanus, dem *Palazzo Cerio* und dem Torbogen, den man durchschreiten mußte, um zur Hauptstraße zu gelangen, die vor dem Krieg noch *via Hohenzollern* hieß, in Erinnerung an einen Besuch Wilhelm II.

Durch diesen Torbogen bin ich in den darauffolgenden Jahren hundertmal oder auch tausendmal gegangen zur *Unghia Marina*, dem Hause, wo ich später mit meinen Angehörigen wohnte. Am Gittertor rankten rote Rosen, und der Garten, hart am Felsabhang, lag im Schatten bizarrer Meerespinien und ernster Zypressen. Dahinter blaute unermeßlich das Meer des Odysseus. Manchmal, wenn man in dem Garten Bäume pflanzte, grub man Brocken von gelbem oder rotem Marmor aus, einmal auch ein Bruchstück bemalten Stuckes, auf dem ein fliehender Faun dargestellt war. Unter den Reben und Bäumen des Gartens lag nämlich ein antiker Marmorfußboden, stand doch auf dem Felsen der *Unghia Marina* eine der antiken Villen.

In den ersten Jahren meines Aufenthalts auf Capri kam mir ein alter Pergamentband des Rosario Mangoni in die Hand, der von der Archäologie und der Geschichte der Insel Capri handelte. Zu jener Zeit kam mir wohl schon der Gedanke, die Geschichte dieser Insel zu schreiben, und schon damals trat mir alles wie eine Vision vor das geistige Auge:

Zwittergestalten der Mythologie, Sirenen und Nymphen, Götter und Heroen. Telon, der alte König und die Nymphe Sebethis. Danach mit dem leichtfüßigen Schritt des Eroberers Oibalos. Seefahrer aus fernem Ostland, Teleboer, Kreter, Milesier, Griechen, den schwarzgeschnäbelten Schiffen entstiegen, Wikinger aus Euboia, dem Lande der fetten Weiden und schweren Rinder. Dazwischen auch wilde Tusker, die Anbeter chthonischer Gewalten – und Seeräuber.

Die griechischen Einwanderer aber wachsen an Zahl und bevölkern die ersten Häuser hinter der kyklopischen Mauer. Sie siedeln später auch unten an der Marina Grande, roden die Wälder in Anacapri, dem Oberen Capri, und bebauen das Neuland, meißeln die Hohe Treppe in das Titanenhaupt des Monte Solaro. Geschlechter über Geschlechter steigen diese Treppe hinauf und hinunter, verbrauchen sich im Gewimmel der beiden kleinen Griechenstädte zwischen Landbau und dem Ertrag, den das weite Meer bietet, und gesellen sich, Staub zu Staub, in den Urnen ihrer Nekropolen.

Bis dann die Jugendjahre der Geschlechter vorbei sind. Vorüber die Zeit der Eroberung, des Abenteuers. Es bleiben nur Epigonen, die nicht mehr an die Götter glauben, auch wenn sie ihnen noch opfern. Dennoch pflegen sie die alten Einrichtungen, die Ephebenschule, die gymnastischen Spiele, das Theater. Und ein Dichter tritt aus ihrer Schar, Blaisos, der Possendichter der Capresen. Wo stand sein Theater? Unten in der lärmigen Hafenstadt, unweit der oberen Stadt oder im sonnigen Tal von Tragara?

Da kauft Augustus im Tausche gegen Ischia den Neapolitanern die Insel ab. Römer landen auf der Insel, Soldaten, geschient und behelmt, das kurze Schwert am Griff gefaßt. Dahinter würdige Männer, den linken Arm in die Falten der Toga gehängt, Togen mit Purpursaum. Und zuletzt ein Greis, Lorbeer im schütteren Haar: Augustus, der Herr der Welt! Einst ein unschlüssiger Knabe, dem ein Weltreich zufiel und der durch Ströme von Blut waten mußte. Schlachten, Proskriptionen, Hinrichtungen säumen seinen Weg. Jetzt nennt man ihn Vater des Vaterlandes, Vergil, Horaz, Ovid besingen ihn. Mitten im marmornen Rom, das er schuf, steht sein Friedensaltar, die *ara pacis*.

Auf der Agora der Griechenstadt gilt die Begeisterung der Menge, mehr noch als dem hohen Gast, einer alten Steineiche. Heroen pflanzten sie in grauer Vorzeit, Telon oder Capreus, man weiß es nicht mehr genau. Einst, als Augustus in jungen Jahren die Insel besuchte, hatte sich der morsche Baum plötzlich wieder mit Grün überzogen – und geschmeichelt beschloß der Imperator damals, die ganze Insel mit ihrem griechischen Inventar zu erwerben.

Der alte Herr in der weißen Toga lacht dem spitzbübischen Agoranomen zu, der ihn begrüßt, und freut sich, seine griechischen Sprachkenntnisse anbringen zu können. (Der harte lateinische Akzent ist leider unverkennbar.)

Jeden Satz des greisen Caesars, ob mit oder ohne Sprachschnitzer, beantworten die Honoratioren der Stadt, der Leiter der Ephebenstiftung, der Kustos der Heroengräber, der Priester des Apollontempels, mit Beifallsklatschen Alles ist fröhlich und lacht.

Nur einer im Gefolge des Augustus lacht nicht. Er ist groß, fast massig, hält sich steif, und aus seinem unbeweglichen Gesicht spricht Verachtung. Er glaubt an nichts mehr, nicht an die Götter und nicht an die Menschen. Vielleicht nicht einmal an die Sterne, die er erkunden läßt. Es ist nur ein hoffnungsloser Zeitvertreib, so, wie man mit Würfeln spielen kann, deren Augen den Tod bedeuten.

Das ist Tiberius. Sein Schatten wächst, und die anderen verblassen. Allein geht er in seinen Palastanlagen – hoch liegen sie auf steilem Felsen – den Wandelgang auf und ab, Imperator ein jeder Zoll. Um ihn ist unendliche Einsamkeit, Felseneinsamkeit und Menscheneinsamkeit.

Euodos, sein griechischer Schreiber, bringt wichtige Nachricht. In fliegenden Staffetten brachten Kuriere sie aus Rom zum Signalturm in Misenum. Von dort wurden sie über das Meer mit Rauchzeichen weitergegeben, von Turm zu Turm: Seianus, der verräterische Freund, ist tot – gerichtet.

Tiberius zeigt keine Spur von Überraschung. Die Würfel des Todes, er mischt sie achtlos und streut sie hin. Heute der, morgen der.

Einmal kam, wie Plutarch in seiner Schrift *Vom Verfall der Orakel* erzählt, seltsame Kunde nach Capri: »Der Große Pan ist tot.« Thamus, ein ägyptischer Steuermann, hatte die Kunde, im tiefsten erschüttert, von einer Fahrt aus dem Osten mitgebracht und in Rom verbreitet. Tiberius ließ ihn rufen und hörte sich seinen Bericht an.

Das Schiff des Thamus hatte die Paxoi-Inseln erreicht und trieb ohne Wind dahin. Da, in der Dämmerung, wurde *Tha-*

mus dreimal laut beim Namen gerufen. Als er das dritte Mal, vom Schreck erholt, antwortete, rief die Stimme: »Läufst du die Insel Palodes an, so verkünde: ›Der Große Pan ist tot.‹« Zweifelnd wie er sich verhalten sollte, beschloß Thamus alles dem Zufall zu überlassen. Fand er bei Palodes Windstille vor, wollte er dem Geheiß der Stimme Folge leisten. Bei Palodes lag die See wie ein Grab. Erschauernd rief der Steuermann seine Botschaft, und noch war sein Ruf nicht verhallt, als ein herzzerreißendes Schreien wie aus vielen Menschenkehlen von der Insel zurückhallte über das windstille Meer.

Der Große Pan ist tot. Tiberius nickte wie bestätigend zu der Erzählung des ägyptischen Steuermannes, und er gab die Nachricht an seine Sterndeuter und philologischen Hofnarren weiter, hatte er ihnen doch gern, ihr nutzloses Treiben verspottend, solche mythologischen Rätsel gestellt: Wie Achilleus unter den Mädchen des Lykomedes auf Skyros geheißen, welche Lieder die Sirenen zu singen pflegten – warum nicht auch das Rätsel um den Großen Pan? Und der Gelehrten-Serail des Kaisers stellte nach eingehender Beratung und Durchsicht endloser alexandrinischer Rollen – die Horoskope des Hofastrologen Thrasyllos nicht zu vergessen – fest, es müsse sich um Pan, den Sohn des Hermes und der Penelope handeln. Da ein Gott nicht sterben konnte, machten die Mythographen aus dem alten arkadischen Hirtengott eine Art von Dämon, den Sohn eines Gottes und einer irdischen Mutter: nur ein Halbgott konnte sterben.

»Recte«, sagte Tiberius vielleicht oder »ihr habt mich verstanden«. Denn er meinte es immer anders, als er es sagte. Dabei sah er unverwandt in die Ferne. Was galt es ihm, ob ein Gott oder ein Dämon starb? Seine Welt war längst versunken. Vielleicht schon damals, als ein Dämon in der eigenen Brust ihn dazu brachte, sich von Vipsania zu trennen »Das einzige Mal, als er sie später zufällig erblickte«, so erzählt sein Biograph Sueton, »hat er ihr unverwandt nachgeschaut mit Tränen in den Augen.«

Die *Ricerche topografiche ed archeologiche* und die *Ricerche storiche sull'Isola di Capri* des neapolitanischen Notars Rosario Mangoni erschienen in Neapel im Jahre 1834. Seitdem sind weit bessere Werke über die Geschichte und die Bodenfunde der Insel erschienen, aber es war das erste ausführliche Buch über den Gegenstand, das in meine Hände gefallen war, und es begleitete mich ein Menschenalter auf meiner Fahrt durchs Leben. Auch wenn ich jahrelang nicht mehr darin las, so war es doch wie ein Vermächtnis und noch mehr eine Erinnerung an die Zauberinsel meiner Jugend.

Mit der Zeit füllte sich daneben eine Mappe mit Aufzeichnungen, Bildern, Briefen. Eine Bibliographie mit Hunderten von Buchtiteln, Auszügen und eigenen Aufsätzen wurde daraus. Als der Zweite Weltkrieg ausbrach, war aus der Mappe ein kleines Archiv geworden, dem sich viele Bücher über Capri zugesellten.

Der Bombenkrieg kam. Ich brachte von Berlin aus die Bücher und das Archiv in eine kleine Stadt im Osten, nach Landsberg an der Warthe, und glaubte, da wäre alles weit mehr in Sicherheit als in Berlin. In jungen Jahren hatte ich dort schöne Tage verbracht und meinen ersten Aufsatz im Landsberger Generalanzeiger veröffentlicht: *Aus meiner Caprimappe.*

In einem eisigen Kriegswinter brauste das Verhängnis über Landsberg hinweg. Die Stadt wurde geräumt. Lange Trecks, Frauen, Greise, Kinder, im Eishauch eines erbarmungslosen Schneesturms. Rauchende Ruinen überall. Wer dachte da an das kleine Capri-Archiv, an die Bücher! Alles ging verloren. Und es soll verloren sein.

Habent sua fata libelli. Ich traure um meinen Mangoni, um viele kostbare Bestände aus meiner Bibliothek, doch nicht mehr um die Manuskripte und Aufzeichnungen, auch wenn die Arbeit und der Sammlerfleiß von Jahrzehnten daran hing. Wir, die wir nach dem Krieg die Ruinenstädte Mitteleuropas bewohnten, wissen jetzt, daß alles, was wir in tausend Büchern gelesen haben, wertlos ist, wenn es nicht in unserem Inneren haften blieb und wir es wieder aus uns selbst neu schöpfen können.

Und so entstanden die Kapitel über das Altertum der Insel neu, ja, ich war froh, daß ich nicht mehr den Ballast früherer Aufzeichnungen sichten mußte, sondern unmittelbar aus den antiken Quellen schöpfen konnte.

Doch zurück in die Jugendzeit und zur Unghia Marina – ›Meereskralle‹ würde man auf Deutsch dafür sagen. Ich sehe wieder das Südmeer vor mir und höre die Orgeltöne der Brandung. Der Gischt der Wellen hüpft über die zackigen Klippen am Ufer und erweckt den Eindruck springender Ziegen. Nicht umsonst nannten die alten Griechen viele poseidonische Örtlichkeiten nach der Ziege, wie Aigylos, Aigina, Aigileia.

Auf fernen Wasserpfaden tanzt ein Schiff mit bauchigem Segel, und durch die Brandung klingt es wie betörender Gesang. Bewegen sich dort nicht zwei Gestalten, halb Jungfrau, halb Vogel? Flogen sie herüber von den nahen Felsenklippen der Galli – *petrae quas Sirenes habitaverunt*, Felsen, die einst die Sirenen bewohnten (Pomponius Mela II. 4, 1-2) –, Thelxiepeia und Aglaophone, verderbliche und doch allwissende Gottheiten. Es ist ganz wie in meiner Jugend oder vor zehntausend Jahren. Über das Meer des Odysseus klingt noch immer die alte Verlockung:

> *Komm, besungner Odysseus, du großer Ruhm der Achaier,*
> *lenke dein Schiff ans Land und lausche unserer Stimme;*
> *denn hier fuhr noch keiner im schwarzen Schiffe vorüber,*
> *eh' er den süßen Gesang aus unserem Munde vernommen.*
> *Sondern entzückt zog jeder von hinnen und weiser als vormals.*
> *Alles ist uns bekannt, was je nach der Götter Verhängnis*
> *litten Archiver und Troer zugleich in Trojas Gefilden*
> *und was sonst noch geschah auf unserer Allmutter Erde.*

Gestalt der Insel und ihre ersten Bewohner

Der Golf von Neapel, im Osten überragt vom Vesuv, öffnet sich nach Westen dem weiten Mittelmeer. Im Norden, wo er noch einmal tief in die Bucht von Pozzuoli eindringt, findet er mit dem Kap Misenum und den davor gelagerten Inseln Procida und Ischia seinen Abschluß. Im Süden umschließt ihn das Sorrentiner Vorgebirge, auch hier wieder ein Kap bildend. Das hieß im Altertum Promunturium Minervae nach einem Tempel, der auf der Höhe stand. Der edle Dulder Odysseus, so geht die Sage, soll ihn in grauer Vorzeit gegründet haben.

Etwa fünf Kilometer von diesem Kap, der heutigen Punta Campanella entfernt, liegt Capri, ein Felseneiland von siebzehn Kilometer Umfang.

Die Insel wird vom *Monte Solaro*, dessen Ostabhang jäh aus ihrer Mitte aufsteigt, in zwei gleich lange, aber ungleich breite Hälften geteilt. Der weitaus umfangreichere Teil bildet die Hochebene von Anacapri, die sich von Südosten, wo der Monte Solaro 585 Meter erreicht, allmählich nach Norden und Westen abflacht, und zwar so, daß die Küste nicht mehr so hoch ist, aber doch strand- und hafenlos bleibt. Der kleinere östliche Teil der Insel ist vielgestaltiger, erhebt sich zu mehreren steil zum Meer abfallenden Gipfeln, zwischen denen Schluchten und Täler liegen. Die Küste ist durchwegs steil und stürzt vom Gipfel des *Monte Tiberio*, der höchsten Erhebung der östlichen Inselhälfte, fast senkrecht ins Meer. Die Scheitelhöhe dieses Berges mißt 334 Meter, der sogenannte *Salto di Tiberio* 297 Meter. Im Süden ragen die *Faraglioni*, riesige Felsbrocken, aus dem durchsichtigen Meeresspiegel, als hätte ein Polyphem sie in Vorzeiten dahingeschleudert. Nur an zwei Stellen weist die Insel keine Steilküste auf: unterhalb der Riesenwand des Monte Solaro bildet der Boden einen Sattel, der in nördlicher und südlicher Richtung zum Meere abfällt, hier die *Marina Piccola*, dort die *Marina Grande* bildend. Das sind die zwei einzigen Landeplätze der Insel; aber nur die Marina Grande erlaubt es größeren Schiffen dort anzulegen, besonders seit man die große Hafenmole gebaut hat.

Capri gehört, geologisch gesehen, dem Mesozoikum, also dem Mittelalter unserer Mutter Erde, an. Die Hauptmasse seines Gesteins besteht aus einer Kreideformation, die dem sogenannten Urgonien entspricht. Doch finden sich auch Schichten des Lias, des Tithon und des Jüngeren Jura darunter, und zwar nicht immer nach der geologischen Zeitfolge geordnet, sondern vielfach verschoben und durcheinander gekippt. Auch Spuren des mittleren Eozän und des Pleistozäns hat man festgestellt. Myriaden und Abermyriaden von kalkhaltigen und kalbabsondernden Pflanzen und Lebewesen, Algen, Stachelhäuter, Schwämme, Foraminiferen, Mollusken und Würmer haben in Millionen von Jahren mitgewirkt, den Felsen von Capri aufzubauen. Kalkstäubchen auf Kalkstäubchen, eine geologische Sanduhr unvorstellbarer Zeiträume, deren Gerieseln zu Stein geworden ist.

Im Pliozän muß Capri schon dem Meer enttaucht gewesen sein, damals noch nicht als Insel, sondern als ein Teil des Sorrentiner Vorgebirges und Ausläufer eines Erdteils. Man hat diesen Kontinent, der sich von Ligurien über Korsika, Sardinien und Sizilien bis nach Afrika erstreckte, nach J. C. Forsyth Mayor, die Tyrrhenis genannt. Die versteinerte

Fauna – es handelt sich hauptsächlich um Schneckenarten – fehlt auf dem italienischen Festland, findet sich aber auf Capri und anderen vermutlichen Überresten der Tyrrhenis wie Pianosa Giannutri, Malta, Sizilien und Elba.

Noch im Diluvium hing der Felsen, der heute die Insel bildet, mit der Tyrrhenis zusammen, von der Apenninenhalbinsel durch einen Meeresarm getrennt. Die Knochenfunde ausgestorbener Säugetiere beweisen es. Damals lebte auf Capri das Mammut, der *Elephas primigenius trogontherii*, während auf der Apenninenhalbinsel nur der *Elephas antiquus* festgestellt wurde.

Die Tyrrhenis soll erst nach der Eiszeit ins Meer versunken sein. Man hat diese Naturkatastrophe mit Platons Atlantissage in Verbindung gebracht. Bei dem Atlantismärchen des Platon handelt es sich aber um eine dichterische Fiktion, auch wenn Platon sich dabei auf ägyptische Quellen beruft. Gab es denn 900 v. Chr. schon einen Athenischen Staat, der mit dem ägyptischen Reich ein Bündnis gegen die sagenhaften Atlantier schließen konnte? Kunden von untergegangenen Erdteilen, Reichen, Inseln und blühenden Städten gibt es in den Sagen und Märchen fast aller Völker. Es sind dunkle Ahnungen uralten Geschehens, die das Wunschbild von einem Goldenen Zeitalter mit dem Mythos von der Sintflut oder örtlichen Naturkatastrophen vermengen. Eine Sintflut, die unseren ganzen Planeten oder auch nur einzelne Erdteile bedeckt hätte, hat es in geschichtlicher Zeit nicht gegeben.

Die Strandlinien, die in verschiedenen Höhen an den Felsen von Capri sichtbar sind, die Grotten weit über dem heutigen Meeresspiegel und die Höhlen in großer Höhe geben beredtes Zeugnis vom Steigen und Sinken und Wiederaufsteigen dieses mächtigen Kalkfelsens im blauen Meer. Dazu hat sich während der Eiszeit und auch nachher die Höhe des Meeresspiegels selbst verändert.

Seit der Fels von Capri – nunmehr eine Insel – wieder den

Fluten enttaucht ist, und zwar spätestens vor der Jüngeren Steinzeit, hat sich seine äußere Gestalt kaum wesentlich verändert. Wohl streuten die Vulkane des Golfes da und dort Asche, Bimstein und Lapilli über den Kalkboden der Insel, und Wetter und Brandung nagten an dem Gestein, doch die Umrisse der Insel sind heute dieselben wie damals, als zuerst Menschen die Insel betraten. Es gab damals noch keine würzig duftende Macchia, die erst durch Kahlschläge, gewissermaßen als Krüppelwald, entstanden ist, ärmlicher Ersatz für die Wälder, die einst den Boden zwischen den himmelragenden Felsen bedeckt haben. Damals war die Insel wasserreicher als heute. Mit den Menschen sind auch die meisten Kulturpflanzen eingewandert. Sehr früh die Rebe, die vom Südrand des Kaspischen Meeres stammt. Ihr Name ist nichtlateinischer Herkunft. Nach Plinius war der Weinstock vor der Städtegründung durch die Griechen in Italien heimisch. Die Südspitze Italiens nennt schon Herodot Oinotria, das Land der Weinbergpfähle. Den Ölbaum aber brachten die ersten griechischen Kolonisten wohl erst im beginnenden 6. Jahrhundert v. Chr. nach Italien und mit ihm die Feige und den Kydonischen Apfel, die Quitte, die beide aus Vorderasien stammen. Bei den zuletzt genannten Früchten, und vor allem bei der Einführung des Granatbaumes und der Dattelpalme, mögen die Phoiniker die Vermittler gewesen sein. Von der Dattelpalme hat man aber auch fossile Formen bereits im Tertiär Jugoslawiens und Mittelitaliens gefunden, und in Athen ist sie seit dem 4. Jahrhundert v. Chr. bekannt. Pinie, Lorbeer und Myrte, diese echt italischen Gewächse, gediehen seit sehr frühen Zeiten auf Capri. Sicher gab es auch verschiedene Eichenarten mit eßbaren Früchten. Manche heutige Pflanzenart mag ihren Ursprung aus der *Florula romana* römischer Gärten herleiten, die später verwilderte und wie der Lorbeer jetzt wild in der Macchia wächst. Die Pracht römischer Park- und Gartenanlagen wurde im Mittelalter von den braven Küchengärten frommer Klosterbrüder abgelöst. Heilkräuter für die Gebresten dieser Welt und Gewürze und Küchenkräuter für die manchmal recht gut anschlagenden Fastenspeisen wuchsen in den Klostergärten. Das Geschlecht der Agrumen, vor allem der Orangen, wurde in Italien erst im Mittelalter heimisch und angepflanzt. Araber brachten sie nach Südeuropa. Man kannte zur Zeit der ersten römischen Kaiser allerdings schon die Zitrone und vielleicht auch andere Agrumen, wie das die hübschen Wandgemälde in der Casa del Frutteto in Pompeji beweisen, doch kann von einem richtigen Anbau der Früchte erst im 2. Jahrhundert n. Chr. die Rede sein, da erst Florentinus und Palladius Citruskulturen in Italien erwähnen. Mit der Entdeckung Amerikas wanderten die Agaven und die Indischen Feigen ein, die der Landschaft jetzt teilweise ein exotisches Gepräge geben. Leider, möchte man sagen, wenn man daran denkt, daß diese stacheligen Eindringlinge sich so vermehren und Myrte und Lorbeer und die anderen alten, den Göttern geweihten Gewächse des Mittelmeers verdrängen. Dabei sei an Prellers Gemälde und Illustrationen zur Odyssee erinnert, die vielfach Capreser Hintergrund haben. Prellers mythologische Gestalten wandeln durch eine zum Teil anachronistische Pflanzenwelt, die es im Altertum gar nicht gab. Damals wuchsen keine indischen Feigen, und die Sirenen konnten auf Capri weder Apfelsinen schlürfen noch in kalten Nächten, wenn die Tramontana, der Nordwind, über die Insel strich, ihre göttlichen Stimmen durch Zitronenpunsch vor Heiserkeit bewahren.

Aber heute wie damals überzieht im Frühjahr die Abhänge des Monte Solaro das Gelb des Ginsters, der Wolfsmilch und des Goldregens wie ein kostbares Geschmeide. Heute wie damals blühen und wuchern zwischen den Felsen die Blumen in farbiger Pracht, läßt der Meerwind das Laub der Ölbäume silbern schimmern, und heute wie damals nimmt das blaue Meer, durchschillert von smaragdgrünen

Untiefen, die grenzenlose Steilheit der Felsen und die strahlende Helle des südlichen Himmels feuchtverklärt in sich auf.

Und über dieses Meer, das auch die alten Kulturen nie trennte, sondern stets verband, kamen die ersten geschichtlichen Bewohner der Insel ...

Nicht die ersten menschlichen Bewohner überhaupt. Andere waren vor ihnen da, aber sie sind, was ihre Gestalt, ihren Wandel durch die Jahrtausende anbelangt, nicht mehr faßbar. Woher kamen sie? Waren es dunkelhäutige Menschen, die mit ihren primitiven Waffen die großen Säugetiere ihrer Zeit jagten? Wer löschte ihre Rasse aus? Krankheiten, Klimaänderungen, Naturkatastrophen? Die Tierknochenfunde lassen ein tropisches Bild entstehen und setzen breite Ströme im versunkenen Land westlich von Capri voraus, da man ja auch Knochen des Flußpferdes auf der Insel gefunden hat. Dschungel und Grasland von endloser Ausdehnung muß es auf der Tyrrhenis gegeben haben, bevölkert vom Mammut, dem Höhlenbären, von Hirsch- und Rhinozerusarten, Tigern, Wildschweinen, Hunden und Schildkröten, die im zwischeneiszeitlichen Lehm beim heutigen Hotel Quisisana, der Hauptfundstätte dieser diluvialen Fauna, ihre paläozoologische Visitenkarte abgegeben haben. Menschenknochen aus dieser Zeit sind nicht gefunden worden, wohl aber lagen neben den Tierknochen Faustkeile, Speerspitzen und Schaber, die man der sogenannten Chelléen- und Acheuléenkultur zuschreibt, neuerdings nach H. Breuil auch Abbevilien und Acheuléen genannt, eine Kultur, die zeitlich in der dritten Warmzeit Riß-Würm zwischen der Dritten und Vierten Eiszeit liegt und etwa von 118000 bis 10000 vor unserer Zeitrechnung dauerte.

Zwischen diesen Bewohnern, ob sie nun der sogenannten Crô-Magnonrasse oder einer Nachneandertalerrasse zuzuschreiben sind, liegt eine Zeitspanne von etwa fünfzigtausend Jahren, die Zeit, in der die Tyrrhenis versank und

Capri nunmehr als Insel weiter existierte. Nach diesen tellurischen Katastrophen, an der heute vom Meer bedeckte unbekannte Vulkane beteiligt waren, kamen erst in der jüngeren Steinzeit wieder Menschen nach Capri. Man hat in der Grotta delle Felci, der riesigen Höhle im Osthang des Monte Solaro, ungeordnete Knochen von Menschen gefunden, von denen manche Zeichen späterer Bearbeitung zeigen. Ein steinzeitlicher Künstler hat das Abbild des Menschen auf zwei Rollkieseln festgehalten, aber sehr schematisch. Schade, daß er einer mehr geometrischen als gegenständlichen Kunstrichtung huldigte, sonst wüßten wir mehr von diesem homo capreensis, den wir anhand der hinterlassenen Werkzeuge bis zum Beginn der Bronzezeit verfolgen können. Es war ein Volk von Jägern und Fischern, das hier wohnte und auch schon Seehandel trieb. Denn das Material der Waffen und Werkzeuge aus Obsidian stammt von den Inseln des Ponza-Archipels. Der Handel ging aber über die Ponzainseln hinaus weit nach Norden. So brachten handeltreibende Seefahrer Nephritbeile nach Capri und Messer und Schaber aus Obsidian, wie sie in der Gegend Parate im oberen Teil der Marina Piccola gefunden wurden. Weiter südlich entdeckte Douglas ein Jadeitbeil, und eines aus Chloromelanit grub Ignazio Cerio an der Via Tragara aus. Schleuderkugeln aller Größen, die man ebenfalls in der Höhle entdeckte, deuten auf jagdliche Betätigung. Man hat auch Mahlsteine gefunden, die aber kaum gestatten an Kornbau zu denken. Wahrscheinlich dienten sie zur Zerkleinerung von Wildfrüchten, wie Eicheln. Es ist bekannt, daß die Urbewohner Griechenlands und Italiens süße Eichelsorten als Nahrung verwendeten. Desgleichen entdeckt man Anfänge einer handwerklichen Tätigkeit, wie aus den gefundenen Sägen, Schabern, Glättern und Messern hervorgeht. Die ausgegrabenen Hammelknochen weisen auf Schafzucht, die Fischgräten und Muscheln auf Fischfang, so wie die Wirbeln und Spindeln auf Webarbeiten der Frauen deuten. Noch nicht geklärt ist die rote Farbe an den Reibe- und Mühlsteinen. Andere Funde gehören schon der Bronzezeit an. Ein ziemlich abgebrauchter Schleifstein setzt den Gebrauch von Metallmessern voraus, und tatsächlich wurden in der Höhle auch ein kuprolithischer Dolch und eine Flachaxt aus Bronze gefunden. Die mit linearen Mustern bemalten Tongefäße stimmen in ihren Formen und Verzierungen mit solchen des Festlandes überein, die eindeutig aus der Bronzezeit stammen, so daß man auch die Töpferware der Grotta delle Felci in die Bronzezeit einreihen muß. Ja, dieselben bemalten Gefäße lassen erkennen, daß die Kulturstufe der damaligen Insulaner eng mit der altmittelländischen Kultur im Vibratatal an der Adria und in Ostsizilien zusammenhing. Es ist die alte vorindogermanische Kultur der Extra-Terramaricoli, wie Rellini, der verdiente Forscher der Grotta delle Felci, sie genannt hat. Nach Duhn-Messerschmidt nennt man sie besser die apenninische. Sie ist durch illyrische Überlagerungen oft schwer erkennbar. Nur an wenigen Orten, vor allem im nördlichen Picenum, haben sich reine Zeugnisse dieser apenninischen Kultur erhalten.

Während man diese Kultur auf dem Festlande bis ins erste Jahrtausend v. Chr. verfolgen kann, wo sie in die Formen der nachfolgenden italischen Kulturen übergeht, bricht die Überlieferung auf Capri plötzlich ab. Es sieht so aus, als wäre Capri zwischen dem 18. und dem 8. Jahrhundert vor unserer Zeitrechnung nicht bewohnt gewesen. Erst aus dem 8. Jahrhundert fand man Vasenscherben geometrischen Stils. Auf der nahen Insel Ischia dagegen gehen die Bodenfunde der Vorzeit lückenlos in die geschichtliche Zeit über. Warum dies so ist, kann auch heute noch nicht eindeutig beantwortet werden.

Immanuel Friedlaender glaubt, einem Gedanken v. Duhns folgend, Capri sei während dieser Zeit unbewohnt geblieben, weil gerade in diesem Zeitraum, zwischen dem 18. und dem 8. Jahrhundert, der Vulkan Somma-Vesuv eine

Reihe schwerer Ausbrüche hatte, den heftigsten im 15. Jahrhundert v. Chr. Der Feuerberg ist dann bis zum 8. Jahrhundert überhaupt nicht mehr recht zur Ruhe gekommen. Die Angst vor diesen Vulkanausbrüchen habe die Bewohner aus Capri vertrieben, und bei der damals dünnen Besiedlung des Festlandes bestand keine Veranlassung, in diese Gefahrenzone zurückzukehren. Da manche vulkanische Ablagerungen auf Capri weder vom Somma-Vesuv noch vom Monte Epomeo auf Ischia stammen, muß man annehmen, daß noch andere Vulkane tätig waren, die heute vom Meer bedeckt sind. Vielleicht liegt hier des Rätsels Lösung. Andererseits gibt es unruhigere vulkanische Gebiete, die von der Bevölkerung trotzdem niemals aufgegeben wurden, wie zum Beispiel das nahe Ischia.

Der Mythos

Vor der Geschichte steht immer der Mythos. Er erhält seine endgültige Gestalt erst in geschichtlicher Zeit, sogar erst dann, wenn die Kultur eine Überreife erreicht hat, so wie der alternde Mensch, zurückblickend in die Jahre seiner Kindheit, zwischen Dichtung und Wahrheit die Anfänge seines Werdens sucht. Und dann sind Dichtung und Wahrheit oft schwer zu scheiden.

Gerade bei den Griechen ist das schwierig. Ihnen ging jedes Gefühl für Geschichtstreue ab, und sie waren im Erdenken und in der Lokalisierung von Mythen ohne Hemmungen, mußte doch jede griechische Polis ihren Ktistes, ihren mythischen Gründer, haben. Von Historie und Wahrheit unbelastet, übertrieben die Griechen auch geschichtliche Ereignisse, Land- und Seeschlachten, und fälschten sie zum Ruhme ihres Stadtstaates. Allerdings darf man nun nicht gleich den ganzen Heroen- und Gründermythos als Phantasie oder Erfindung abtun. Nach vorsichtiger Sichtung der künstlichen Genealogien und alexandrinischer Spitzfindigkeiten scheint doch wenigstens ein Teil historischen Hintergrund zu haben, uraltes Geschehen, das die Stämme der Griechen einmal bewegt hat, auch wenn es nur im Unterbewußtsein erhalten blieb.

So steht auch vor den Zeugnissen über die älteste Geschichte der Insel Capri ein Mythos: die Beherrschung durch die Teleboer. Ihm schließt sich die noch nebelhaftere und ganz vereinzelt überlieferte Kunde von einem König Capreus an, während ein dritter Mythos, der von den Sirenen, in bezug auf Capri ein philologisches Produkt späterer Zeiten ist. Ein Scholiast des ausgehenden 4. Jahrhunderts n. Chr., M. Servius Honoratus, gibt in seinen Kommentaren zu Vergils ›Aeneide‹ wohl als Erster den Sirenen Capri als Wohnsitz. Eine Quelle nennt er nicht.

Für die auf Capri lokalisierte Teleboersage ist Vergil der einzige Gewährsmann. Die anderen Autoren, die Capri im Zusammenhang mit den Teleboern erwähnen, Silius Italicus, Statius und Tacitus, hängen alle von Vergil ab. Bei Tacitus, der ein sehr gewissenhafter Geschichtsschreiber war, ist es natürlich nicht ausgeschlossen, daß er die Quellen Vergils unmittelbar gekannt hat. Doch auch für ihn ist es nur eine Sage. »Capreasque Telebois habitatas fama tradit«, setzt er vorsichtig hinzu. (Und Capri sei, kündet die Sage, von Teleboern bewohnt gewesen.)

Über Capri herrschte lange der alte König Telon. Er zeugte mit der Nymphe Sebethis den Oibalos. Dieser, nicht zufrieden mit der Herrschaft des Vaters, zog zum Festland hinüber, unterwarf Land und Leute und dehnte seine Herrschaft aus. So Vergil in seiner *Aeneis*. Ein Rankenwerk der Phantasie haben reisende und schreibende Ciceroni hinzugeschrieben. Unser guter Rosario Mangoni, der die Teleboer frei nach Samuel Bochart aus Palästina kommen läßt, erfindet dazu aus dem Blauen heraus, die Sebethis sei nach dem Tode des königlichen Gatten wieder aufs Festland zurückgekehrt und habe so Capri unter die Herrschaft der Neapolitaner gebracht. Und der sonst lobenswerte Erforscher der mittelalterlichen Geschichte Capris, Don Giobbe Ruocco, weiß sogar genau, wie die Teleboer aussahen, wie sie sich kleideten und welchen Dialekt sie sprachen: nämlich den dorischen!

Erwähnt sei hingegen eine interessante Variante der Teleboersage im *Sermo de transito Sancti Constantii*. Nach dieser Quelle war Telon ein Sohn des Mars, und zur Zeit der Niederschrift des genannten Sermons, im 12. Jahrhundert n. Chr., zeigte man auf Capri noch das Grabmal des Königs Telon. Der gelehrte Mönch Marinus, der den Sermon verfaßte, kannte nicht nur die Kommentare des Servius und des sogenannten *Servius auctus*, die er fast wörtlich abschreibt, sondern durchstöberte auch die Literatur der antiken Schriftsteller nach Zitaten über die Insel Capri und stellte fest, daß der Name immer nur in Pluralform verwendet worden sei – was allerdings in bezug auf die älteste Namensform, die uns Hekataios überliefert hat, nicht stimmt.

Wenn sich die Kunde vom König Telon so lange auf der Insel erhalten hat und selbst durch die Heiligen, die so gerne den Platz alter Heroen eingenommen haben, nicht verscheucht worden war, könnte man doch an einen geschichtlichen Kern der Sage glauben.

Die Insel der Teleboer, der Fernbrüllenden, lag im Westen Akarniens. Ihre Bewohner waren, wie Strabon angibt, Männer aus lelegischem Stamme. Man hat die Leleger gleich den Pelasgern ein vorhellenisches Urvolk genannt. Ihre weite Verbreitung bis nach Kreta und bis zu den Küsten Kleinasiens und ihre mehrfach bezeugte Herkunft aus Leukadia und Akarnien lassen die Vermutung aufkommen, daß es sich um eine Volksgruppe handelt, die in die sogenannte große illyrische Wanderung hineingeraten war. Die nachhomerische Überlieferung warf die Teleboer mit den Lelegern und den Taphiern zusammen. Homer nennt die Taphier Räuber, und die Teleboer erfreuten sich des gleichen schmückenden Beiwortes. Sie selbst führten ihre Abkunft auf den seebeherrschenden Poseidon zurück. Ihre Genealogie entstand erst in alexandrinischer Zeit. Als ihr ältester Herrscher wird Teleboas, der Enkel des Lelex, genannt.

Unabhängig davon, ob die Teleboer nun den Lelegern zuzuzählen sind oder nicht, macht es schon die geographische

Lage der taphischen oder teleboischen Inseln klar, daß sie beim Aufbruch der Illyrier von der großen Wanderung erfaßt worden sind. Diese Völkerwanderung stieß nicht nur in den ägäischen Raum vor, sondern bis in das südliche und westliche Mittelmeer. In Ägypten tauchen diese Illyrier unter dem Namen Seevölker auf, die in der bekannten Inschrift Ramses III. in Medinet Habu bei Theben als geradezu furchtbar geschildert worden sind. Man hat diese Große Wanderung nach der sie tragenden Völkerschaft die illyrische, nach ihrem Hauptschwerpunkt aber auch die ägäische genannt. Doch in ihren Ausstrahlungen erschütterte sie das ganze Mittelmeer zwischen Kleinasien, Ägypten und Sardinien. »Sie legten die Hände auf die Länder bis zum Erdrand«, heißt es in der erwähnten Inschrift Ramses III.

Die Beziehungen Italiens zum adriatischen Raum sind sehr alt. Der Name ›Graeci‹, mit dem die Römer und Italiker die Griechen in ihrer Gesamtheit bezeichneten, deutet darauf hin, daß die Römer zuerst mit dem nordwestgriechischen Stamm der Graikoi Berührung hatten, und zwar in einer Zeit, als andere Sammelnamen für die griechischen Stämme, wie die der homerischen Achaier und Danaer, noch nicht allgemein waren. Ja die Lautform Ulixes für Odysseus spricht dafür, daß die Römer den Namen des homerischen Helden durch illyrische Vermittlung und nicht unmittelbar aus dem griechischen Epos übernommen haben. Und ein anderer Name, der des Oibalos, der in der lokalen Teleboersage auf Capri, aber auch in der Odysseussage auftaucht, ist überhaupt illyrischen Ursprungs.

Die Fahrten des Odysseus – möge ihr Held nun eine geschichtliche oder mythologische Gestalt sein – wurden gerade in ihrer westlichen Richtung, der allein eine geographische Wahrscheinlichkeit zugrunde liegt, zwischen Sizilien und dem Kap der Kirke lokalisiert. Demnach sind die seefahrenden Bewohner der akarnischen Inseln allen anderen Griechen in der Fahrt nach dem Westmeer vorausgegangen. Die

›Telegonie‹ ist darin sogar deutlicher als die antiken Homer-Scholiasten. Nach ihr zeugte der Sohn des Odysseus und der Kirke, Telegonos, der sich mit seiner Stiefmutter Penelope vermählt hatte, den Italos, während Telemachos, der legitime Sohn des Odysseus, die Kirke heiratete. Nach anderen heiratete er dagegen Kirkes Tochter, die Kassiphone, die ihm die Roma gebar. Den Mythographen kam es auf eine Blutschande mehr oder weniger nicht an. Spätere Dichter und Erklärer haben die Genealogien noch weiter durcheinander gebracht. Aber wir haben doch den sehr alten Hinweis Hesiods am Ende seiner ›Theogonie‹, wo Kirke mit Odysseus den Latinos zeugt und ein Telegonos über das Volk der Tyrrhener herrscht. Weiterhin heißt der Großvater der Penelope Oibalos, genau wie der Königssohn auf Capri, und Teleboas, Telon, Telemach, Telegonos gehören wohl alle in ein- und dieselbe Namenreihe.

Will man noch kühner sein in dieser Analogie von Namen, so sei der Versuch gewagt, den Namen der homerischen Insel Same und der darauf befindlichen gleichnamigen Stadt – später hieß die Insel Kephallenia – mit einer Örtlichkeit auf Capri in Verbindung zu bringen. Eine Gegend im südlichen Inselteil, wo jetzt die Certosa steht, trug in sehr alter Zeit den Namen Sama. Vielleicht verbirgt sich dahinter der Name der oberen Stadt, die auf der Höhe des östlichen Inselteiles lag und nicht auf der Hochebene von Anacapri. Same bedeutet etwa Hochheim oder obere Stadt.

Eine weitere Beziehung Akarniens, dem Hinterland der Teleboer, zu Italien, will man der Sirenensage entnehmen. Acheloos – in der ›Ilias‹ noch der gewaltige Flußgott an sich – genoß in Akarnien kultische Verehrung. So sollen die Teleboer den Sirenenkult zum Golf von Neapel gebracht haben. Ob die Abbildung des mannsköpfigen Stiers auf den alten Griechenmünzen Siziliens und Kampaniens auf diese frühen teleboisch-akarnischen Beziehungen zurückgeht, ist allerdings zweifelhaft. Die Gestalt des mannsköpfigen Stieres ist weit wahrscheinlicher dem altmittelländischen Kulturkreis entsprungen. Der Stierkult findet sich in einem weiten Gebiet zwischen Kreta, Ägypten, Italien, Sardinien und Spanien, ja der Name der Apenninenhalbinsel wird von Italos, dem Rind, abgeleitet. Erst eine spätere Zeit hat den Stierkult der frühesten Mittelmeerbewohner dem des Acheloos gleichgesetzt.

Man sieht, sowohl die Bodenfunde als auch die alten Sagen mit historischem Kern weisen unweigerlich auf sehr frühe Beziehungen zwischen Capri und der Landschaft Picenum an der Adria sowie mit Akarnien und den vorgelagerten Inseln hin. An der Kunde von den Teleboern kann sich, verlegt man sie in homerische Zeit, immerhin unsere Phantasie entzünden. Wir sehen die Männer aus Akarnien den hochgeschnäbelten, schwarzen Schiffen entsteigen und Capri, die waldreiche und mit Ebern bevölkerte Insel, in Besitz nehmen. Und wir stellen uns die patriarchalische Herrschaft König Telons nicht viel anders vor, als »des Alkinoos heilige Macht«, so, wie wir auch den Abenteuern des jugendlichen Helden Oibalos zu folgen vermögen, der in die Kriegswirren um Aeneas hineingezogen wurde, wie es sich bei Vergil nachlesen läßt.

Der zweite Königsmythos ist der des Capreus und, um es gleich vorwegzunehmen: dieser Capreus ist eine Ausgeburt der Philologie, eine Erfindung spätrömischer Mythographen. Gestalt- und beziehungslos entsteigt er verstaubten Pergamenten, und man weiß nichts mit ihm anzufangen.

»Einige sagen«, so heißt es im *Codex Turenonsis* aus dem 10. Jahrhundert n. Chr., »Capri sei nach Capreus benannt, der in dieser Gegend mächtig war.«

Das ist alles ein später Versuch, den Namen der Insel nach einem schlecht erfundenen Gründer zu deuten. Sich mit Capreus befassen, heißt, einen ganzen Rattenkönig von Mutmaßungen, Hypothesen und philologischen Spielereien zu knüpfen, ohne daß sich daraus auch nur ein Deut mehr an Wahrscheinlichkeit gewinnen ließe.

Die Kommentare des Servius zur Aeneide Vergils wurden vermutlich Ende des 4. Jahrhunderts verfaßt. Sie fußen stark auf denen des Aelius Donatus. Nun gibt es aber eine Fassung der Scholien des Servius, die man nach dem Entdecker früher ›Scholia Danieli‹ nannte, während man sie jetzt meist, wenn auch nicht ganz folgerichtig, als erweiterten Servius, *Servius auctus*, bezeichnet. Diese Scholiensammlung weicht erheblich vom eigentlichen Servius ab, und wahrscheinlich ist darin das Gedankengut anderer Vergilkommentare enthalten, das mit denen des Servius vermischt wurde. Auch der schon erwähnte *Sermo de transito Sancti Constantii* bringt die Stelle über Capreus wörtlich aus dem *Servius auctus*, ein Zeichen, daß dieser im 12. Jahrhundert schon weit verbreitet war. Man glaubt, der Archetypus sei in Italien entstanden, doch ist sein Verbreitungsgebiet auf jeden Fall Mittelfrankreich, wie aus den Handschriften hervorgeht.

So bleibt also vom König Capreus, »der in dieser Gegend mächtig gewesen sein soll«, nichts übrig als ein Name und verstaubte Philologie.

Auch der Mythos von den Sirenen ist, soweit er auf Capri lokalisiert wird, ein Gelehrten-Mythos. Servius ist der erste, der davon spricht, und er bestätigt selber, daß man den Sirenen früher andere Wohnsitze gab, so zum Beispiel am Kap Pelorum. Wie wir von Mela, Plinius, Solinus und anderen wissen, galten als Wohnsitz sonst immer die Galli, die Felsenklippen im Süden der Sorrentiner Halbinsel, die im Altertum deshalb auch *Sirenusae insulae* hießen. Eine allgemeine Lokalisierung der Sirenen in Süditalien geht schon auf Hesiod zurück. Bei ihm findet sich auch zuerst der Name *Anthemoessa* als der der Sireneninsel, während bei Homer *anthemoenta* noch ein Eigenschaftswort war und sich auf die blumigen Wiesen der Sirenen bezog.

Jedenfalls feierte die magere Anmerkung des Servius zur
›Aeneis‹ des Vergil (Buch 5, Vers 864), nachdem sie auch von
späteren Mythographen aufgenommen worden war, vor
allem von den *Mythographi Vaticani*, bei den Philologen und
Ciceroni des 18. und 19. Jahrhunderts fröhliche Auferstehung.
Auf diese reisenden Philologen geht auch eine Benennung
des Südstrandes von Capri und einer mäßig großen Klippe
davor mit Contrada und Scoglio delle Sirene zurück. Diese
Örtlichkeit führte noch zu Beginn des vorigen Jahrhunderts
die Bezeichnung Contrada del Mulo – was mit Maultieren,
aber nicht mit Sirenen zusammenhängt.

Natürlich ist die Sirenensage eng mit der Landschaft um
Capri verbunden. Die Sirenusae sind von Capri aus mit
bloßem Auge zu sehen. Auf der anderen Seite des Promunturium Minervae, das bei den Alten auch Kap der Sirenen
oder Berg der Sirenen hieß, lag nach dem Zeugnis Strabons
und des Pseudo-Aristoteles ein uralter Tempel der Sirenen,
in dem sich die Weihgeschenke der Gläubigen häuften, und
in der griechischen Stadt Neapolis hatte die Sirene Parthenope ihr Grab und ein Denkmal. Alljährlich fanden Spiele zu
Ehren der Stadtheroine statt. Capri selber, Lokalisierung hin,
Lokalisierung her, hätte wohl zum Sitze der verderblichen
Göttinnen erkoren werden können; denn wahrlich, die Felsenklippen der Galli wollen wenig zu dem homerischen Bild
von der Sireneninsel passen. Man stellte sich doch eine Insel
mit »blumiger Wiese« vor und nicht eine Reihe von Klippen.
Die Galli sollten wohl ursprünglich nur die zu Stein gewordenen Sirenen versinnbildlichen. Schon sehr frühe Vasenbilder des 6. Jahrhunderts v. Chr. zeigen den Selbstmord der
Sirenen, so, wie er später von alexandrinischen Scholiasten
ausgelegt worden ist. Durch des Odysseus List oder, in einem
anderen Falle, von des Orpheus Gesang besiegt, stürzten sie
sich ins Meer und wurden zu Stein.

Die Frage, warum nur an der Westküste Süditaliens Kultstätten der Sirenen vorhanden waren, während dieser Kult im griechischen Mutterland und im hellenisierten Kleinasien keine Stätte fand, ist kaum untersucht worden. Zugrunde liegt der Sirenensage ein uralter Volksglaube. Da sind die Sirenen Seelenvögel, weshalb sie als Grabbeigaben, auf Grabstelen oder als bildlicher Schmuck von Sarkophagen Verwendung fanden. Der Volksglaube, der älter ist als die späteren mythologischen Auslegungen und Stammbäume, sah in den Sirenen Töchter der Chthon, Dämonen der Unterwelt, die zu ihrer Existenz Blutgenuß brauchten. Sie sind darin den menschenraubenden Harpyen, die auch geflügelt waren, verwandt.

Homer singt in seinem unsterblichen Gedicht von der Betörung der Menschen durch den verlockenden Gesang, vom Windzauber und dem übermenschlichen Wissen der Sirenen. Von ihrer Zwittergestalt verlautet nichts in seiner Odyssee, sie wird aber wohl als bekannt vorausgesetzt, wie sehr alte Sirenendarstellungen bezeugen. Man hat versucht, die Sirenen als Verkörperung der Gefahren der Küste, der Strömung und der Brandung zu deuten. Eine plötzlich eintretende Windstille vermehrt ja die Gefahr, durch die Strömung auf die Uferklippen getrieben zu werden, wie das Goethe angesichts der Insel Capri erleben mußte. Davon hören wir später. Homer hat jedoch zu seiner Zeit weder an Allegorien noch an die Personifizierung von Naturgewalten gedacht. Für ihn waren die Sirenen Wirklichkeit, denn er lebte zu einer Zeit, als der Mensch noch an die Macht der Götter und an die Dämonen glaubte.

Schon die alexandrinische Gelehrsamkeit hat andere Auslegungen versucht, geistreiche und läppische. Aber erst in unserer Zeit entstand die rationalistische Deutung, die Sirenen seien die Frauen von Menschenfressern gewesen, die mit Gesang und unzüchtigen Gebärden die Seefahrer anlocken mußten. Waren sie einmal an Land, so erschienen mitten im schönsten Liebesglück die männlichen Zuhälter der Sirenen und schlugen die harten Neandertalschädel der Verführten mit ihren Steinkeulen ein. Und die Erklärung für die Knochenfunde in der Grotta delle Felci ließ nicht auf sich warten. Da hatte man es ja: die ersten Menschen auf Capri huldigten der Menschenfresserei!

So erzeugt langbärtige Weisheit antiker und moderner Scholiasten immer neue Probleme. Wir wollen lieber zu dem alten Volksglauben zurückkehren, der die Bewohner rund um den Golf veranlaßte, zum Sirenentempel bei Sorrent zu pilgern und dort den chthonischen Göttinnen Weihgeschenke zu bringen. Und wir wollen noch einmal die Frage aufwerfen, warum nur dort bei Sorrent, in Neapolis und vielleicht am Kap Poseidonion und bei Terrina die Sirenen kultische Verehrung genossen, während die geflügelten Göttinnen im griechischen Mutterlande und Kleinasien weder Tempel noch Wohnsitze hatten. Auch in Phrygien, wo man sehr alte, stark ägyptisierende Sirenendarstellungen ausgegraben hat, fand sich keine Spur eines Kultes. Stieß der Sirenenglauben, den die Griechen nach Süditalien mitgebracht haben, vielleicht auf einen alten vorindogermanischen Kult, mit dem die Sirenen, weil wesensgleich, verschmolzen wurden? Weiß man doch, daß die Hellenisierung vielfach nur eine oberflächliche war und das bodenständige mittelmeerländische Volkstum immer wieder durchbrach. Gerade in Kampanien zeigte sich das sehr stark, trotz aller Überlagerungen durch indogermanische Italiker und eingewanderte Griechen. In den hellenisierten Städten des Golfes, im griechischen Neapolis, in Pompeji, selbst in Kyme, drang nicht nur das samnitische und oskische Volkstum durch, es regte sich auch immer wieder das diesseitige, heiße Lebensgefühl der Südkulturen, das stets einen pompösen Totenkult wie eine jenseitige Fortsetzung ihres stark sinnlich bestimmten Daseins im Gefolge hatte. Durch diese alte Unterschicht nahm der Totenkult in Italien Ausmaße an, wie sie in Griechenland nirgends bezeugt sind. Die riesigen Nekropolen – wie etwa die Gräberstadt von Caere – finden in Griechenland nichts entsprechendes. Und so ist auch Kampanien, im Altertum Inbegriff des Wohllebens, zugleich ein Land des Totenkultes, der Gräber, der Unterwelt. Lag doch am Lago d'Averno der Eingang zum Schattenreich! Wie viele heimische Götter mögen vielleicht nur einen griechischen Namen bekommen haben. Aus dem altitalischen Stiergott wurde Acheloos, aus dem etruskischen Totengott Soranos Pater Apollon. Wer weiß, welche chthonische Göttinnen die Sirenen ablösten. Wohl tragen die italischen Sirenen Parthenope, Leukosia und Ligeia griechische Namen, aber sie werden nie mit der Namenreihe des Mutterlandes, Thelxiepeia, Aglaophone und Peisinoe verquickt. Diese gehen auf Hesiod, jene, die italischen Sirenennamen, vermutlich auf Timaios zurück. Etruskische Einflüsse sind nicht ausgeschlossen, nennt Statius die Sirenen doch etruskische Vögel!

... Es bleibe
fern das Lied, das am Totenfels etruskische Vögel
lieblich singen zum argen Verderben fahrender Schiffer.
(Statius, Silvae 5, 30 Trauergedicht auf den Vater)

Die Einwanderung der Griechen

Die älteste Stadt, die die Griechen in Italien gegründet haben, war Kyme, das spätere Cumae. Das wird von Thukydides, Ephoros, Dionysios von Halikarnass, Strabon und Livius bezeugt. Kyme war älter als die ersten Griechenstädte Siziliens. Wenn man behauptet, Kyme habe erst gegründet werden können, nachdem die Meerenge von Messina in griechischer Hand war, so führt man Gesichtspunkte unserer Zeit an, die für eine griechische *Polis* des 8. Jahrhunderts v. Chr. mit ihrem Hang zur Autarkeia nicht zutreffen. Die Kymaier haben Zankle (Messina) später nicht aus strategischen Gründen, ja nicht einmal des Handels wegen gegründet, sondern weil eben ein Teil des volkreich gewordenen Kyme, unternehmungslustig oder auch »unzufrieden mit der Herrschaft der Väter«, wie Vergil sagen würde, nach Neuem ausschaute. Denn die ersten Städtegründungen an der Westküste Italiens sind nicht zu verwechseln mit den späteren griechischen Kolonien, die aus wirtschaftlichen Gründen oder durch den Ansturm der Perser in Kleinasien erfolgten. Die ersten Fahrten ins Westmeer sind eher mit denen der Wikinger zu vergleichen. Wer nur einmal den euboischen Felsen von Kyme gesehen hat, der weiß, da wohnten keine griechischen Kolonisten nach Art der späteren Achaier in Lukanien und Kalabrien. Diese Burg bauten sich Eroberer, die das umliegende Land mit dem Schwert unterwarfen. Dazu gehörten auch die Inseln des Golfes als Stützpunkte ihrer Seemacht.

Nach der Überlieferung ist Kyme von Chalkidiern und Männern aus der gleichnamigen Stadt Kyme Phrikonis in Kleinasien gemeinsam gegründet worden, angeführt von dem Euboier Megasthenes und dem Aiolier Hippokles. Man hielt die Beteiligung der kleinasiatischen Kymaier für eine Erfindung des Ephoros, der aus Lokalpatriotismus seiner Vaterstadt den Ruhm habe zusprechen wollen, an der ältesten Städtegründung in Italien beteiligt gewesen zu sein. Zur Unterstützung der These einer rein euboischen Einwanderung entdeckte man auf Euboia ein reichlich spät bezeugtes Dorf Koume, und Beloch meinte, nach diesem Dorfe und nicht nach der berühmten kleinasiatischen Stadt hätten die euboischen ›Auswanderer‹ Kyme in Kampanien benannt.

Die Überlieferung ist doch glaubhafter. Es handelt sich ja gar nicht um eine Überführung von Kolonisten, sondern um eine Entdeckerfahrt. Hippokles und Megasthenes, das sind aristokratische Namen. Wolfgang Schadewaldt hat die Zeit der Insel Euboia in seinem vortrefflichen Buch *Von Homers Welt und Werk* überzeugend dargestellt. Warum soll der tatenlustige Adelssprößling Megasthenes nicht einen Kreis Gleichgesinnter gefunden haben, um die Fahrt in das Abenteuer des Westmeeres zu unternehmen? Und warum soll er sich nicht dabei der Erfahrung eines adeligen Kymaiers, des Hippokles, bedient haben. Es gab auch damals so etwas wie eine überlandschaftliche Verbundenheit des Adels. Vielleicht hatte Hippokles schon einmal das Westmeer ausgekundschaftet. So ganz ins Blaue hinein fuhr man doch nicht. Außerdem haben gerade die kleinasiatischen Griechen auf den Spuren der niedergegangenen Thalassokratie der Kreter die entfernten Länder in ihr Handelsnetz einbezogen. Und die Beziehungen des aiolischen Kyme zu Boiotien und der dazwischenliegenden Insel Euboia sind seit Homers und Hesiods Zeiten bekannt. Erwähnt sei noch, daß gerade einige der ältesten Münzlegenden des kampanischen Kyme Spuren von Aiolismen aufweisen.

Man könnte einwenden, daß in Kymes erster Zeit die kleinasiatischen Götter fehlen, doch ist das kein Beweisgrund, eine Beteiligung der kleinasiatischen Griechen auszuschließen. Die Euboier mögen immerhin in der Mehrzahl gewesen sein; denn die Gründung Kymes erfolgte gerade während der Glanzzeit der Insel Euboia. Auch die Seeherrschaft der Euboier war unumstritten. Im ausgehenden 8. Jahrhundert wurden in Griechenland die ersten wirklich für den Seekrieg brauchbaren Schiffe gebaut. Der Korinther Ameinokles gilt als Erfinder des Auslegers oder zumindest als der erste, der die Ruderpforten zweireihig anordnete. Diese und andere nautische Neuerungen setzten die euboischen Schiffe gegenüber feindlichen Fahrzeugen in Vorteil.

Ende des 8. Jahrhunderts v. Chr. – wenn nicht schon früher – trug der mächtige Trachytfelsen Kymes, der jäh aus der Landschaft ragt, bereits die Akropolis. Ein Wahrzeichen frühhellenischen Geistes, steht sie am Rande der Wunderwelt der Phlegräischen Felder. Von hier strahlte das Licht des jungen Hellas weit hinein in die italischen Lande bis nach Etrurien. Aus Kyme – oder auf dem Umweg über Etrurien? – holte sich die latinische Bauernstadt ihr Alphabet. Unter den Tarquiniern kamen die griechisch abgefaßten sibyllinischen Sprüche nach Rom, und noch im Jahre 496 v. Chr. wurde ebenfalls aus Kyme die römische Götterdreiheit Ceres-Liber-Libera feierlich eingeholt, die der griechischen Trias Demeter-Dionysos-Kore entspricht.

Vor ihrer Niederlassung auf dem Festland sollen sich die Euboier auf dem Burgfelsen der heutigen Stadt Ischia festgesetzt haben. Da Kyme etwas landeinwärts liegt, eine Eigentümlichkeit aller frühgriechischen Stadtgründungen – wohl des Seeraubes wegen –, wird Ischia, so lange Kymes Seegeltung dauerte, der Stützpunkt der kymaischen Flotte gewesen sein. Wahrscheinlich war auch Capri ein Seevorposten Kymes. Mommsens Andeutung, daß diese »Korsarenwarte« früh von den Etruskern in Besitz genommen worden sei, entbehrt jeder Grundlage. Weder die schriftliche Überlieferung noch der Spaten haben da etwas ans Licht gebracht. An den Rändern des Golfes von Neapel besaßen die Etrusker nie einen Stützpunkt. Sie erschienen dort nur von Zeit zu Zeit als Seeräuber.

Im 5. Jahrhundert bestand zwar in Kampanien ein etruskischer Zwölfstädtebund, bestehend aus Städten, die eine etruskische Oberherrschaft anerkannten, ohne daß diese Städte nun alle etruskisch gewesen wären! Sie lagen, soweit ihre Lokalisierung möglich ist, alle mehr landeinwärts zwischen Capua und dem Golf von Salerno. Pompeji war wohl die einzige Stadt des etruskischen Bundes, die unmittelbar am Golfe von Neapel lag. Die Inseln konnten, so lange die Stadt Kyme mächtig war, nicht dazu gehören. Trotz des Bündnisses mit den Karthagern behaupteten sich die Etrusker in diesen Gewässern nicht. Ja, das tuskische Übergewicht im offenen Tyrrhenischen Meer wurde von den Griechen bald gebrochen. Wenn nicht schon in der Schlacht bei Alalia – wo man den griechischen Berichten nicht ganz trauen kann, weil die Phokaier trotz des Sieges Korsika aufgaben – so doch sicher in der Schlacht bei Ischia, wo die vereinigten Flotten der Kymaier und Syrakuser den »wilden Tuskern« eine vernichtende Niederlage bereiteten. Fünfzig Jahre vorher – die Seeschlacht bei Ischia fand 474 v. Chr. statt – hatte Aristodemos, der Tyrann von Kyme, die Etrusker auch auf dem Festlande in zwei blutigen Schlachten geschlagen, das zweite Mal im Bunde mit den Römern.

Es wurde behauptet, die Phoiniker hätten bereits vor dem Erscheinen der griechischen Seefahrer Stützpunkte, ja Kolonien an der italienischen Westküste errichtet. Nach dem Vorbild Samuel Bocharts wollte Martorelli die Namen Capri, Kyme, Parthenope, Megaris usw. alle aus dem Semitischen erklären, was aber keinesfalls zutrifft. Norman Douglas hat einmal dieses Verfahren die Shem Ham and Japhet Etymology genannt, in der der Franzose Bochart ganz groß war. Sicher haben die Phoiniker schon früh mit Italien Handel getrieben und einzelne Faktoreien besessen: Kolonien hatten sie aber nicht. Auch als die Karthager später auf Sizilien, Sardinien und Korsika Fuß faßten, fanden sie schon griechische Siedler vor, und sie mußten gegen diese Griechen sogar die Waffenhilfe der Etrusker in Anspruch nehmen. Am längsten haben sie sich im westlichen Teil Siziliens gehalten, wo sie erst von den Römern vertrieben wurden.

Aus den Zeiten der unumschränkten Herrschaft der Stadt Kyme verlautet nichts über die Insel Capri. Die älteste Kunde, die wir von der Insel haben, stammt aus dem ausgehenden 6. Jahrhundert v. Chr. Wir verdanken sie dem griechischen Logographen Hekataios von Milet. Vermutlich hatte er selber Süditalien bereist. Außer Beziehungen zum illyrisch-epirotischen Raum, der der Westküste Süditaliens nicht so fern lag, weil nach Überquerung der Adria nur ungefähr 150 Kilometer Landweg zu bewältigen waren, haben schon früh Beziehungen zwischen Kleinasien und dem westlichen Mittelmeer bestanden. Die Milesier, stark vermischt mit dem Blut des tüchtigen Seefahrervolkes der Karer, hatten vor den Perserkriegen blühende Handelsbeziehungen im Mittelmeer. Ihre Schiffe waren überall. Man muß überhaupt mit der Anschauung, daß früher nur Küstenschiffahrt möglich war, brechen. Die hohe See ist schon sehr früh befahren worden. Anders sind die überlieferten Fahrten der Kreter, Phoiniker, der Seevölker und der Griechen gar nicht denkbar.

Hekataios erwähnt nur den Namen der Insel Capri. Nach ihm fehlt für fast fünfhundert Jahre jede Kunde. Im Jahre 328 unterwirft sich die Stadt Neapolis den Römern unter dem Consul Publius Philo und ist fortan eine mit Rom verbündete Stadt, die sich, wie Paterculus bemerkt, stets durch ihre außerordentliche Treue auszeichnete. Capri muß damals zu Neapel gehört haben, denn es ist kaum glaubhaft, daß Neapel als abhängige Stadt später unter den Augen der Römer noch Eroberungen gemacht hätte. Auch Beloch will das Erscheinen der Siegesgöttin auf den Drachmen und Stateren Neapels der Eroberung Capris lange vor dem Jahre 328 v. Chr. zuschreiben. Jedenfalls finden wir Capri am Ende der Republik im Besitze Neapels.

Es ist fraglich, ob Capri je ein unabhängiges Gemeinwesen war. Die zwei Städte auf Capri haben nie Münzen geschlagen. Auch die Inschriften geben keine Aufklärung. Die einzige griechische Inschrift aus der frühen Kaiserzeit, die den Namen der Inselbewohner trägt, deutet Kaibel auf eine neapolitanische Phratrie. Eine so benannte Phratrie ist aber nicht überliefert. Die Inschrift ist auf Capri gefunden worden, und die darauf genannten Agoranomoi brauchten nicht unbedingt Beamte einer Munizipalverfassung zu sein, wie sie zu dieser Zeit in Neapel bestand. Die Agoranomoi, eine Art von Marktpolizei, die, wie schon der Name sagt, für die Ordnung auf der Agora, dem Marktplatz, sorgten, erscheinen auch auf anderen Capreser Inschriften. Capri hatte als kaiserliche Domäne wahrscheinlich eine Präfekturverfassung. Der vom Kaiser ernannte Präfekt sprach das Recht auf der Insel, während zwei oder drei Ädilen die einzigen von der Bevölkerung gewählten Beamten der Stadtverwaltung waren, die auf dieser Insel nach altgriechischer Tradition Agoranomoi genannt wurden. Die Römer haben sie später den Ädilen gleichgesetzt. Schon Polybios, ein griechischer Schriftsteller, der von ca. 211 bis 129 v. Chr. lebte, übersetzte Aediles mit Agoranomoi.

Ziegen- oder Eberinsel?

Die Insel wurde im Altertum von den Griechen meist Kapréai oder Kapríai genannt, also in der Mehrzahl. Vereinzelt finden sich auch Singularformen wie Kaprίe, Kapría oder Kapréa. Wenn das Fragment des Hekataios, den wir schon in diesem Zusammenhang erwähnten, unverfälscht ist, stellt Kaprίe die älteste Namensform dar. Sie stammt aus dem 6. Jahrhundert v. Chr. Die Überlieferung der übrigen Namensformen beginnt erst kurz vor der Zeitwende.

Auch die Römer nannten die Insel in der Mehrzahl Capreae. Bei dem antiken Geographen Mela finden wir den Namen in der Einzahl, doch das mag ein Versehen des Abschreibers sein. Auch der Name Capraria taucht auf, was unweigerlich auf einer Verwechslung mit dem Namen der heutigen Insel Capraia beruht. In der ersten Hälfte des 6. Jahrhunderts liest man schon die Form Capri, so in der zweiten Rezension des Julius Honorius und in einem Brief Gregors des Großen.

Von den antiken Inschriften nennt keine den Namen der Insel. Eine einzige griechische bringt den Namen der Bewohner Kapriétes, während bei Stephanos Byzantios die Form Kapriátes steht. Auch von den römischen Inschriften trägt eine einzige den Namen der Inselbewohner Caprenses. Andere, so die Fasti Antiates, bringen ihn abgekürzt. Auch diese Inschriften sind alle kurz vor oder nach der Zeitrechnung entstanden.

Eine Stelle des Sueton (Tiberius, 43), wo dieser davon spricht, Tiberius sei, indem man den Namen der Insel mißbrauchte, ganz öffentlich und allgemein Caprineus, das heißt der ›Ziegenbockige‹, genannt worden, könnte man so auslegen, daß dann der Name mit Ziegen nichts zu tun hatte, denn sonst hätte Sueton zum Ausdruck bringen müssen, daß Tiberius gerade unter Anlehnung an den Namen der Insel so genannt worden sei. Stahr übersetzt, »indem man dem Namen der Insel eine andere Deutung gab«, was die Auslegung nur bestätigen würde. Aber man kann das Wort *abutentes*, auf das es hier ankommt, auch mit ›abwandeln‹ übersetzen. Leider hat Sueton nicht daran gedacht, in diesem Zusammenhang die Herkunft des Namens Capri zu erklären. Auf dem Gebiet der Etymologie schwebten die Römer oft zwischen spitzfindigen und läppischen Auslegungen. Man denke an Plinius den Älteren, der den griechischen Namen der Insel Ischia, Pithekussai, von den da verfertigten Töpferwaren (von Pithos = Faß) ableitete.

Die Herkunft aus dem Semitischen des gelehrten Martorelli, der von einem phoinikischen Kapraijm fabelt, können wir übergehen, weil sie absurd ist. Nur zwei ernsthafte Deutungen bleiben übrig. Entweder der Name stammt aus der lateinisch-italischen Sprache, lateinisch *caper*, beziehungsweise weiblich *capra*, umbrisch *kaprum*, und bedeutet Ziegeninsel, oder aus dem Griechischen *kapros*, wonach die Insel nach dem Eber Eberinsel genannt worden wäre.

Griechische Örtlichkeiten wurden vielfach von *kapros* abgeleitet. Die ersten griechischen Bewohner können Capri nach den Wildschweinen genannt haben, die sie zahlreich auf der Insel vorfanden, oder auch nach der eberartigen Gestalt der Insel mit dem charakteristischen Bergrücken des Monte Solaro. ›Kaprios‹ heißt ebergestaltig.

Die Ableitung von *caper*, *capra* oder *kaprum* ist weniger einleuchtend im Falle Capris, obwohl es in Italien natürlich viele Örtlichkeiten gibt, die nach der Ziege benannt sind. Aber selbst wenn man annähme, daß die lateinische oder umbrische Form die ursprüngliche ist, dann hätten die Griechen den Namen der Insel nie mit Eberinsel übersetzt, sondern mit einem aus *aix* (Ziege) gebildeten Namen, so wie das auf Capraria zutrifft, die von den Griechen ganz richtig Aigylon genannt wurde, wobei es natürlich dahingestellt bleibt, welche Form die ursprüngliche war, die griechische oder die lateinische.

Es gäbe noch eine dritte Etymologie, nämlich die, daß der Name auf einen tyrrhenischen Wortstamm zurückgeht, der im Lateinischen *asper*, gleich felsig, hart, erhalten geblieben ist. Das wurde schon in dem Werk von Alvino und Quaranta, *Le antiche ruine di Capri*, Neapel 1855, behauptet und von Friedlaender und Douglas wieder aufgenommen, aber es spricht im Grunde sehr wenig für diese Ansicht, und am wahrscheinlichsten ist doch die Erklärung aus dem Griechischen. Die plurale Namensform, die viele auf die Gliederung der Insel in zwei Hälften oder auf die von Strabon bezeugten zwei Städte der Insel zurückführen wollen, hat kaum etwas damit zu tun. Sie ist kennzeichnend für die Namensbildung vieler Ortschaften am Golfe von Neapel: Cumae, Baiae, Pithekussae, Puteoli, Acerrae, Pompeii, Stabiae und eben Capreae, alle zeigen diese Pluralform.

Blaisos, der Possendichter der Capresen

Der im Jahre 1952 verstorbene Schriftsteller Norman Douglas, ein später Hellene britischer Nation, verfaßte in seinen Jugendjahren neben anderen glänzend geschriebenen Essays historisch-antiquarischen Inhalts auch einen Abriß der verlorenen Literatur der Insel Capri: *The lost literature of Capri*. Er gedenkt darin zwar nur der verloren gegangenen Literatur der letzten zwei Jahrhunderte, doch ließe sich diese negative Rückschau auch auf das Altertum ausdehnen. Und da gehören zu den Werken, die unwiederbringlich verloren sind, auch die Dichtungen des Blaisos.

Blaisos wurde etwa Mitte des dritten Jahrhunderts v. Chr. auf Capri geboren. Er ist zugleich die erste, geschichtlich greifbare Persönlichkeit der Insel.

Sein Name wird in der antiken Literatur von Athenaios aus Naukratis, von zwei gelehrten Zeitgenossen des Kaisers Justinian, Stephanos von Byzanz und Johannes Lydos, sowie in den Glossen des Hesychios erwähnt. Kronzeuge für die Herkunft des Dichters aus Capri ist Stephanos, ein trockener Grammatiker von der Art, die mehr sammelt und abschreibt als sichtet und schöpft. In seinem Sammelsurium der Völkerkunde, ›Ethnika‹ genannt, ein Werk, das wir nur aus den Auszügen des Hermolaos kennen, erwähnt er die Insel Capri. »Von dort war«, so fügt er hinzu, »Blaisos, der

Possendichter der Kapriaten.« Lydos, in seinem trockenen Buch über das römische Beamtentum, nennt Blaisos, neben Rhinton, Skiras und anderen Possendichtern der Tarentinischen Schule einen Pythagoreer. Athenaios hingegen, der um das Jahr 200 n. Chr. in Alexandreia wirkte, bringt in seinem *Gastmahl der Gelehrten* die Namen zweier Werke des Blaisos, ›Saturnos‹ und ›Mesotribas‹, und gibt aus dem zuerst genannten Stück einen trinkfreudigen Vers zum besten:

> *Der Kelche sieben*
> *misch mir mit Wein vom allersüßesten!*

Einen Vers, den man in der Ursprache selbst, dem Dorischen, skandieren muß, um die Süße griechischen Weines zwischen Lippen und Gaumen zu spüren: »Heptá mathalídas epícheon hamín to glükütoto!«

Blaisos war kaum lakedaimonischer Herkunft wie die Bürger des üppigen Tarent, obwohl er in dieser Stadt, die, wie die Alten berichteten, der Festtage mehr hatte als der Wochentage, seine Stücke zur Aufführung brachte. Rund um den Golf von Neapel überwog das Ionische bei weitem, abgesehen davon, daß zu Blaisos Zeiten das Griechische im ganzen Mittelmeergebiet eine Wandlung zur Koiné durchgemacht hatte. Es ist das Umgangsgriechisch, in dem auch das Neue Testament abgefaßt wurde.

Die Dichtkunst war zu Blaisos Zeiten zum Literaturbetrieb geworden. Man ahmte längst vergangene Formen nach, weil man selber keine Form mehr hatte. Und statt der angestammten Mundart bediente man sich der Dialekte, die für gewisse Literaturgattungen Tradition oder auch Mode waren. Das trifft vor allem auf die Tarentinische Volksposse zu, die der Dichter Rhinton, ein älterer Zeitgenosse des Blaisos, zur literarischen Form erhoben hatte. Also mußte auch Blaisos, wollte er solche Schwänke schreiben und aufgeführt sehen, sich der dorischen Mundart bedienen.

Er steht da nicht allein. Theokritos, ein weiterer Zeitgenosse des Blaisos, ahmte sowohl alte Hochzeitskarmen in dorischer Mundart als auch längst ausgestorbene aiolische Formen nach. Herondas, von dem ein Papyros mit saftigen Volksstücken entdeckt wurde, übte sich als Nachahmer des Hinkjambus und der altertümlichen Mundart des Hipponax von Ephesos aus dem 6. Jahrhundert v. Chr. Auch der Kreter Sotades aus Maroneia, ein Meister der Zote, schrieb seine nur zur Lesung bestimmten Theaterstücke in ionischer Mundart. Die große Dichtung war tot. Und während die einen nur für literarische Feinschmecker schrieben, ähnlich, wie wenn heute Poeten im Stile des Barock dichteten, gab es für die große Menge nur zirkusartige Schaustellungen und mehr oder weniger grobe Schwänke.

Das Dorische des Blaisos war nicht rein. Der von Athenaios überlieferte Vers sowie ein paar Glossen des bereits erwähnten Hesychios und des Diodoros Aristophaneios weisen, so gering die erhaltenen Bruchstücke auch sind, eine italische Sprachfärbung auf. Das bestätigt das Eindringen bodenständiger Elemente in die Tarentinische Posse. Das Volkstum der alten saturnischen Erde drang durch die dünne Zivilisationsschicht des Hellenismus. Schon früher waren ja Osker, Samniten und andere italische Stämme in die griechischen Städte gezogen. Selbst im griechischen Neapolis gab es zahlreiche Samniten; sie bekleideten sogar städtische Ämter.

Daß Blaisos auf Capri selbst gewirkt hat, ist wenig wahrscheinlich. Es ist zweifelhaft, ob es auf seiner Heimatinsel ein Theater gab, ja es ist fraglich, ob das Publikum für die dorisch gesprochenen Schwänke aufnahmefähig war. Außer in Tarent und einigen dorischen Pflanzstädten mögen die Theaterpossen nur in Alexandreia und anderen Metropolen des Hellenismus ihr Publikum gefunden haben.

Wir kennen aus Bruchstücken und späteren Nachahmungen der Römer die Stoffe der Tarentinischen Posse, so zum Beispiel Amphitryon, ein Stück, das der römische Dichter Plautus wahrscheinlich einer Travestie des Rhinton entnommen hat. Und wir wissen aus vielen Bildern auf Vasen, wie die Darsteller dieser parodierten Mythen aussahen. Sie trugen falsche Bärte und ausgepolsterte Hintern, grinsende Masken und riesige Phallen. Man kannte vor den Göttern keine Ehrfurcht mehr. Zeus war ein schmachtender und nicht immer erfolgreicher Liebhaber, Hermes ein Kuppler und Herakles geradezu eine stehende komische Figur der Posse. Ewig verliebt und ewig betrunken, reißt er in solch einem Schwank die Geliebte von einer Götterstatue weg und führt sie angesichts der lachenden Eltern zu einem Schäferstündchen.

Nichts erinnert auf Capri an den Dichter Blaisos. Nur auf alten Pergamenten wurde uns über zwei Jahrtausende hinweg ein Name überliefert und ein einziger Vers eines Dichters, der aus Capri stammte:

> ἑπτὰ μαθαλίδας ἐπίχεον
> ἁμὶν τῶ γλυκυτάτω

Die beiden Städtchen des Strabon

In seiner Beschreibung Kampaniens berichtet der griechische Geograph Strabon folgendes von Capri: »Auf Kapreai gab es ehemals zwei Städtchen (Polichnai), später nur eine, die den Neapolitanern gehörte.« Zur Zeit des Augustus, in die ja diese Beschreibung fällt, gab es also nur noch ein Städtchen auf der Insel.

Man könnte an einen gewaltsamen Synoikismos denken. Es gibt dafür zahlreiche Beispiele in der Geschichte der Griechenstädte. Meist war es die Nachbarstadt, die zerstört wurde und deren Bewohner man zwang, innerhalb der Mauern der siegreichen Stadt zu wohnen. Daneben gab es aber auch den friedlichen Synoikismos, das heißt zwei oder mehr Städte schlossen sich freiwillig zusammen und siedelten in nur einer Stadt.

Seit die Archäologen des 18. und 19. Jahrhunderts die Felseninsel betraten, haben sie auch den beiden Polichnai des Strabon einen entsprechenden Platz angewiesen. Und sie stimmen fast alle überein, daß im Tale der Marina Grande eine Stadt gelegen haben müsse. Für eine solche Lokalisierung sprechen gute Gründe. Die Gegend ist besonders reich an archäologischen Funden, Inschriften, Statuenfragmenten, Mauerresten, Fußböden, Wasserleitungen, Vasenscherben und Münzen, was alles durch zufällige Grabungen ans Licht kam. Große Villenkomplexe aus römischer Zeit fehlen, während anderseits eine große Anzahl antiker Zisternen vorhanden ist, die umfangreichsten bei *Marucello* und *Truglio*, die von natürlichen Quellen gespeist wurden. Diese Zisternen können die Stadt, deren Umfang wir uns bescheiden vorstellen müssen, ausreichend mit Wasser versorgt haben. Auch die antike Kloake westlich der heutigen Hafenmole deutet auf die Nähe einer Stadt.

Nun führt aus dem Bereich der antiken Stadt im Tale der Marina eine sehr alte Treppe, unzweifelhaft griechischen Ursprungs, nach Anacapri. Man schloß daraus, daß diese Treppe der Zugang zur oberen Stadt gewesen sei. Außerdem führte die Zweiteilung der Insel durch die schroff abfallende Felswand des Monte Solaro in eine westliche und eine östliche Hälfte dazu, daß man sich auf jedem Inselteil eine Stadt vorstellte. Nichts deutet jedoch im westlichen Teil der Insel auf eine antike Stadtanlage. Es gibt keine Ansammlung von Zisternen wie im Tale der Marina Grande, und auch die übrigen Bodenfunde reichen nicht an die der unteren Stadt heran. Die Zisternen aus römischer Zeit verteilen sich auf die kaiserlichen Villenanlagen. Die einzigen kärglichen römischen Straßenreste verlaufen in der Richtung, die von der Piazzetta in Anacapri nach Süden zur Migliora führen, doch eine genaue Angabe, welche Gegend ungefähr das antike Städtchen bedeckt haben soll, hat keiner gemacht. Beloch verlegt es nach Caprile, ohne einen rechten Grund angeben zu können. Auch Weichardt und Schoener fabeln nur von einer antiken Stadt auf Anacapri, ohne zu wissen, wo sie die Stadt nun lokalisieren sollen.

Ein Anokaprίe, also ein Oberes Capri, ist von den antiken Schriftstellern nicht bezeugt. Die älteste Erwähnung eines Ano Capri oder Ana Capri finden wir erst in amalfitanischen Urkunden des 10. Jahrhunderts n. Chr. Doch selbst, wenn wir diese Namensformen auf griechischen Ursprung zurückführen, so sagt der Name nicht, daß damit eine Stadt bezeichnet wurde; man benannte damit nur den höher gelegenen westlichen Teil der Insel.

Auch Amedeo Maiuri, der hervorragende Archäologe, spricht von einer antiken Stadt auf Anacapri in seinem ›Breviario di Capri‹, Neapel, 1937, ohne die genaue Stelle zu bezeichnen. Die Eingemeindung, von der er vermutet, sie habe zur Zeit des Augustus stattgefunden, ist aber ein Begriff, den die Antike nicht kannte. Der Synoikismos war keine kommunalpolitische Eingemeindung. Die Alten dachten greifbarer. Zwei Orte, die räumlich so weit voneinander ablagen, konnten von Strabon nicht als *eine* Stadt angesehen werden.

Lassen wir alle gelehrten Hypothesen und halten wir uns lieber an die Überlieferung. So lange man Kunde von Anacapri hat, wurde die Gegend nie als Stadt, höchstens als Università – Gemeinwesen – bezeichnet. Im Mittelalter nannte man die westliche Inselhälfte Terra di Anna Crapa oder in einer seltsamen Verstümmelung Donna Crapa. Hier war der überwiegend landwirtschaftliche Teil der Insel im Gegensatz zur Stadt Capri. Auf dieser Hochebene lagen im Altertum neben ein paar Lustbauten der römischen Kaiser nur die römischen Gutshöfe, *villae fructuariae*, und da und dort ein paar dörfliche Siedlungen oder Häuser für die Kolonen oder Sklaven, die auf den Gutshöfen arbeiteten.

Wir müssen auf der Suche nach dem zweiten Städtchen des Strabon wieder zur östlichen Inselhälfte zurückkehren.

Unweit der großen Terrasse am Campanile, und zwar genau nordöstlich des Gebäudes der Drahtseilbahn unterhalb der Häuser der Via Longano, finden wir die Reste einer alten Mauer, die im unteren älteren Teil aus pseudopolygonalen, im jüngeren oberen aus rechtwinklig behauenen Kalksteinen besteht und nicht von Anlagen abweicht, wie man sie anderswo in Großgriechenland, zum Beispiel in Kyme, antrifft. Wir haben nur dürftige Reste vor uns. Unweigerlich zeigt aber das Vorkommen der gleichen Steinblöcke, da und dort in anderem Mauerwerk eingefügt, daß sich die Mauer einst von den Abhängen des Monte San Michele – nicht zu verwechseln mit San Michele auf Anacapri – bis zum *Castiglione* ausdehnte.

Man hat behauptet, die Mauer sei errichtet worden, um die Stadt der Marina gegen feindliche Landungen auf der östlichen Inselseite abzusperren. Dann wäre es aber notwendig gewesen, die Mauer nicht nur bis zum Castiglione, sondern über den Sattel von Due Mari bis zum Osthang des Monte Solaro durchzuführen. Denn der Strand an der Südseite der Insel bot weit eher Gelegenheit zu feindlichen Landungen als die östliche Inselhälfte mit ihrer sehr hohen Steilküste. Eine solche Mauer vom Castiglione bis zum Monte Solaro wäre ein wahrer Limes gewesen, von dem sich jedoch keine Spur findet.

Wer auf der Piazza von Capri steht und den Blick über das weite Tal der Marina schweifen läßt, muß erkennen, daß eine Mauer auf dieser Höhe nur eine Stadt schützen konnte, die unmittelbar hinter ihr lag. Der Stadt im Tale konnte sie keinen Schutz, sondern nur Zuflucht bieten. In den unsicheren Zeiten der euboischen Wikingerfahrten und der ersten griechischen Kolonisierung wurden die Städte nach dem Zeugnis des Thukydides immer mehr landeinwärts und, wo es ging, auf Erhebungen errichtet. Die griechischen Einwanderer haben nie geschlossen die Ränder des ganzen Golfes besiedelt. Stets war feindliche Umwelt dazwischen: Osker, Samniten, Etrusker. Und wahrlich, welche Stelle auf Capri hätte sich besser geeignet als die hochgelegene Talsenke zwischen dem Monte San Michele und dem Castiglione. Dazu brauchte man nur eine verhältnismäßig kurze Sperrmauer, ganz abgesehen von den Zufluchtsmöglichkeiten, die der Castiglione mit seiner riesigen Höhle bot. Auf dem Monte San Michele, wo noch jetzt die Spuren einer großen griechischen Tempelanlage zu erkennen sind, stand vermutlich die Akropolis dieser oberen Stadt.

Die zweite Stadt an der Marina Grande entstand später unter dem Schutze der kymaischen Seeherrschaft. Als Capri dann in den Besitz der Neapolitaner kam, mag sich die untere, die Hafenstadt, so ausgebreitet haben, daß auch die höhergelegenen Ränder des Tales besiedelt waren, und dann war es vielleicht zu einem friedlichen Synoikismos gekommen. Doch kann auch die Erwerbung der Insel durch Augustus diese ›Eingemeindung‹ beschleunigt haben.

Die Bodenfunde sind im heutigen Städtchen Capri nicht so zahlreich wie unten an der Marina. Das liegt daran, daß in der dichtbesiedelten Stadt, wo übrigens auch die ältesten Häuser aus dem Mittelalter stehen, sich keine Möglichkeit ergab, große Grabungen wie im aufgelockerten Stadtgebiet an der Marina zu machen.

Man sage nicht, die günstige Verteidigungslage der Stadt hinter der alten griechischen Mauer würde durch eine Stadtanlage auf Anacapri überboten, weil dort die Küste hafenlos ist. Bei ruhiger See läßt sich im Westen von Anacapri wohl landen. Die Geschichte hat bewiesen, daß überraschende Landungen dort Erfolg haben. Sowohl die Landung der Aragonier unter Alfons I. am 22. Oktober 1441 als auch die der Franzosen des Königs Murat am 4. Oktober 1808 erfolgte im westlichen Teil von Anacapri, wo die Küste zwar felsig, aber gar nicht so hoch ist.

Die Villa der Io und andere Römerbauten

> *Jetzt aber hatte sich Tiberius hier in
> zwölf verschieden benannten Villen
> gewaltigen Umfangs niedergelassen, und
> in demselben Maße, in dem er einst den
> Staatsgeschäften oblag, ergab er sich
> nunmehr heimlichen Lüsten und
> verderblichem Müßiggang.*
> *(Tacitus Annalen 4, 67)*

Seit dem Wiedererwachen der Altertumswissenschaft im 16. Jahrhundert befaßten sich die Archäologen mit den römischen Ruinen auf Capri. Auf diese gehen auch die ersten kathederverblümten Auslegungen und Lokalisierungen zurück, die sich hartnäckig bis in unsere Zeit hinein erhalten haben. Schon Casaubonus mutmaßte – »non displicet coniectura«, heißt es bei ihm – daß Tiberius den Villen die Namen der zwölf Hauptgottheiten gegeben hätte. Und gleich verfiel man auf eine Stelle bei Sueton, wo angeblich von einer Jupitervilla die Rede ist, obwohl alle guten Handschriften, allen voraus die beste, der ›Codex Memmianus‹, Villa der Io überliefert haben. Man hielt die Schreibweise Villa Ionis für verstümmelt und machte daraus eine Villa Iovis. Darin ist Casaubonus schon ein Korrektor des Codex Parisinus vorangegangen, der in einer Randbemerkung Villa Ionis in Villa Iovis verbesserte. Gleichfalls an der Wiege dieser Zwölfgötter-Hypothese steht der berühmte Philologe Justus Lipsius.

Und doch liegt die Frage ganz klar zu Tage. Maximilian Ihm hat das eindeutig 1901 in der Zeitschrift Hermes bewiesen. Tiberius, der nur an das Fatum glaubte, machte sich nichts aus Göttern; und nun soll gerade er die Villen nach den Göttern benannt haben! Man könnte einwenden, daß die Namen der Villen dann eben von Augustus stammten, der ja die meisten gebaut haben soll, in denen sich Tiberius nach dem Zeugnis des Tacitus nur »niedergelassen« hat. Aber so vieldeutig das von Tacitus gebrauchte Zeitwort *insederat* auch sein mag, das man mit niederlassen, einrichten und ansiedeln übersetzen kann, so hat Tiberius bestimmt die Villa der Io und die Villa in Damecuta nach seinem persönlichen Geschmack errichten oder ausbauen lassen. Der Sinn des taciteischen Textes ist, daß Tiberius den Villen Namen gegeben hat. Die Sache mit den zwölf Göttern ist wieder einmal eine Erfindung der Philologie, und selbst wenn man gegen den Sinn des Textes annähme, die Namen der Villen stammten von Augustus, so dürfte dieser nie den Namen des höchsten Staatsgottes, des Jupiter, gewählt haben. Die sogenannte Zwölfgötter-Gesellschaft des Augustus, auf die man in diesem Zusammenhang hinweist, ist schon Sueton, der sie erzählt, verdächtig vorgekommen, und er schrieb sie dem römischen Stadtklatsch und der Kamarilla des Marcus Antonius zu.

Die gehörnte Io, die in felsiger Gegend vom hundertäugigen Argos bewacht wird, wäre kein schlechtes Sinnbild für seine Arx auf hohem Felsen gewesen. Antike Gemälde zeigen die Io stets in unwirtlicher Felsengegend. Gerade im Hause seiner Mutter Livia auf dem Palatin ist ein Gemälde erhalten geblieben, das die sitzende, von Argos bewachte Io zeigt, zu der sich Hermes, der Argostöter, heranschleicht. Vielleicht barg auch die Villa auf Capri ein solches Bild der Io, etwa nach dem berühmten Original des Nikias. Plinius und Sueton berichten allerdings nur von zwei Gemälden des Parrhasios, die Tiberius in seinem Schlafzimmer hatte anbringen lassen, das eine, auf dem »Atalanta dem Meleager mit dem Munde Wollust erzeugt« und das andere mit dem Archigallus, dem Erzpriester der Kybele, der sich selbst

Der Arco Naturale

Der südliche Inselteil vom Monte Solaro aus

Die Faraglioni

entmannte. Auch die berühmte Statue des Lysippos, den Apoxyomenos, einen Athleten mit dem Schaber darstellend, ließ Tiberius in seinem Schlafzimmer aufstellen.

Der sternenkundige Tiberius, der in seinem »auf Felsen erbauten Hause« eine Sternwarte unterhielt, kannte die Io auch als Sinnbild der wandelnden Mondgöttin, die von Argos Panoptes, dem personifizierten Sternenhimmel, bewacht wird. Das ruhelose Schicksal der argivischen Königstochter Io – der Name bedeutet argivisch Mond – wurde in hellenistischer Zeit den Mondphasen gleichgesetzt. Vielleicht war die Sage von der Jungfrau, die in eine Kuh verwandelt wurde, auf dieser Insel mit altgriechischer Tradition schon auf dem steilen Felsen des Tiberiusschlosses lokalisiert, waren doch die Euboier, die zuerst die Insel in Besitz nahmen, eng mit dem Io-Mythos verbunden. Ihre Heimatinsel Euboia soll früher Abantis geheißen haben und ihren späteren Namen – Euboia, die Rinderreiche – von Ios Schicksal erhalten haben.

Immanuel Friedlaender hat versucht, die von Sueton namentlich genannte Villa ans Meeresufer zu verlegen, »da Tiberius immer einen schnellen Weg zur Flucht offen halten wollte«. Auch stimme die Örtlichkeit des Salto di Tiberio mit der Schilderung des Sueton nicht überein. Sueton erzählt aber gar nichts von einem Fluchtweg zur See, er erwähnt nur, daß der Kaiser nach der Niederwerfung der Verschwörung des Seianus Schiffe habe segelfertig machen lassen, um zu irgendwelchen Legionen zu fliehen.

Um solche Vorbereitungen zu treffen, brauchte Tiberius nicht gerade in einer Villa am Meer zu wohnen Die Schiffe konnte er von irgendeiner Anlegestelle der an sich kleinen Insel in kurzer Zeit erreichen, und zwar je nach der Wetterlage, wenn nicht an der nördlichen, dann an der südlichen Marina der Insel. Außerdem sagt Sueton gleich anschließend: ». . . indem er von einem sehr hohen Felsen nach den Zeichen ausschaute, die er, um nicht auf Sendboten warten zu müssen, je nach dem Ausfall der Dinge zu geben angeordnet hatte.« Gleich im nächsten Satz wird die Villa der Io erwähnt, die er neun Monate lang nicht verlassen habe. Diese Villa liegt dem Promunturium Minervae gegenüber, von wo Rauch- oder Feuerzeichen weitergegeben werden konnten. Der sogenannte Leuchtturm des Felsenschlosses war wohl beides, Leucht- und Signalturm. Die Zentrale am Golf über das Signalwesen war Kap Misenum mit seinem großen Hafen. Es gab nämlich damals schon so etwas wie eine Fernmeldetruppe, durch eine von Kameraden gesetzte Inschrift für ›Quintus Ofellius specularius‹ bezeugt. (Specularius bedeutet eben Späher, Kundschafter.)

Plinius erwähnt, daß Capri durch die Burg – *arx* – des Tiberius berühmt sei. Der Hauptsitz des Tiberius muß also eine burgähnliche Villa gewesen sein. Das könnte auch auf manche andere Villenanlage, so auf die des Castiglione, zutreffen; keine Anlage ist aber so umfangreich und fällt schon vorüberfahrenden Schiffern so sehr als *arx* ins Auge wie die Villa der Io, und keine weist eine so ganz auf die Eigenart des Tiberius zugeschnittene Bauweise auf. Man denke nur an den Wandelgang auf der höchsten Erhebung des Felsens! *Arx*, das war der Name par excellence sowohl für das Kapitol als auch für den Sitz eines Tyrannen!

Die ersten Antikenschnüffler, wie der österreichische Diplomat Hadrawa, die Capri für die Bourbonenkönige und ihre eigenen Privatsammlungen ausräuberten, mußten natürlich hin und wieder ihre klassische Bildung zum besten geben, und so bestimmten sie nicht nur genau, wo die zwölf Villen zu suchen seien, sondern auch wie die Villen benannt waren.

Die römischen Bauten auf Capri sind in einer reichhaltigen Literatur beschrieben, so von Mangoni sehr ausführlich, dessen Buch über Capri auf Angaben Feolas und anderer fußt. Beloch, Schoener und andere folgten mehr oder weniger seinen Spuren und gaben nur gelegentlich eigenes dazu.

Weichardt veröffentlichte phantastische Rekonstruktionen, nicht ohne vom damaligen Zeitgeschmack beeinflußt zu sein. Ein wenig nach den Skizzen, Grundrissen und Angaben Alvinos und Quarantas, ein wenig nach eigenen Vermessungen. Da die Ruinen zu seiner Zeit noch größtenteils unter dem Erdboden begraben lagen, konnte er den Gebäudekomplex in seinem ganzen Zusammenhang schwer erkennen. Er hat deshalb alles zu hoch auf den damals mehr zugänglichen südlichen Teil aufgestockt, während die späteren Ausgrabungen Amedeo Maiuris ergeben haben, daß der ganze Bau dem Felsen angepaßt war und organisch von Süden nach Norden hochstieg.

Man hat früher allzuviel Gehirnschmalz darauf verschwendet, den zwölf Villen auf der Insel ihren Platz anzuweisen. Neben den eigentlichen Villen waren natürlich Gutshöfe angelegt worden. Ein kaiserlicher Haushalt mit seinen Hofbeamten und zahlreichen Sklaven brauchte täglich frisches Gemüse, Fleisch, Milch, Eier und Obst. Plinius der Ältere hat uns in seiner Naturgeschichte überliefert, wie groß des Kaisers Interesse für den Gartenbau war. Gurken zog er in fahrbaren Treibhäusern, wohl um jeweils die beste Sonnenlage auszunutzen. Sie durften auf seinem Tisch nie fehlen. Ebenso liebte er Kürbisse, eine besondere Spargelart und eine Sorte von Birnen, die man nach ihm die tiberianischen nannte. Bekannt ist ferner seine Vorliebe für getrocknete Weintrauben, vom Weine selbst ganz zu schweigen, den er in seiner Jugend unvermischt als Frühschoppen zu sich nahm. Man möchte glauben, er habe diese Sitte bei seinen Feldzügen in Germanien von unseren trinkfreudigen Vorfahren übernommen. Dazu kamen Fischteiche, Geflügelgehege und Schneckengärten, die sogenannten Cochlearia. Die Schnecken der Insel Capri – es handelte sich wohl um eine Art Schnirkelschnecke – wurden damals nach dem Zeugnis des Plinius sehr geschätzt. Bei aller Sparsamkeit, die man Tiberius nachsagte, war er doch ein Feinschmecker. So schenkte er dem Dichter Asellius Sabinus für einen Dialog, in dem ein Pilz, eine Schnepfe, eine Auster und ein Krammetsvogel um den Vorrang stritten, zweihunderttausend Sesterzen.

Tiberius mag, wie schon Augustus, je nach Jahreszeit und Stimmung, bald in der einen, bald in der anderen Villa gewohnt haben. In der Sommerhitze mochte der Meerespalast westlich der Marina Grande als Aufenthalt dienen, wo sich außerdem ein kleiner Hafen befand, in dem Jachten zu Vergnügungsfahrten einluden. Die Villa bei Damecuta an der Nordwestspitze Anacapris bot wieder mehr Landluft. Dagegen eigneten sich die Baulichkeiten im Tale von Tragara besonders für den Winter. Sie waren sonnenoffen und vor kalten Landwinden geschützt. Aber keine Villa entsprach der einsiedlerischen Art des alternden Kaisers so sehr wie die Villa der Io. Auf ihrer Nordseite haben die Ausgrabungen Amedeo Maiuris eine Anlage freigelegt, die gewissermaßen der persönlichste Teil der Villa ist. Es handelt sich um einen langen Wandelgang, der genau zweiundneunzig römische Schritte mißt, also ein Sechzehntel Meile: das *ambulatio* des Kaisers. Dort ging er, der die Last eines Weltreiches trug, auf und ab, das wunderbare Panorama des blauen Golfes vor Augen, überragt vom Vesuv. Dort zog er sich in Tagesruheräume oder Arbeitszimmer zurück. Ein solcher Raum ist teilweise erhalten. Vielleicht ließ er in diesem abgeschiedenen Zimmer den berühmten Brief schreiben, den Macro im Senat vorlas und der zugleich das Todesurteil für Seianus bedeutete. *Verbosa et grandis epistola venit a Capreis* schrieb später Juvenal in seiner zehnten Satire: »Von Capri kam ein Brief, wortreich und schwerwiegend.« Manchmal aber plagte ihn auch sein Dämon, und dann mochte es sein, daß er nach einem ruhelosen Wandel von Exedra zu Exedra mit bitterem Lächeln zum Stilus griff und dem Senat, den er sonst verachtete, die selbstquälerischen Worte schrieb:

Was ich Euch schreiben soll, versammelte Väter, oder wie ich schreiben soll oder was ich zu dieser Zeit überhaupt nicht schreiben soll – wenn ich das weiß, so sollen mich Götter und Göttinnen noch härter schlagen, als ich mich täglich geschlagen fühle.
(Tacitus Annalen 6, 6)

Wie weit ist dieser Brief noch von dem Schrei nach dem Nichts entfernt: alles ist eitel! Aber nur einen Augenblick läßt der greise Kaiser in sein Inneres blicken. Und den selbstquälerischen Anklagen folgen wieder wohlabgewogene Worte, und er gibt dem Senat eine kleine Lehre und bittet, boshaft verdrehte Worte seines Freundes Cotta Messalinus nicht zu sehr auf die Goldwaage zu legen.

Außer der Villa der Io lassen sich auf Capri noch vier große Ruinenstätten finden, die auf Villenanlagen zurückgehen. Es sind dies die Ruinen am nördlichen Meeresufer, die unter den Namen Palazzo a mare und Bagni di Tiberio bekannt sind, die weitläufigen Ruinen von Damecuta, die von Hadrawa sehr stark ausgebeuteten Trümmer auf dem Castiglione, sowie die über das Tal von Tragara sich hinziehenden Überreste römischer Villen.

Den *Palazzo a mare* hat man oft als die Sommerresidenz des Augustus bezeichnet. Mehr als das Gebäude selbst geben diesem Anwesen die ausgedehnten Terrassenanlagen das Gepräge, die zur Zeit des Augustus und Tiberius Gärten und Haine trugen. Zu dem ganzen Komplex gehören die im Meere liegenden Hafenmolen, Fischbehälter und Schwimmbecken. Früher glaubte man, die Trümmer hätten höher aus dem Wasser geragt, da der Meeresspiegel damals niedriger gewesen sei. Doch trifft das nicht zu. Die Anlagen hätten weit über dem Meeresspiegel gar keinen Sinn, und wir werden später sehen, bei den Untersuchungen über die Blaue Grotte, daß der Meeresspiegel zur Zeit des Tiberius auf gleicher Höhe lag wie heute. Die Bauten waren von Anfang an bestimmt, im Wasser zu liegen, wie auch aus dem verwendeten Material hervorgeht.

Die Ruinen von *Damecuta* unweit der Blauen Grotte im Nordwesten der Insel haben mehr einsiedlerischen Charakter, also mehr tiberianisches als augusteisches Gepräge. Sie liegen auf einer künstlich geebneten Felsenplatte, die sich auf steilen Wänden wie eine Zunge gegen das Meer vorschiebt. Auch hier wieder, wie bei der Villa der Io, ein Wandelgang, der im Nordwesten in einen etwas höher gelegenen Rundgang mündet, während er in entgegengesetzter Richtung nach einer Einknickung unterhalb des mittelalterlichen Turmes zu Wohnräumen führt, die ganz intimen Charakter haben. Links vom Turm führt eine Treppe meerabwärts zu einem Ruheraum mit Vorzimmer und einer kleinen Aussichtsterrasse. Nach Osten zu liegen zwei weitere kleine Wohnräume. Der Torso eines Narcissus oder eines Epheben von sehr guter Arbeit, der in diesem Ruheraum gefunden wurde, unterstreicht noch die Intimität dieser Anlage. Hier zeigt sich auch, wie falsch die These ist, die Menschen der Antike hätten kein Gefühl für die Reize der Landschaft gehabt. Es gibt kaum eine romantischere Anlage als diese Privatgemächer des Tiberius mit dem Ausblick auf den Golf bis weit hinüber zu den Inseln Procida und Ischia.

Auf dem aus dem Südstrand steigenden mächtigen Felsen des *Castiglione* lag eine weitere große Villa. Hier haben Liebhaber-Archäologen wie Dr. Giraldi und Hadrawa zwischen 1775 und 1776 die ersten Ausgrabungen oder, besser gesagt, die ersten Ausplünderungen vorgenommen. Der kostbare Marmorfußboden wurde weggeschafft, um das Lustschloß der Bourbonen in Caserta zu schmücken, Statuen, Reliefs, Vasen, Kameen und so weiter wurden an Fremde verkauft oder an Freunde verschenkt, ein Schicksal das auch die anderen römischen Villen auf Capri teilten. Das damals Ausgegrabene hätte, an Ort und Stelle belassen, mehr Einblick in die Innenarchitektur der Villen gewährt. Viele Kunstschätze wurden allerdings auch von den Insulanern selbst zerstört. Statuenfragmente, Inschriften, Säulen, Marmorfußböden wanderten in die Kalköfen der Insel. Die antiken Bleirohre der Wasserleitungen wurden eingeschmolzen, Vasen mutwillig zerbrochen, weil sie nicht den vermuteten Goldschatz enthielten.

Die fünfte der großen Villenanlagen könnte man sich als den Winteraufenthalt des Tiberius auf Capri denken. Die Gebäude breiteten sich südlich des *Tuoro Grande* über das Tal von *Tragara* aus. Die Zugangsstraße zu den Villen ist noch heute erkennbar bei den sogenannten Camerelle, die nichts weiter sind als die Unterbauten der Straße. Sie lag im Zuge der heutigen Via Tragara, die bei dem Aussichtspunkt über den Faraglioni endet. Das Tal geht nach dem Meere zu in ein Hochufer über, das durchwegs hundert bis hundertzwanzig Meter hoch ist. Wie die Ziegelfunde bei dem Anwesen Unghia Marina zeigen, ist dort nach dem Tode des Kaisers Augustus gebaut worden, denn erst dann gab man der Livia den Ehrennamen Julia Augusta, der auf den gestempelten Ziegeln, die dort ausgegraben wurden, verewigt ist. Ein Hyacinthus aus dem Gesinde der Livia, vermutlich ein Freigelassener, ließ diese Ziegel brennen. Unter den mächtigen Pinien und Zypressen der Unghia Marina liegt ein antiker Marmorfußboden, und da, wo ein Bergrutsch im Jahre 1808 zwischen Certosa und der Unghia Marina einen tiefen Riß bis zum Meer hinunter verursachte, den Turm der Certosa begrub und die sogenannte Grotta Oscura verschüttete, fand der Verfasser noch in seinen Jugendjahren einen schönen Mosaikfußboden aus weißem und schwarzem Marmor.

Die Römer kannten auf dieser Felseninsel keine baulichen Schwierigkeiten. Wo ihnen Felsen im Wege standen, wurden sie mit dem Meißel beseitigt; wo der Fels fehlte, ersetze man ihn durch kühne Stützmauern, tragende Bogen und Gewölbe. Nur ein Problem stand damals wie heute vor den antiken Baumeistern: die Wasserarmut! Vielleicht waren die spärlichen Quellen der Insel ergiebiger als heute, doch die badefreudigen Römer und ein ganzer Hofstaat, die Gärten, die Brunnenanlagen und nicht zuletzt die Villen landwirtschaftlichen Charakters, die *villae fructuariae*, verlangten Wasser in großen Mengen. Für diese Wasserversorgung gab es nur ein Mittel: Zisternen und nochmals Zisternen. Deshalb ruhen alle römischen Bauten auf zum Teil riesigen Zisternen. Die Notwendigkeit, so für den Wasserhaushalt zu sorgen, besteht auch heute noch, trotz des Tankschiffes, das regelmäßig Trinkwasser von Neapel bringt und in die Leitungsrohre der Insel pumpt.

Man hat viel über den Capreser Baustil gerätselt, dessen Grundform darin besteht, daß man über einen Hauswürfel ein Tonnen- oder Kuppelgewölbe legt, wobei bald Flach-, bald Spiegelkuppeln, Halbtonnengewölbe, gekreuzte Tonnengewölbe und andere Abarten verwendet werden. Will man das Haus vergrößern, setzt man neben den Hauswürfel einen gleichen mit demselben oder auch einem anderen Gewölbe. Das macht die Architektur sehr reizvoll. Wichtig ist dabei immer, daß das so oder so gewölbte Dach das kostbare Regenwasser aufnehmen kann, das in die Zisternen abgeleitet wird.

Vielfach herrscht die Meinung vor, daß der Capreser Baustil, der sich natürlich auch noch sehr ausgeprägt auf Procida, Ischia und anderen Inseln des Mittelmeeres findet, nichts als ein Abbild des römischen Baustils ist. Aber Häuser nach Art des Capreser Stils gibt es auch auf den griechischen Kykladen, wo man römischen Einfluß kaum annehmen kann.

Eckart Peterich weist in seinem Italienbuch auf die Trulli Apuliens hin als ein mögliches Urmodell für das, was er ›Inselstil‹ nennt, bekennt sich aber schließlich, genau wie Le Corbusier, zu einem griechischen Urtyp, dem Wohnhaus der Griechen. Leider wissen wir gar nicht, wie das griechische Wohnhaus ausgesehen hat, da nichts erhalten geblieben ist. Der Urtypus des griechischen Tempels, der der Form des Peripteros entsprach, das heißt eines allseitig von Säulen umgebenen Tempels, ist im damals noch waldreichen Hellas als Holzbau errichtet worden. Wahrscheinlich waren die Wohnhäuser in alten Zeiten auch aus Holz. Und ähnlich wie der später aus Stein errichtete Tempel mit dem nach zwei Seiten abfallenden Dach noch die Holzbauweise nachahmt, mag auch das griechische Wohnhaus mit schiefen oder flachen Dächern versehen gewesen sein. Das Dach war auch bei dem steinernen Tempel noch immer aus Holz.

Wahrscheinlich hat sich das gewölbte Dach überall dort durchgesetzt, wo – wie auf den Inseln und an der Meeresküste – Holzarmut herrschte. Das vorhandene oder das von fern her geholte Holz brauchte man notwendiger für die Schiffe.

Ein sarazenischer Einfluß, auf den viele den Capreser Baustil zurückführen, muß ausgeschlossen werden. Gerade in Sizilien, wo der sarazenische Einfluß am nachhaltigsten war und sich über zwei Jahrhunderte erstreckte, findet sich das gewölbte Dach an Wohnhäusern nur selten. Auch in Nordafrika, von Marokko bis Tripolitanien, und in Syrien und Palästina überwiegt – von den Moscheen abgesehen – das flache Dach.

Apragopolis, die Faulenzerstadt

Im Buch 98 seiner Biographie des Kaisers Augustus erzählt Sueton folgende Begebenheit, die sich kurz vor dem Tode des Kaisers zutrug:

Augustus besuchte die Küste von Kampanien und die nächsten Inseln und widmete dem Aufenthalt auf Capri vier Tage, die er in vollster Mußestimmung und Heiterkeit der Seele verbrachte. Als er gerade an der Bucht von Puteoli vorbeifuhr, riefen die Reisenden und Matrosen eines eben gelandeten Schiffes aus Alexandreia, in Festgewändern, bekränzt und Weihrauch spendend, dem Kaiser ihre Glückwünsche zu und überhäuften ihn mit Lobessprüchen: »Unter deinem Schutze leben wir, unter deinem Schutze segeln wir, unter deinem Schutze genießen wir Freiheit und Wohlstand!« Das freute ihn dermaßen, daß er jedem seiner Gefährten vierzig Goldstücke schenkte und ihnen den Eid abnahm, das geschenkte Geld ausschließlich zum Ankauf alexandrinischer Waren zu verwenden.

Auch an den folgenden Tagen verteilte er nebst verschiedenen Geschenken Togen und Pallien und bestimmte, es sollten die Römer griechisch, die Griechen römisch sich kleiden und reden. Interessiert schaute er den Leibesübungen der Epheben zu, denn diese waren infolge einer alten Stiftung noch ziemlich zahlreich auf Capri. Er gab ihnen auch ein Essen, dem er selbst beiwohnte und erlaubte es nicht nur, sondern forderte auf, ganz zwanglos zu scherzen und sich über das Obst und die Leckereien des Nachtisches herzumachen. Kurz, er überließ sich jeder Art von Fröhlichkeit. Eine bei Capri gelegene Insel nannte er Apragopolis (d. h. Faulenzerstadt) wegen des müßigen Lebens, das einige aus seinem Gefolge dort führten. Er pflegte einen seiner Lieblinge mit Namen Masgaba, ›Ktistes‹ zu nennen, ganz als ob dieser der Gründer der Insel wäre. Als nun Augustus von seinem Speisezimmer aus sah, wie das Grabmal des vor einem Jahr verstorbenen Masgaba von einer großen Menge besucht wurde, die viele Lichter mitführte, trug er aus dem Stegreif mit lauter Stimme den Vers vor:

Des Gründers Grabmal seh ich hell vom Lichterglanz

und wandte sich an Thrasyllos aus dem Gefolge des Tiberius, der ihm gegenüber zu Tisch lag und von der Sache nichts wußte, mit der Frage, von welchem Dichter nach seiner Ansicht wohl der Vers sei. Als dieser unschlüssig blieb, fügte er gleich einen zweiten Vers hinzu:

Du siehst, man ehrt den Masgaba mit Fackelschein

und fragte auch nach dem Verfasser dieses Verses. Da nun der Gefragte weiter nichts entgegnete, als daß sie vortrefflich seien, von wem auch immer sie stammen mochten, lachte Augustus laut auf und erging sich in weiteren Scherzen.

So weit Sueton.

Es wäre eine lange Liste, wollte man alle aufzählen, die sich bemüht haben, die Insel Apragopolis wiederzufinden; denn wie alle glücklichen Inseln schwimmt auch Apragopolis nur im Meere der Vergangenheit – Ultima Thule der Sehnsucht. Ein greiser Kaiser gab ihr den Namen in weinfroher Stimmung: Apragopolis, Stadt des Müßigganges! Er war ein zarter Knabe, als das Schicksal ihm die Weltrolle aufzwang. Sein Weg ging durch Blut und Tränen. Wie gerne hätte er damals ein Leben träumerischer Jugend geführt – auf Capreae-Apragopolis, seiner Lieblingsinsel.

Was hat man nicht alles erdacht, um Apragopolis, das unwirkliche Reich rückblickender Sehnsucht, aufzufinden!

Zuerst hielt man sich streng an den Suetontext und suchte eine Insel – und man fand nur eine Klippe, den Monacone, der, Gottlob!, auch antikes Gemäuer aufwies: das Grab des Masgaba! Da aber der zerklüftete Felsbrocken weit davon entfernt war, die Bezeichnung Insel zu verdienen, hielt man nach anderen Inseln Ausschau, die von Capri aus sichtbar waren. So läßt der Graf Della Torre-Rezzonico in seiner Beschreibung der Insel Capri aus dem Jahre 1794 die Möglichkeit offen, daß Apragopolis mit dem Inselchen La Lunga, einer der Galli-Inseln südlich der Sorrentiner Halbinsel, identisch wäre, wogegen Shukburgh in seiner Augustus-Biographie, London 1903, gar auf die Insel Nisida im Golf von Pozzuoli verfällt, die dreißig Kilometer von Capri entfernt liegt!

Dergleichen Einfälle forderten aber die Kenner antiker Technik heraus. Die Optik ließ im Altertum trotz der Brennspiegel des Archimedes noch sehr zu wünschen übrig, und die Entwicklung vom sogenannten Smaragdmonokel Kaiser Neros – das nur eine Sonnenblende war – bis zum weittragenden Fernrohr wartete noch auf den Holländer Lippershey, so daß es Augustus gar nicht möglich war, von Capri aus den Fackelzug zu Ehren des Masgaba auf Nisida, den Galli oder, wie andere wollen, auf Sorrent zu beobachten. Man verwarf also diese fernsichtigen Einfälle zugunsten eines neuen Gedankenblitzes – man ließ die Insel Apragopolis ins Meer versinken.

In einem Golf mit so vielen Vulkanen, sagte man sich, konnte es früher bei Capri gut eine Insel gegeben haben, die in den Jahrhunderten nach Augustus und Tiberius ins Meer versunken ist. Wie in der Geologie, so findet man auch in der philologischen und archäologischen Disziplin immer wieder cholerische Plutoniker, die überall umstürzlerische Gewalt, Eruptionen und Erdbeben sehen.

Die Insel Apragopolis versank. Und damit war aller weiteren archäologischen und geographischen Akribie der Weg verlegt. Dafür tauchten ungeahnte poetische Möglichkeiten aus dem Meer: Vinetaklänge und Vinetazauber im Meere des Odysseus!

Doch mit einer gesunkenen Insel war man nicht lange zufrieden. Die nüchterneren Erforscher der Apragopolis behielten die Oberhand. Sie verachteten alle submarine Romantik und ließen die Insel wieder auftauchen. Man wies mit Recht darauf hin, daß im Altertum alle Inseln, auch die kleinsten, Nisida, Megaris und Leukothea, bekannt waren und beschrieben worden sind.

Romanelli, ein frommer Abbé, der in seinem Capribuch (1816) das brachte, was er von anderen, so von Della Torre-Rezzonico und dem General Pommereul, abgeschrieben hatte, glaubte die sogenannten Tuori – die Taurubulae des Statius – seien früher Inseln gewesen, die Augustus durch Aufschüttungen mit Capri künstlich verbunden habe! Er folgte darin dem gelehrten Martorelli, der die Apragopolis zwar auch auf die Tuori verlegte, sie aber durch ein Erdbeben ins Meer versinken ließ. Er gehörte der seismologischen Abart der Plutoniker an. Andere, wie Meola, der ein Buch über die phoinikischen Altertümer auf Capri schrieb, die es nie gegeben hat, wiederholten diesen Unsinn. Ein Anonymus des 17. Jahrhunderts verlegte in seiner dürftigen ›Historia‹ die Apragopolis zur Abwechslung hoch auf einen der Faraglioni.

Am zähesten hielt sich die Monacone-Legende. Der sonst so nüchterne Immanuel Friedlaender – man weiß nicht, was er an Masgaba, dem Liebling des Augustus, auszusetzen hatte – meinte, es könne sich um das Grab eines Germanen aus dem frühen Mittelalter handeln! Aber seit Amedeo Maiuri in seinem ›Breviario di Capri‹, Neapel 1937, festgestellt hat, daß das sogenannte Grab auf dem Monacone – ein Fischbehälter war, dürfte der Monacone auf lange Zeit gründlich blamiert sein.

Man hat natürlich auch vorgeschlagen, den Text des Sueton für verderbt zu halten, und daß er in vielen Handschriften verderbt ist, wissen wir durch die Textkritik. Mit der einfachen Konjektur »vicinam Capreas insulam« wäre das Problem so weit gelöst, als Capri dann der Insel Apragopolis gleichzusetzen wäre. Aber es ist eben nur eine Konjektur, und der bessere Suetontext, den Einhard noch für seine Geschichte Karls des Großen benutzt hat, ist leider nicht erhalten. Die wenigen Fragmente betreffen nicht die fragliche Stelle. Wir haben allerdings einen Hinweis der sehr alten, auf das 2. oder 3. Jahrhundert n. Chr. zurückgehenden ›Scholia vetera‹ zu Juvenal. Der Scholiast, dem noch der Archetypus der Caesarenleben des Sueton zugänglich war, schreibt: »Augustus nannte diese Insel (nämlich Capri) Apragopolis, weil sie ein Ort des Müßigganges war.« Demnach wäre Apragopolis nichts anderes als die Insel Capri selbst.

Das antike Capri

Die Hinrichtungsstätte (carnificinae locus), vulgo Salto di Tiberio

> *Noch jetzt zeigt man auf Capri die Stelle, wo er die Verurteilten nach langen, ausgeklügelten Martern vor seinen Augen von den Felsen ins Meer zu stürzen befahl. Ein Haufe Matrosen fing sie unten auf und schlug mit Stangen und Riemen auf sie, damit nicht die geringste Lebensspur übrig blieb.*
> (Sueton, Tiberius 62,2)

Aus den Schriften des Sueton geht nicht hervor, ob dieser Stubengelehrte (wie Plinius der Jüngere ihn charakterisierte) sich je über das Meer nach Capri gewagt hat. Da die Insel kaiserlicher Privatbesitz war, konnte man auch nach dem Tode des Tiberius der Insel nicht so leicht einen Besuch abstatten. Suetons Hinweis, daß die Hinrichtungsstätte zu seiner Zeit noch gezeigt wurde, könnte man als Ortskenntnis auslegen. Ebensogut kann man es ihm erzählt haben.

Die Örtlichkeit, die Sueton andeutet, stimmt nicht mit dem heutigen *Salto di Tiberio* überein; denn wer von dreihundert Meter Höhe herabgestürzt wird, braucht keine Nachbehandlung mit Stangen und Riemen. Er fällt auch gar nicht unmittelbar ins Meer, sondern wird gegen die Felswand geschleudert. Nimmt man eine andere Stelle an, wo die Felsen nicht so hoch sind und die Verurteilten ins Meer oder auf die Klippen fallen, könnte die Beschreibung zutreffen. Fabio Giordano hat einen solchen Salto im Westen der Insel angedeutet, aber das ist nur eine Vermutung. Man fragt sich, wozu dieser Aufwand mit den Matrosen, wenn es auf Capri so viele Felsabstürze gibt, die einen sicheren Tod gewährleisteten? Das Herabstürzen war, wie es der Tarpeische Felsen in Rom bezeugt, eine traditionelle Strafe für Staatsverbrecher. Tiberius war sehr dafür, altrömische Bräuche beizubehalten. Warum sollte er bei seiner Felsenvilla, die Plinius der Ältere bezeichnenderweise *arx*, also Burg, nannte, nicht seinen privaten Tarpeischen Felsen gehabt haben?

Sellaria, vulgo ›Le Camerelle‹

> *In seiner Abgeschiedenheit zu Capri aber erdachte er ein Sofazimmer als Platz für geheime Ausschweifungen, in welchem Scharen von überallher zusammengebrachter Mädchen und Lustknaben und Erfinder unnatürlicher Wollüste, die er ›Spintrier‹ nannte, zu dreien verbunden mit einander Unzucht treiben mußten . . .*
> *(Sueton, Tiberius 43, Übersetzung von Adolph Stahr, neu herausgegeben von Dr. Bubbe, Leipzig 1926)*

Es ist fraglich, ob Sueton selber gewußt hat, was er mit ›Sellaria‹ bezeichnete. Erheiternd ist, daß auch seine deutschen Übersetzer, Stahr und Bubbe, nicht recht etwas damit anzufangen wußten. Sie übersetzten die anrüchige Stelle mit ›Sofazimmer‹ – als Platz für geheime Ausschweifungen! Das klingt recht komisch, nötigt uns aber ein Lob für die gute Moral des deutschen Professors aus der guten alten Zeit ab. Der Ort raffiniertester Technik des Sinnengenusses wird zum Sofazimmer, dessen Mittelpunkt eben das Sofa ist, ein an sich anständiges Möbel zum Kaffeeklatsch oder zu einem professoralen Nickerchen zwischen zwei Vorlesungen – und doch der Inbegriff aller Verworfenheit, sowie der Herr Professor an die Spintrier denkt. Das waren maîtres de plaisir von maßloser Erfindungsgabe, die eben in diesen *sellaria* Regie führten und ihre Befähigung durch eine Inaugural-Dissertation über die lasziven Bücher der Elephantis nachweisen mußten. »Die wollüstigen Bücher der Elephantis« nannte sie Martial, und Tiberius soll angeblich gerne darin geblättert haben.

Doch, wie gesagt, es ist fraglich, ob Sueton überhaupt eine klare Vorstellung von den *sellaria* hatte. Bei ihm ist es ein Zimmer oder, wenn man maßlos sein will, ein Gebäudekomplex. Bei Tacitus dagegen (Annalen 6, 1) werden daraus *sellarii*. Doch gehen beide Begriffe wohl auf ein antikes Möbel zurück, das zum Inventar der römischen Dirnen gehörte. Es handelt sich um die *sella*, den Stuhl der Dirnen. *Alta sella* sagt der zornige Juvenal, und nach der *sella*, dem hohen Stuhl, nannte man die Dirnen selbst *sellariae*, also die, die in solchen Stühlen sitzen.

Die ortskundigen Ciceroni haben in gegenseitiger Befruchtung mit reisenden Archäologen die *sellaria* des Sueton in die Camerelle verlegt. So niedrig schätzten sie den Komfort eines römischen Kaisers ein! Es handelt sich um die Unterbauten eines Viadukts, die zum Teil mit Zisternen versehen waren. Die *sellaria* des Sueton haben bei den Ciceroni wohl die Vorstellung moderner großstädtischer Nischen-Cafés erweckt.

Zur Zeit Mangonis kannte man diese Örtlichkeit noch unter dem sehr alten Namen Sella Orta. Der Anklang an Sellaria ist zwar da, doch man weiß nicht recht etwas damit anzufangen.

Angeblich wurden bei den Camerelle viele Nummi Spintrii, Medaillen mit lasziven Darstellungen, ausgegraben, die den üblen Ruf, in den die Camerelle geraten sind, noch verschlimmert haben. Es ist sehr zweifelhaft, ob solche Medaillen je auf Capri gefunden worden sind. Der Graf Della Torre-Rezzonico besaß fünf davon – die er in Neapel gekauft hatte! Auch die von Hadrawa erwähnten Stücke sind ebenso verdächtig wie die Nummi Spintrii, die Romanelli, Mangoni und Waiblinger gesehen haben wollen. Es waren sehr viele Fälschungen im Umlauf. Der Prälat Caetani besaß sieben der unzüchtigen Medaillen (hoffentlich mit päpstlichem Dispens!), und er erwähnt dreiunddreißig weitere, die der Herzog von Bracciano besessen habe. Diese stammten wieder aus dem Münzkabinett der Königin Christine von Schweden. Im übrigen ist nicht der geringste Beweis erbracht, daß diese Münzen in die Zeit des Tiberius gehören. Die Spintrii waren, wie Lampridius bezeugt, auch unter Heliogabal noch einmal – wenn man so sagen darf – zu Ehren gelangt.

Der antike Leuchtturm (turris Phari)

> *Und wenige Tage bevor er (Tiberius)*
> *starb, stürzte der Leuchtturm infolge*
> *eines Erdbebens zusammen.*
> *(Sueton, Tiberius 74)*

Der alte Leuchtturm befindet sich unweit der Villa der Io. In neuerer Zeit hat Friedlaender bezweifelt, daß der Turm als Leuchtturm gedient habe. Er meint, es sei ein Signalturm gewesen, und er schlägt als Leuchtturm einen niedriger gelegenen Turm unterhalb des Tiberiusfelsens vor. Ein solcher Turm dürfte aber Statius kaum zu seinem berühmten Vers begeistert haben:

Und der Teleboer Heim, wo tröstlich zagenden Schiffern
Flamme des Leuchtturms winkt, nachtwandelnden Mondes Rivale.
(Statius, Silvae 5, 100, Ekloge an seine Gattin)

Der Vergleich des Leuchtturms mit dem nachtwandelnden Mond erfordert, daß der Leuchtturm auf der Höhe steht, und auf ihn trifft wohl auch die Stelle des Sueton zu, wonach Tiberius von der höchsten Felsenspitze nach Zeichen Ausschau hielt, die den Ausgang der Verschwörung des Seian meldeten. Daß der Leuchtturm auch zu Signalzwecken diente, wurde schon erwähnt.

Ephebenschule

> *Auch war er (Augustus) ein interessierter Zuschauer bei den Leibesübungen der Epheben, denn diese waren infolge der alten Stiftung noch ziemlich zahlreich auf Capri.* (Sueton, Augustus 98)

Man hat vergebens versucht, die Lage des Ephebäums auf Capri aufzuspüren. Viele Autoren werfen die von Sueton erwähnte Einrichtung mit einer römischen Zirkusanlage zusammen. Mangoni verlegt sie südlich der Camerelle. Gregorovius folgt ihm darin in seinem liebenswürdigen Büchlein über Capri, schreibt aber mit Recht, daß es nur Mutmaßungen seien. Friedlaender und Douglas weisen wiederum auf den heutigen Campo sportivo hin.

Hippodrom – die antike Rennbahn

Von solch einer Rennbahn finden sich auch nicht die kümmerlichsten Reste auf Capri. Eine von Norman Douglas aufgefundene Inschrift HIPPOD SIMPLEX PASSUS IRE REDIRI scheint aber zu bezeugen, daß es so etwas auf Capri gab. Eine andere angedeutete Möglichkeit, daß die etwas rätselhafte Straße um den Monte San Michele für Pferderennen gebaut worden sei, hätte nur Wahrscheinlichkeit, wenn ein Verrückter wie Caligula sie hätte bauen lassen. Die Straße hängt aber wahrscheinlich mit der Tempelanlage zusammen, die diesen Berg krönte. Eine Bleimünze, die Hadrawa erwähnt und die auf der einen Seite die Inschrift C. MITREVS MAG.IVVENT., auf der Kehrseite die Abbildung eines elliptischen Gebäudes aufweist, gab gleichfalls Anlaß, in dieser Gegend einen Zirkus, das Ephebäum oder die Sellaria zu suchen. Die Münze scheint zwar auf Capri gefunden worden zu sein, deutet aber, wie Mommsen hinweist, auf die Jugendspiele, ›Iuvenalia‹, irgendeiner anderen Stadt.

Grab der Crispina

Auf der Terrasse des Hotels Grotta Azzurra an der Marina Grande befindet sich ein im Jahre 1810 in der Nähe ausgegrabener Marmorsarkophag. Er barg das Skelett einer jugendlichen Frau sowie die Reste einer mit Gold und Silber bestickten Kleidung. Dazu fand man zwei Armbänder, Ohrgehänge, einen Ring mit einer Kamee und einen szepterartigen Stab mit drei goldenen Reifen. Im Munde des Totenschädels lag eine Goldmünze des Vespasianus, die damals für zehn Dukaten an einen Fremden verkauft wurde. Der Skulpturenschmuck des Sarges ist eher roh zu nennen. Das für den Namen vorgesehene Medaillon blieb leer. Friedlaender datiert den Sarkophag ins 4. Jahrhundert n. Chr., und wohl mit Recht. Natürlich brachte man das Skelett mit Crispina, der Frau des Commodus (180-192 n. Chr.), in Verbindung. Sie war bekanntlich vom Kaiser zusammen mit seiner Schwester Lucilla nach Capri in die Verbannung geschickt worden und wurde, wie Cassius Dio (Römische Geschichte 72,4) berichtet, zusammen mit dieser Schwester hingerichtet. Der szepterartige Stab verführt zu der Annahme, daß es sich hier um ein Mitglied der kaiserlichen Familie gehandelt habe, aber es ist kaum anzunehmen, daß dieser ins 4. Jahrhundert n. Chr. weisende Sarkophag das Skelett der Crispina oder der Lucilla barg.

Taurubulae (Die Tuori?)

*Siehe! Da legt der Held von Tyrnis
nieder die Waffen.
Kaum wenn düster am Himmel heraufzieht nächtliches Dunkel,
schmettert er selbst mit wuchtiger Axt
die Felsen zusammen,
schweißgebadet, daß Capri mit seinen
waldigen Gipfeln*

*widerhallt und das Echo vom Land weit
über das Meer klingt.*
(Statius, 1, 128, *Der sorrentinische
Herkules des Pollius Felix*, Übersetzung
von Sebicht)

Die wörtliche Übersetzung der vierten Verszeile wäre: »die üppigen und grünen Hänge von Capri.«

Man hat die Taurubulae des Statius den Tuori auf Capri gleichgesetzt. Diese Tuori, die auch auf der Sorrentiner Halbinsel vorkommen, hängen sicher mit dem griechischen Wort to Oros, das heißt Berg, zusammen. Es ist eine der übertriebenen Metaphern des Statius, wenn die gut zehn Kilometer entfernten Hänge Capris von der Axt des Herkules widerhallen sollen. Die heute Tuori genannten Hänge, *Tuoro grande* und *Tuoro piccolo* am Südabhang des *Telegrafo*, oder auch der ganze Berg selbst, den neuere Karten mit *Monte Tuoro* bezeichnen, sind von der Stelle, wo die Reste der Villa des Pollius Felix stehen, überhaupt nicht zu sehen.

Douglas meint, das Wort Taurubulae sei eine eigene Prägung des Statius. Die ganze Angelegenheit ist voller Widersprüche.

Tragara und sein römischer Hafen

Tragara ist wohl vom griechischen Tragarion abzuleiten, Bocksplatz oder so ähnlich.

In der kleinen Bucht zwischen dem mit dem Land verbundenen *Faraglione* und der nördlichen Felswand vermutet man einen Hafen aus der Römerzeit. Im Mai des Jahres 1965 hat der Verfasser mehrmals diese Bucht besucht. An diesen Tagen blies ein ziemlich frischer Ostwind, und die Brandung ließ die Bauten im Meer, in antiker Gußtechnik ausgeführt, schwer erkennen. Zweifellos sind es Unterwasserbauten. Es handelt sich kaum um die Reste von Hafenmolen, sondern wahrscheinlich um Schwimmbecken, wie überhaupt die Lage der kleinen Bucht als Hafen nicht sehr geschützt ist, den östlichen Winden ausgesetzt. Der *Monacone*, das vorgelagerte kleine Inselchen, ist doch zu weit weg, um als Wellenbrecher zu dienen. Völlig phantastisch ist Schoeners Vorstellung, der Raum zwischen dem Faraglione und dem Monacone sei zur Römerzeit zu einem Damm aufgeschüttet worden.

Schoener und nach ihm viele andere haben auch das Gemäuer, das sich nordwestlich an die Felswand anlehnt, nicht richtig gesehen. Die Mauer, aus *opus incertum* mit Ziegeleinlagen bestehend, ist in einen vom Meer tief ausgehöhlten Felsen eingebaut und liegt unterhalb einer vorzeitlichen Strandlinie. In der falschen Vorstellung, diese Strandlinie, die in fünf bis neun Meter Höhe sichtbar ist, sei erst in römischer Zeit entstanden, ließ Schoener das Gemäuer, mit dem er nicht recht etwas anzufangen wußte, später ins Meer versinken ... und wieder auftauchen.

Es handelt sich aber um die Strandlinie eines viel weiter zurückliegenden geologischen Zeitalters, die auf Capri überall zwischen fünf und neun Meter über Meereshöhe liegt. Die tiefe Aushöhlung weist auf sehr lange Zeiträume.

Die ganze Anlage erweckt eher den Eindruck, daß sie dem Badeleben oder auch dem Fischfang gewidmet war. Natürlich konnten auch kleinere Schiffe anlegen. Aber hatten es die Römer nötig, an dieser Stelle, wo nur ein steiler und beschwerlicher Aufstieg zur Punta Tragara führt, einen Hafen anzulegen? Da gab es doch bequemere Anlegestellen an der Marina Grande und der Marina Piccola. Je nach Wind- und Wetterlage konnte man bald die südliche, bald die nördliche Anlegestelle benutzen und verfügte dort über bequemere Straßen für den Aufstieg.

Venerii loci – die Venusplätze

Auch in Hainen und Gehölzen legte er da und dort sogenannte Venusplätze an, wo in Grotten und Felsenhöhlen junge Leute beiderlei Geschlechts als Panisken und Nymphen verkleidet zur Wollust einluden. (Sueton, Tiberius 43)

Die vielen Grotten und Höhlen auf Capri machen es den Fremdenführern leicht, die berüchtigten Venusplätze zu lokalisieren. In mehreren Grotten hat man antikes Mauerwerk gefunden, so vor allem in der Grotta del Castiglione, der Grotta dell'Arsenale, der Höhle von Matromania und in der Grotta Bianca, wo ein kleiner Kanal aus dem Felsen gemeißelt worden war, um eine Trinkwasserquelle zu fassen. Die größte Überraschung bot aber die Blaue Grotte, wo man nicht nur römisches Mauerwerk, sondern auch zwei antike Statuen gefunden hat. Dagegen weist die sogenannte Höhle des Tiberius unterhalb der Villa der Io in etwa 150 Meter Meereshöhe keine Spuren aus der Antike auf. Es gibt von dort weder einen Zugang zum Meeresufer noch einen geheimen Gang zur darüberliegenden Villa, wie Friedlaender behauptet hatte. Und die goldene Statue des Tiberius, die dort begraben sein soll, wurde von deutschen Romantikern erfunden. Die Höhle ist nur durch eine waghalsige Kletterei zu erreichen, was den Brüdern Rudolf und Arnold Wenner im Jahre 1920 gelang. Sie fanden dort nur ein paar Fledermäuse.

Grotta dell'Arsenale

Die Grotte war alles andere als eine Schiffswerft, von der man früher fabelte. Giraldi soll in dieser Grotte ein antikes nautisches Instrument gefunden haben, das zusammen mit einem später entdeckten Sgraffito dem Märchen von einer Schiffswerft Nahrung gegeben hat. Die Höhle war früher mit Stuck und Mosaik verkleidet, hatte einen schönen Marmorfußboden und längs der Höhlenrundung zieht sich ein niedriger gemauerter Sockel hin. Es handelt sich also einwandfrei um ein Nymphäum. Gefunden wurde hier auch ein Teil eines blauen Glastellers mit weißen erhabenen Fischen. Das Stück ist an Fremde verkauft worden!

Grotta di Matromania – MAGNAE MATRIS ANTRUM?

Der Name der Grotte wird im allgemeinen von der Mater Magna, der Göttermutter, abgeleitet. Vielfach schlug man dafür auch Mitromania, das ist Mithrasgrotte, vor mit dem Hinweis, es sei dort ein Mithras-Relief ausgegraben worden. In Wirklichkeit grub man dieses Relief bei dem Kirchlein von S. Costanzo an der Marina Grande aus. Auch diese Grotte war ein Nymphäum, wie aus dem noch reichlich vorhandenen Mauerwerk hervorgeht. Man könnte annehmen, daß die Grotte der Göttermutter Kybele geweiht war. Der Kult gehörte zur Familientradition der Claudier, seit der rohe Stein, der die Göttin personifizierte, im Jahre 204 v. Chr. aus Pessinus in Kleinasien nach Rom gebracht worden war. Damals war es eine Claudia, die das Schiff mit dem schweren Stein und den heiligen Geräten, das sich auf einer Untiefe festgefahren hatte, wieder flott bekam. Sie betete damals laut, so gewiß sie eine Jungfrau sei, werde das Schiff wieder flott werden. Und siehe, das Wunder geschah: das Schiff löste sich von der Untiefe und bestätigte zugleich die Jungfräulichkeit der Claudia.

Die Vorliebe des Kaisers Tiberius für Höhlen ist bekannt. Dafür zeugen nicht nur die vielen zu Nymphäen ausgebauten Höhlen auf Capri. In der Gegend Sperlonga bei Terracina hatte der Kaiser Lustbauten um eine natürliche Höhle aufführen lassen, deren Reste noch heute sichtbar sind. Wie Sueton und Tacitus übereinstimmend berichten, stürzten einmal, als Tiberius mit Gästen in der Höhle weilte, plötzlich Felsbrocken herab, die mehrere Gäste und Sklaven erschlugen. Der Kaiser wurde aber vom treuen Sejan mit seinem eigenen Körper abgedeckt.

Die Höhlen und Grotten dienten vornehmlich zur Erholung während der heißen Sommermonate. Der Klatsch in Rom wollte es anders, und Tiberius' Vorliebe für solche abgeschiedenen Orte wurde dahin ausgelegt, daß er so seine Ausschweifungen vor den Blicken Unberufener verbergen wollte. An Suetons Klatschgeschichten hat wohl der spätrömische Ausonius gedacht, als er in seiner dritten Tetrastica schrieb:

> *Von nun an, jedoch, in seiner Höhle auf Capri verschlossen,*
> *sollte der Ort verbergen, was das Laster verriet.*

Und da wäre endlich noch die

Blaue Grotte

Schon Kopisch hatte die Grotte untersucht und festgestellt, daß zur Römerzeit Menschenhände am Werke gewesen waren. Im Hintergrund der Grotte, da, wo sie in eine trockene Höhle übergeht, befindet sich ein kleiner Anlegeplatz für Boote mit Spuren römischen Mauerwerks und dahinter die Reste eines Fußbodens. Ein Felsenfenster, das sich genau mit Blick auf den Grotteneingang öffnet und dem Betrachter den ganzen Zauber des blauen Lichteffekts erschließt, ist im Altertum ausgemeißelt worden. Ferner läßt ein langer Gang, der sich etwa dreihundert Meter in den Berg hineinzieht, durch die sichtlich künstliche Gesteinsanhäufung ahnen, daß man hier eine Wasserader erschließen wollte.

Früher ging es darum, ob die Grotte zur Zeit des Tiberius überhaupt blau gewesen sei; meinten doch die Geologen, der Meeresspiegel habe zu dieser Zeit weit unter dem heutigen gelegen, und das submarine Felsentor, durch welches das Tageslicht einfällt und, vom Wasser reflektiert, die magische blaue Farbe erzeugt, habe sich damals über dem Meeresspiegel erhoben. Also sei die Blaue Grotte nicht blau gewesen.

Man berief sich auf eine von Mollusken geschaffene geologische Uhr, die auf dem Festland, drüben bei Pozzuoli, steht. Dort hatten fürsorgliche Bohrmuscheln von der Art der Lithodomi lithophagi mit winzigen Raspelzähnchen ihre Behausungen in drei stehengebliebene Säulen des sogenannten Serapistempels gegraben. Diese Säulen aus grauem Cipollino-Marmor, die übrigens nicht einem Tempel, sondern einer großartigen Markthalle zugehörig waren, standen in den Jahrhunderten nach ihrer Errichtung in verschiedenen Meereshöhen unter Wasser, und an den Löchern, die die Mollusken in den Marmor gebohrt hatten, konnte man ablesen, wann der Erdboden sich gehoben oder gesenkt hatte. Goethe, der 1787 den ›Serapistempel‹ besichtigte, schrieb noch 1823 eine Abhandlung darüber, und der neapolitanische Architekt Antonio Niccolini veröffentlichte 1839 seine Metrischchronologischen Tafeln.

Den Niccolinischen Linien zufolge müßte die Meereshöhe bei Capri im Jahre 80 v. Chr. 3,8 Meter unter dem heutigen Niveau gelegen haben, wäre bis zum Jahre 200 n. Chr. um 1,9 Meter gestiegen, hätte 500 n. Chr. wieder das heutige Niveau erreicht, um zwischen 800 und 1000 n. Chr. erneut auf 5,8 Meter zu steigen und dann langsam zu fallen, so daß die Grotte zur Zeit der sogenannten Entdeckung im Jahre 1826 wieder blau war.

So weit die Folgerungen aus der Molluskenuhr in Pozzuoli. War sie auch wertvoll für die Küste des Festlandes – in bezug auf Capri ging sie falsch!

Schon zu Beginn unseres Jahrhunderts hatten aufmerksame Beobachter wie Norman Douglas, Immanuel Friedlaender und Amedeo Maiuri auf die Reste römischer Wasserbauten hingewiesen, die auf gleichem Niveau liegen müssen wie zur Zeit des Tiberius.

Damit wäre die Blaue Grotte rehabilitiert gewesen und hätte auch zur Zeit der ersten römischen Kaiser ihr Farbwunder gezeigt. Aber es gab doch immer wieder Leute, die die kärglichen Reste aus römischer Zeit belächelten und es als unmöglich bezeichneten, daß sich ein alter Herr wie Tiberius in einer winzigen Barke durch das Grottenloch hätte ziehen lassen oder gar hineingeschwommen wäre.

Da entdeckten im Jahre 1964 Unterwasserphotographen auf dem Grunde der Grotte eine Marmorstatue. Und siehe, als man sie im Juni desselben Jahres hob, erkannte man trotz der Muschelinkrustierung die überlebensgroßen Formen eines knienden Jünglings. Und nicht genug damit, kaum zwei Monate später wurde noch eine Statue gefunden, die einen bärtigen Gott, vermutlich den Erderschütterer Poseidon, darstellt. Trotz der Muschelkruste und der Durchbohrung durch Mollusken oder gerade durch diese submarine Verwandlung der beiden Statuen, ist ihre Bewegung von wunderbarer Schönheit. Der Jüngling in dienender Geste nach vorn gebeugt, Poseidon würdig, als trüge er noch in der linken Hand den Dreizack nach dem Vorbild der berühmten Statue des Lysippos.

So hat die Archäologie doch recht behalten.

Aber auch ein Hinweis des Dichters Kopisch, den man früher als romantische Erfindung abgetan hat, zeigt sich heute in ganz realem Lichte. So erzählt der Wirt und Notar Pagano in Kopischs Bericht über die ›Entdeckung‹ der Blauen Grotte folgendes:

Ich vernahm von einem uralten Fischer, daß vor zweihundert Jahren ein paar Geistliche den Spuk haben bestehen wollen. Dieselben sind ein Stück in die Grotte hineingeschwommen, aber bald wieder umgekehrt, indem sie eine greuliche Furcht angekommen. Nach Aussage dieser Priester soll die Grotte inwendig aussehen wie ein sehr großer Tempel mit einem Hochaltar, ringsum aber alles von Götzenbildern sein ...

An den beiden gehobenen Statuen ist deutlich zu sehen, daß sie mit Metallhaken in Meereshöhe an der Grottenwand befestigt waren. Vermutlich sind sie erst nach dem von Pagano erwähnten Besuch der Geistlichen – also vor dreihundert Jahren – auf den Grund der Grotte gestürzt. Im Januar 1976 entdeckten Taucher die 1,60 m große Statue eines Meergottes und einen Altar von 60 x 40 x 33 Zentimetern.

Tiberius kannte also die Blaue Grotte nicht nur, sondern hat sie mit Statuen schmücken lassen. Vielleicht wurde die Blaue Grotte so überhaupt zum Urbild für die anderen Nymphäen, die, in seinem Auftrag mit Mauerwerk und Mosaik verkleidet, dem greisen Kaiser in den Sommermonaten als antike Klimaanlage erfrischende Kühle vermittelten.

Örtlichkeiten, deren Namen auf die griechische oder römische Zeit zurückgehen

Selbst der Landstrich auf Anacapri, der den Namen des großen Kaisers bewahrt haben soll, Timberino, hieß früher Temperino. So steht es in einer Handschrift des Feola. Erst später hat sich die Bezeichnung geändert und ist Timberino daraus geworden. Auf älteren Landkarten, von der Skizze Fabio Giordanos bis zu den Karten des 19. Jahrhunderts, weiß man nichts von Timberino. Das Gleiche gilt für die Contrada delle Sirene am Südstrand, die früher Contrada del Mulo hieß. Andere Namensdeutungen sind mehr oder weniger einfallsreiche Spielereien: Citrella von Venus Cytherea, Veterino von Kaiser Vitellius, Damecuta nach – Dame occulte! Weitere ciceronische Ableitungen wollen wir lieber beiseite lassen und auch die Namensgebung der Villen nur streifen. Den größten Komplex nannte man natürlich Villa Jovis, die Trümmer auf dem Castiglione hat man teils dem Neptun geweiht wegen verschiedener Darstellungen von Seefabelwesen, die man dort gefunden hat, teils dem Apollon nach dem angeblichen Fund einer Appollonstatue. Die

Schwimm- oder Fischbecken beim Palazzo a mare waren natürlich die Bäder des Tiberius, und da man in den Ruinen der Unghia Marina Ziegel mit dem Eindruck Hyacinthi Iuliae Augustae fand, konnte an der Stelle natürlich nur eine Villa Iuliae gestanden haben, wobei man nicht an die Livia dachte, die den Ehrennamen Iulia Augusta nach dem Tode des Augustus vom Senat erhielt, sondern bald an die Ältere, bald an die Jüngere Julia, die beide den Namen Augusta nie getragen haben. Noch Kopisch und Waiblinger erzählen, Julia, die Tochter des Augustus und zweite Frau des Tiberius, habe auf Capri in Verbannung gelebt – während sie bekanntlich auf die Insel Pandataria verbannt worden war.

Griechische und lateinische Inschriften der Insel Capri

Die Steine sprechen

Seit die Griechen gelernt hatten, ihre Sprache durch Schriftzeichen wiederzugeben, galt das geschriebene Wort zuerst den Göttern und Heroen, und man meißelte es tief in den Stein, auf daß es die Zeit überdaure. Euhemeros von Messene erzählt in seinem Buch über heilige Tempelinschriften von einem Tempel des triphilinischen Zeus auf der sagenhaften Insel Panchaia, wo auf einer goldenen Säule der Göttervater selbst die Urgeschichte der Menschheit seit Uranos eingemeißelt habe.

Capri besaß dieses steingewordene Wort schon in früher Zeit. Es stand unter den Götterbildern, auf den Grabtafeln seiner Nekropolen und erschien noch um die Zeitwende als Weihinschrift unter den Statuen des Augustus und des Tiberius.

Die Inschriftensammlungen enthalten etwa vierzig einigermaßen beglaubigte griechische und lateinische Inschriften, die man auf mehr als das Doppelte bringen kann, wenn man die privaten Sammlungen von Inschriften dazu nimmt, die sich in einigen Villen auf Capri befinden – oder befanden. Es sind vor allem die Inschriften der Villa Cesina, des sogenannten Fortino, der Villa Narcissus, der Casa Rossa, die ehemals MacKowens gehörte, und des Hauses von San Michele. Die Inschriften der Villa Narcissus sind leider aus Capri verschwunden, und der Verfasser besitzt nur noch die Pausen. Die des Fortino sind nicht zugänglich, und in den anderen Villen, so vor allem in San Michele, sind unterschiedslos auf der Insel gefundene Inschriften und solche, die vom Festlande stammen, in die Mauern der Höfe eingelassen. Viele sind für immer verloren. Nicht allein Witterung und Zerfall löschten die Spuren des lapidaren Wortes, auch die Menschen trugen weitgehend dazu bei. Eifernde Priester zerschlugen die sakralen Inschriften, und die Capresen brannten Kalk aus den Trümmern. Schon im 16. Jahrhundert empfahl der durch seine Fälschungen berüchtigte Pirro Ligorio den staubfein zermahlenen Marmor zur Herstellung eines vorzüglichen Stuckes. Bis auf unsere Tage konnte man in der Nähe des Palazzo a mare einen Kalkofen sehen, einen der vielen, in die große Mengen antiken Marmors gewandert sind. Was nicht zerstört wurde, verkauften reisende Kunsthändler ins Ausland. Altäre, Weihinschriften, Vasen, Münzen und Schmuck. Ganze Schiffsladungen kostbaren Marmors, Säulen, Fußböden und vor allem Bildwerke sind von Capri weggebracht worden. Darunter eine Agrippinabüste, der berühmte Kybele-Altar, Kameen, ja ganze Fischkörbe voll Achat. Und was ist allein durch die Unachtsamkeit oder die Unwissenheit der Inselbewohner zerstört worden! So entdeckte der Bauer Michele Farace, als er einen Weinstock umsetzen wollte, ein Relief mit einer griechischen Inschrift. Da er das Marmorstück seiner Schwere wegen nicht gleich herausziehen konnte, zerschlug er es kurzerhand. Mangoni erwähnt ein schön gearbeitetes Marmorpferd, das in den Ruinen von Timberino auf Anacapri gefunden wurde, sowie ein Basrelief mit einer griechischen Inschrift. Beides wurde gegen geringes Entgelt an Fremde verkauft.

Unter den Gegenständen, die Carl Joseph Stegmann, der langjährige Hauptschriftleiter der Augsburger Allgemeinen Zeitung, Verfasser der anonym erschienenen ›Fragmente über Italien, aus dem Tagebuch eines jungen Deutschen 1798 bis 1799‹, noch im Jahre 1797 bei einer Besichtigung des Antikenkabinetts Hadrawas sah, waren zum Beispiel ein korinthisches Kapitell mit Buchstaben und ein antiker Fußboden aus gebrannten Fliesen. »Mehrere hatten griechische Buchstaben als Zeichen der Fabrik.« Damals befanden sich, wie Stegmann versicherte, bereits die besten auf Capri gefundenen Sachen nicht mehr im Besitze Hadrawas. Sie waren, wie die wundervolle Kamee mit dem Kopfe des Germanicus, nebst einigen Vasen und Basreliefs bereits ins Ausland verkauft worden.

Eine lateinische Inschrift, vermutlich aus der augusteischen Zeit, gefunden am Fuße der antiken Treppe nach Anacapri, wurde beim Bau der Fahrstraße durch das herabstürzende Gestein zerstört. Statt dessen haben wir jetzt die Marmortafel, die Herrn Giuseppe Orlandi, den Erbauer der Fahrstraße, rühmt!

Norman Douglas berichtete, Professor Warren von der Harvard-Universität habe sechzig Inschriften, meist Grabinschriften, abgeschrieben, von denen zweifellos viele aus Capri stammten, und zwar aus dem heutigen Fortino, der Casa Rossa, der Villa Cesina und so weiter. Auf Anfragen, die der Verfasser an die Harvard-Universität richtete, wurde ihm beschieden, der inzwischen verstorbene Professor Warren habe nichts darüber veröffentlicht, noch seien irgendwelche Abschriften vorhanden. Axel Munthe will eine Menge Grabinschriften beim Bau der Villa San Michele gefunden haben. Er hat sie in die Wände einer Kapelle eingemauert, doch die Herkunft ist nicht sicher. Hilden Thylander, der in dem ›Boken om Axel Munthe – Capri – och San Michele‹, Malmö, 1957, einige der lateinischen Inschriften von San Michele beschrieben hat, muß zugeben, daß die Mehrzahl der Inschriften nicht auf Capri gefunden wurde, sondern vom Festland stammt.

Aber lassen wir die Klagen um das Verlorene, schlagen wir die großen Folianten der Inschriftensammlungen zu, und

Antike Marmorstatue eines knienden Knaben,
gefunden in der Blauen Grotte

ΟΙΣΤΥΓΙΟΝΧΩΡΟ[
ΔΕΞΛΣΘΕΙΣΑΙΔΗΝ[
ΟΥΚΡΙΣΒΕΙΣΓΜΣΙΡΟ
ΑΙΨΝΙΔΙΩΙΘΑΝΑΤ[
ΑΡΗΜΕΝΟΥΕΜΠΡΟΘ[
ΑΡΤΙΔΕΚ[ ]ΓΟΝΕΣ[
ΟΥΔΕΚΑ[ ]ΝΘΕΣΕ[
ΕΜΤΕΛΕΣΑΣΓΟΕΡΟ[
ΤΟΥΝΟΜΑΜΟΙΥΠΑΤ[
ΤΟΥΣΤΕΓΟΝΣΙΣΚΛ[
ΑΛΑ

Die rätselhafte Hypatos-Inschrift

*Inschrift IGI 897a in der Casa Rossa (Anacapri)
Die einzige Inschrift, die den Namen der Capresen
trägt (ΚΑΠΡΙΗΤΩΝ, letzte Zeile)*

wandern wir zu den Inschriften selbst. Man kann sie da und dort, wenn vom Eigentümer nicht der Zutritt verwehrt wird, finden, in die Mauer eines Hauses eingelassen, versteckt unter dem Efeu oder überhangen von Blütendolden.

Sie lassen sich in drei Gruppen einteilen: Widmungsinschriften, Weih- und Grabinschriften, gestempelte Ziegel. Dazu kommen noch Künstlerinschriften und weitere Grabinschriften, die auswärts gefunden wurden, sich jedoch auf Capri beziehen. Es handelt sich hierbei um zwei Grabinschriften von Hausklavinnen aus Rom (CIL Nr. 8409a und CIL Nr. 8958, Band VI)*, die zur *familia*, dem Hausklavengesinde des Augustus, gehörten. Die zuletzt genannte Inschrift, die ›verna ornatrix Dorcas‹ betreffend, eine Sklavin, die der Herrin bei der Toilette half, ist im Kapitolinischen Museum in Rom zu sehen. Daselbst befindet sich auch eine Tafel der Fasti Antiates, eine Art Kalender aus Antium des Jahres 48 n. Chr. (CIL I² S. 247) mit dem Namen des Hausklaven Bathyllus, eines Bibliothekars aus Capri. Die Begräbnisstätte der Hausklaven des Tiberius scheint in Sorrent gewesen zu sein. Allerdings, die im Garten des Hotel Tramontana gefundene Grabinschrift, in der ein *Capretanus* genannt wird, weist nicht nach Capri, obwohl es sich um einen Hausklaven des Tiberius handelt. *Capretanus* ist ein häufig vorkommender römischer Nachname und von *capra* – Ziege – abzuleiten. Wäre der Hausklave ein Caprese gewesen, hätte die Inschrift *verna caprensis* lauten müssen und nicht *capretanus*.

Drei Widmungsinschriften bestätigen, daß zur ersten Kaiserzeit Agoranomen auf der Insel im Amte waren. Augustus hat Capri nicht nur wegen seiner landschaftlichen Schön-

---

* *Die hier erwähnten Inschriften werden wie folgt zitiert: die griechischen nach den* ›Inscriptiones Graecae Siciliae et Italiae‹, *Ed. Georgius Kaibel, Berlin 1890* IGI, *die lateinischen nach dem* ›Corpus Inscriptionum Latinarum‹ CIL *(Mommsen). Solche, die nicht in den Inschriftensammlungen enthalten sind, werden nach dem Aufbewahrungsort bezeichnet.*

heit, sondern auch wegen des dort noch lebendigen Griechentums geliebt, und er war es wohl, der diese Agoranomen – die Marktpolizei – in ihren Ämtern beließ.

Von diesen drei Widmungsinschriften ist die im Vorhof der Casa Rossa auf Anacapri besonders hervorzuheben, weil sie als einzige den Namen der Inselbewohner, *Kaprietoi*, trägt (IGI 897a). Ein Agoranom widmete sie dem Freigelassenen eines namentlich nicht feststellbaren göttlichen Kaisers, da ein Teil der Tafel abgebrochen ist. In der Übersetzung lautet die Inschrift: »Dem Freigelassenen des Gottes... der im Amt befindliche Agoranom der Capresen.« Es bleibt der Phantasie überlassen, den fehlenden Namen, der auf der abgebrochenen linken Seite des Steines stand, durch Sebastos – Augustos oder Ioulios – Iulius, den Gentilnamen des Kaisers, zu ergänzen. Die Inschrift wirft ein bezeichnendes Licht auf die Stellung der kaiserlichen Freigelassenen. Reich geworden, oft mit den Finanzen des Kaiserhauses betraut, waren sie von großem Einfluß.

Auch die zweite, einem Kaiser gewidmete Inschrift – hier Kaiser und Augustus (der Erhabene) genannt, wurde, wie aus der Partizipform *agoranomesantes* hervorgeht, von Agoranomen gesetzt, deren Amtszeit abgelaufen war. Diese Inschrift (IGI Nr. 897) befindet sich – oder befand sich, denn Genaues konnte nicht ermittelt werden – im Nationalmuseum in Neapel. Kaibel erwähnte, daß zu seiner Zeit die rechte Seite des Steines schon fehlte, während Mangoni die Inschrift noch vollständig gesehen hat. Die fehlende rechte Seite war aber noch in der Villa Narcissus vorhanden, wo sie mein Neffe Robert Wenner im Jahre 1951 abgepaust hat. Leider wurden bei einem Besitzwechsel der Villa die verschiedenen dort vorhandenen Inschriften – meist lateinische Grabinschriften – von den früheren Besitzern mitgenommen, so daß nur noch die Pausen vorhanden sind.

Eine dritte, von einem im Amt befindlichen Agoranomen gesetzte Inschrift (IGI Nr. 896) ist nicht mehr auffindbar.

Von einigem Interesse für die Datierung der Laokoon-Gruppe ist eine Künstlerinschrift (IGI 898) »Athanodoros (Sohn) des Agesandros, der Rhodier, schuf es (das Bildwerk)«. Gefunden wurde diese Inschrift, eingemeißelt auf einer viereckigen Basis von rotem Marmor, beim Castiglione oder, nach anderen, bei der Villa der Io. Die Basis zeigte Spuren, daß in ihr eine Statue eingelassen war. Auf ungeklärte Weise verschwand das Stück später aus Capri und soll nach dem Zeugnis von Douglas nach New York verkauft worden sein. Die Auffindung der Künstlerinschrift hat seinerzeit den Streit um die Laokoongruppe neu entfacht. Schon der wackere Lessing focht grimmig für seine These, die Statuengruppe sei kurz vor oder nach den ersten Kaisern entstanden. Heute, nach der Rekonstruktion der Laokoongruppe durch Professor Magi, glaubt man, daß die drei Bildhauer, Agesandros, Athanadoros und Polydoros im 2. Jahrhundert v. Chr. gewirkt haben. Darauf hat übrigens schon Förster (Philologische Parerga zum Laokoon, Verhandlungen der Görlitzer Philologenversammlung, Leipzig 1890) hingewiesen. Nach seiner Darstellung hat Tiberius die Statue mit der Inschrift während seiner Verbannungszeit in Rhodos erworben.

Es fehlt auch nicht an Fälschungen in unserer Sammlung Capreser Inschriften. Die Inschriftenfälscher sind so alt wie die Altertumskunde. Es gab geniale Fälscher wie jenen Neapolitaner Pyrrhus Ligorius, der im 16. Jahrhundert Tausende von lateinischen Inschriften gefälscht hat, und es gab als Gegenstück dazu den Abbé Michel Fourmont (1690-1730), der griechische Inschriften fälschte. So ist die griechische Inschrift IGI S. 9, die Kaibel unter den Fälschungen aufführte, wahrscheinlich schon deshalb falsch, weil die Mitteilung von dem wenig zuverlässigen Abbate Alessio Aurelio Pelliccia stammt. Angeblich ist sie bei der Kirche von San Costanzo, also etwa im Zentrum der antiken Stadt an der Marina Grande, gefunden worden. Douglas hielt die Inschrift allerdings für echter als die sogenannte Hypatosinschrift, von der wir noch hören werden. Die Inschrift des Pelliccia, die das Volk aufruft, nicht zu lärmen und den Dämonen keinen Altar zu errichten, ist zu schön.

Die lateinischen Inschriften sind weniger aufschlußreich als die griechischen. Meist sind es auch nur Grabinschriften, mit zwei Ausnahmen: Eine Künstlerinschrift auf dem Sockel einer kopflosen Statue (CIL Nr. 6806 x xcvi), nennt einen Iulius Salius als den Bildhauer. Es handelt sich um keine weibliche Figur, wie Schoener und andere angeben, sondern um einen ›Togatus‹, einen Mann in der Toga. Die Statue befindet sich heute im Louvre zu Paris. Man hat dem Togatus einen Kopf des jugendlichen Tiberius aufgesetzt, der gar nicht dazu gehört.

In der Nähe von San Costanzo wurde im Jahre 1889 eine Inschrift auf einem kleinen Steinwürfel von 10,5 cm im Geviert gefunden, die ein topographisches Rätsel aufgibt und sich glücklicherweise noch im Vorhof der Casa Rossa auf Anacapri befindet, wo sie in eine Mauer eingelassen ist neben verschiedenen anderen Inschriften. Sie lautet:

HIPPOD

SIMPLEX

PASSVS

IREREDIRI (P?)

und hat natürlich der Vermutung Nahrung gegeben, daß in der Nähe ihrer Auffindung eine antike Rennbahn lag.

Besonders umfangreich ist die Zahl der Grabinschriften. Sie reichen bis in die frühchristliche Zeit. Ergreifend ist die Schlichtheit der Grabtafeln. ›Xaire‹ – lebe wohl, oder ›glükütate‹ – Süßeste – sind meist die einzigen Worte des Nachrufs im Griechischen, denen lateinische in ähnlicher Schlichtheit entsprechen: *dulcissima, bene merenti, pientissima.* Das ist alles, was Zärtlichkeit, Dankbarkeit oder Liebe den Toten auf die Grabtafeln schrieb. Oft fehlt überhaupt jeglicher Nachruf und heißt es ganz nüchtern: »Hier liegt Geladinus.« Auf einem Kindergrab liest man dagegen: »Expectatus (der Ersehnte), der Liebling des Gaius Fannius Anterotis und der Fannia, lebte zwei Jahre und fünfundvierzig Tage.« Fast immer findet man über den lateinischen Grabinschriften die Abkürzung DM, die Anrufung der dii Manes, der als göttlich verehrten Seelen der Verstorbenen. Das DM kommt auch auf frühchristlichen Grabsteinen vor, hat das frühe Christentum doch vielfach heidnische Symbole übernommen. In der Villa Heiglin in Capodichino bei Neapel war einst eine Grabtafel zu sehen, die verbürgt aus Capri stammte und dort unweit des antiken Leuchtturms bei der Villa der Io gefunden wurde. »Taurike des Staion«, stand darauf, »lebe wohl!«

Außer den in Stein gemeißelten Inschriften sind auch viele gestempelte Ziegel gefunden worden. Einige davon tragen den Stempel HYACINTHI IVLIAE AVGVSTAE, was wir schon erwähnt haben. Nimmt man an, daß die Ziegel einer Ziegelsteuer unterlagen, so dürften die auf Capri gefundenen Ziegel – es sind auch Dachziegel darunter – vom Festland importiert worden sein; denn es ist kaum zu glauben, daß die römischen Kaiser für Ziegel, die auf ihrem Grund und Boden hergestellt wurden, eine Steuer bezahlt hätten. In der Tat sind auch die meisten Ziegel auf Capri ungestempelt. Norman Douglas hat bei Ausgrabungen auf Capri Hunderte von Ziegeln daraufhin untersucht und fand – wenn man von einem Dutzend gestempelter Ziegel absieht – fast nur ungestempelte Ziegel. Geeigneten Lehmboden, durch die Verwitterung von Kalkstein entstanden, gab es im Altertum sicher auf der Insel. Auch in unserer Zeit fand man beim Castiglione noch solche Stellen. Im Bereich der antiken Stadt an der Marina grub man auch einen bronzenen Ziegelstempel aus, der vielleicht zum Stempeln von Amphoren diente. Sein Verbleib ist unbekannt. Er war früher im Besitz des Malers Haan und ist vielleicht noch im Fortino.

Die Hypatos-Inschrift

In den Jahren meiner Jugend saß ich oft rätselnd über dieser Inschrift. Ich versuchte, unabhängig von der poetischen Übersetzung des Gregorovius, jedes einzelne Wort ins Deutsche zu übertragen. Ich wanderte zur Grotta di Matromania, wo sie angeblich gefunden worden ist, und überlegte das Für und Wider. War der Ort, den Augustus oder Tiberius zu einem Nymphaeum hatte ausbauen lassen, geeignet, die Totenklage eines Epheben zu verewigen, die den Caesar, den Herrn der Welt, anklagte? War die Inschrift überhaupt echt?

So oft ich auch damals auf den Spuren des alten griechischen Neapolis die Straßen entlang ging, die Via del Tribunale, San Biagio dei Librai, Via del Duomo, die noch der antiken Linienführung folgen, nie kam ich auf den Gedanken, in der Via del Duomo den Konvent der Oratorianer, eine Gründung des heiligen Filippo Neri, aufzusuchen, der sich in einem prächtigen Palazzo befindet. Denn dort hätte ich die Hypatos-Inschrift im Original sehen können.

Vier Jahrzehnte lagen dazwischen, als ich einmal wieder nach Neapel kam und mich an einem hellen Septembertag aufmachte, der Biblioteca Oratoriana einen Besuch abzustatten. In der Tasche hatte ich ein Empfehlungsschreiben Professor Maiuris an Padre Antonio Dottore Bellucci. Der gelehrte Padre hatte wenige Jahre vorher in der Zeitschrift ›Fuidoro‹ die Inschrift beschrieben und kommentiert.

Der ehrwürdige Mann nahm gerade einen Imbiß zu sich. In buntem Hemd und einer alten Hose sah er so gar nicht nach Geistlichem aus, aber sein prächtiger Kopf mit den klugen Augen faszinierte sogleich. Mein Besuch veranlaßte ihn, eine fadenscheinige schwarze Soutane über das Hemd zu ziehen, und dann wanderten wir zur Bibliothek, die ich leider nicht besichtigen konnte, weil sie im Umbau begriffen war. In einem Vorraum zur Bibliothek hing unter mehreren lateinischen Inschriften rechts von der Eingangstür die Hypatos-Inschrift. Padre Bellucci hielt hilfsbereit den Stuhl fest, den ich auf einen Tisch gestellt hatte, um die Inschrift ungefähr auf gleicher Höhe fotografieren zu können.

Das Fundjahr der Inschrift steht nicht genau fest. Secondo in seinem Bericht über die Altertümer, Ruinen und Überreste von Capri, den er untertänigst Karl III. widmete und der 1750 gedruckt wurde, gibt auf Seite 15 Kunde von der Auffindung der Inschrift in der Grotta di Matromania: »Als man dort vor ein paar Jahren nachgrub, fand man folgende Inschrift, in Marmor gemeißelt, und man überbrachte sie dem berühmten Altertumsforscher Matteo Egizio, damit er sie erläutere.« Wie man sieht, wird der Entdecker nicht genannt. Egizio hat die Inschrift dann lediglich ins Lateinische übersetzt und mit Anmerkungen versehen, die Secondo in seinem Bericht anführt.

Das Jahr der Auffindung muß vor 1740 liegen, da die Inschrift auf Grund einer – allerdings sehr fehlerhaften – Abschrift des Ignazio Maria Como bereits in Muratoris Inschriftensammlung ›Novus Thesaurus veterum Inscriptionum‹ Aufnahme fand. Auch Muratori fertigte eine lateinische Übersetzung an, brachte aber weiter keinen Kommentar zu der Inschrift. Antonio Francesco Gori in seinen ›Symbolae Litterariae Opuscula‹, Bd. 2, 1752 erschienen, brachte Secondos Bericht und ergänzte ihn mit eigenen Anmerkungen und einer lateinischen Übersetzung, die sich eng an die Muratoris anlehnt. Wenige Jahre später wurde die Inschrift von Martorelli in seinem Buch ›Vom königlichen Tintenfaß‹ – ›De Regia Theca Calamaria‹, Neapel 1756, II., S. 476-486 wieder mit einer lateinischen Übersetzung gebracht. Mit diesem hochgelahrten Martorelli hat sich seinerzeit Winckelmann herumgestritten. Amedeo Maiuri, der große Archäologe, nannte das Werk des Martorelli »die lächerlichste Frucht der Gelehrsamkeit dieses Jahrhunderts«.

Die Inschrift ist auf eine verhältnismäßig kleine, grau verwitterte Marmorplatte mir roh behauenem Rand gemeißelt.

Format etwa 40 × 25 cm. Die Buchstaben sind unterschiedlich groß, und auch an ihnen zeigen sich Verwitterungserscheinungen, was für die Frage der Echtheit von Wichtigkeit ist. Der Steinmetz hat mehrere Fehler gemacht. In einem Fall sind die zwei letzten Buchstaben eines Wortes zugleich die Anfangsbuchstaben des nächsten, dem Namen Hypatos wird versehentlich ein O angehängt, und einmal wird statt dem griechischen S (dem Sigma) das lunare Sigma geschrieben, das wie ein C aussieht, eine Schreibung, die in der römischen Kaiserzeit üblich wurde.

Friedlaender behauptet, es handle sich zwar um eine antike Marmorplatte, doch sei die Inschrift selbst gefälscht. Dagegen spricht aber die Verwitterung der Buchstaben.

Douglas war auch skeptisch in bezug auf die Echtheit und wies auf den Abbate Pratilli hin, der mit Egizio bekannt war und von diesem in zweien seiner Werke gepriesen wurde. Wir verdanken Pratilli viele Fälschungen, und Matteo Egizio sagte man eine große Fertigkeit in der Nachahmung antiker Inschriften nach.

Egizio wurde am 23. Januar 1674 geboren und starb 1745. Erst in den letzten Jahren seines Lebens befaßte er sich mit der Inschrift, aber außer den Anmerkungen, die bei Secondo nebst seiner Übersetzung abgedruckt sind, hat er weiter nichts über sie geschrieben. Er war aber immerhin derjenige, der die Tafel den Oratorianern geschenkt hat.

Die Inschrift wurde früher als die Totenklage des Epheben Hypatos gedeutet, der von einem Kaiser – Augustus oder Tiberius – grausam geopfert worden ist. Der Erste, der das aussprach, war unser gelehrter Martorelli. In dem oben zitierten Werk findet sich zuerst die Übersetzung des Wortes ›Despot‹ mit ›Caesar‹. Für Martorelli stand es einwandfrei fest, daß mit Despot (griechisch *Despotes*) nur der Kaiser Augustus gemeint sein könne, und damit hat Martorelli auch den Grafen Rezzonico in seiner italienischen Übersetzung der Inschrift beeinflußt. Gregorovius übernahm die gleiche Auslegung in seiner deutschen metrischen Übersetzung des Gedichts:

> *Die ihr das stygische Land, ihr guten Dämonen, bewohnet,*
> *nehmt auch mich nun auf, den Unseligen, nehmt in den Hades,*
> *den nicht Moiras Gebot fortraffte, die Herrschergewalt nur*
> *jählings traf mit dem Tod, da schuldlos nimmer ich's ahnte.*
> *Eben noch häuft' auf mich der Geschenke so manches der Caesar,*
> *aber er hat mir nun und den Eltern vernichtet die Hoffnung.*
> *Noch nicht fünfzehn hab' ich erreicht, nicht zwanzig der Jahre,*
> *ach! und ich schaue das Licht nicht mehr des erleuchteten Tages.*
> *Hypatos bin ich genannt; dich ruf ich noch an, mein Bruder,*
> *Eltern, ich flehe zu euch: O weint nicht länger ihr Armen!*

Gregorovius knüpfte an dieses Gedicht eines seiner »Phantasieschifflein«, wie er diese Exkurse in seinem liebenswürdigen Büchlein über Capri nannte:

> *Von welch schrecklicher Tat spricht in so mysteriösen Worten diese Grabschrift eines Knaben? Hier ist ein Roman von Capri angedeutet. Des armen Hypatos Los ist verschollen, doch ich weiß es: In einer dämonischen Stunde opferte Tiberius seinen Lieblingsknaben der Sonne. Hier in dieser Höhle, vor dieser Zelle. So opferte später Hadrian den schönen Antinous dem Nil. Damals waren Menschenopfer, wenn auch nicht häufig, so doch immer in der Gewohnheit, und am meisten brachte man sie dem Mithras dar.*

So weit das »Phantasieschifflein« des Gregorovius, in dessen Kielwasser später Heinrich Alexander Stoll seine Novelle ›Der Tod des Hypathos‹ – das h im Namen stammt von Stoll – folgen ließ.

Bei kritischer Beurteilung des zehnzeiligen Gedichts und der richtigen Auslegung des Wortes Despotes handelt es sich nicht um die Anklage gegen einen Kaiser. Mit diesem Titel wurde bis in spätrömische Zeit kein Kaiser genannt. Man kann Despotes hier nur mit Herr oder Gebieter übersetzen, niemals mit Caesar! Fällt somit die Anklage gegen einen Kaiser weg, bleibt nur die Totenklage eines Jünglings. Es ist ein in Stein gemeißeltes Gedicht, weiter nichts. Man hat behauptet, es müsse sich schon deshalb um eine Fälschung handeln, weil keiner gewagt hätte auf privatem Grund und Boden des Kaisers solch eine Inschrift anzubringen. Das Argument entfällt, wenn man das Wort Despotes richtig übersetzt.

Und da mag man seine Phantasie schweifen lassen und annehmen, Augustus habe es in seiner Sammlung von Raritäten in einem der Landhäuser aufgestellt. Und vielleicht auch hat es dem Kaiser Tiberius gefallen, das steinerne Gedicht in sein Nymphaeum zu bringen, in die der Mater Magna geweihten Grotte. Da Kaibel die Inschrift unter die echten aufgenommen hat und sie sich auch in Werner Peeks Griechischen Versinschriften findet, wollen wir nicht weiter deuten und ihr einen Ehrenplatz unter den übrigen Inschriften der Insel anweisen.

M. Julius Agrippa

Ein königlicher Hochstapler auf Capri

Im vorletzten Regierungsjahr des Kaisers Tiberius landete auf Capri, vom Welthafen Puteoli kommend, Marcus Julius Agrippa, ein Mann aus königlichem Geschlecht. Er wurde vom greisen Kaiser freundlich aufgenommen und durfte in einer seiner Villen wohnen. Der hohe Gast war damals in den vierziger Jahren und hatte eine abenteuerliche Reise hinter sich.

Der jüdische Schriftsteller Flavius Josephos hat uns das Leben dieses Agrippa in seinen ›Jüdischen Altertümern‹, Buch 18 und zum Teil auch im ›Jüdischen Krieg‹, Buch II anschaulich geschildert.

Sein Großvater war Herodes I., ›der Kinderabschlachtenlasser‹ der Bibel, den die Geschichte den Großen nennt. Er stammte aus idumäischem Geschlecht. Die Idumäer galten bei den orthodoxen Juden nicht viel. Zwangsweise hatten sie einst den monotheistischen Glauben angenommen und blieben in den Augen der Juden beschnittene Heiden. Dafür aber stammte Agrippas Großmutter, Mariamne, aus der Familie der Makkabäer.

Herodes I. war verschlagen, treulos, tatkräftig und bausüchtig, also ein echter Tyrann. Er hatte nach- und nebeneinander viele Frauen und zeugte mit ihnen fünfzehn Kinder. Unter seinen Frauen war außer der hochadeligen Mariamne, noch die Malthake, eine weniger standesgemäße Samariterin, ferner die Doris und eine jüdische Kleopatra, deren Sohn der brave Vierfürst Philippos war. Mariamne schenkte Herodes zwei Söhne, Alexandros und Aristobulos, die er aber bald zu Sebaste in Samaria hinrichten ließ. Er haßte nicht nur diese beiden, ihm war der ganze hasmonäische Familienanhang der Mariamne zuwider. Zwar heißt es, er habe die Mariamne geliebt; doch selbst seine Liebe war gefährlich, raubtierartig; eines Tages ließ er auch die Mariamne umbringen.

Ein weiterer Sohn des Herodes, der Antipater, Sohn der Doris, sollte eigentlich Thronfolger werden. Doch als Herodes den Großen bereits die kleinen Würmer fraßen – er starb an einer ekelhaften Krankheit – befahl er, den Antipater zu erdrosseln. Der hatte nämlich schon Anstalten getroffen, die Herrschaft seines Vaters zu übernehmen.

Aristobulos, der Sohn der Mariamne, der so früh von Henkershand starb, war der Vater Agrippas I. Die Mutter Agrippas trug den schönen griechischen Namen Berenike.

Berenike brachte ihren Sohn wenige Jahre vor der Zeitwende nach Rom, um ihn seiner gewalttätigen Verwandtschaft zu entziehen. Mutter und Sohn wurden in Hofkreisen gut aufgenommen, vor allem von Antonia, der tugendhaften Frau des älteren Drusus. Agrippa wurde gemeinsam mit den Prinzen des julisch-claudischen Kaiserhauses erzogen. Claudius, der spätere Kaiser, den man so gern einen vertrottelten Bücherwurm nennt (wäre uns nur sein Werk über die Etrusker erhalten geblieben!), war mit Agrippa gleichaltrig. Germanicus und der jüngere Drusus – der Sohn des Tiberius – waren ein paar Jahre älter. Als junger Mann gehörte Agrippa, der den Gens-Namen der Julier trug, seit Julius Caesar seinen Vorfahren das römische Bürgerrecht verliehen hatte, zur Jeunesse dorée der Weltstadt, jener Jeunesse dorée, die, einmal zu Amt und Würden gelangt, ganze Provinzen verprassen konnte.

So lange die edle Berenike lebte, hatte Agrippa an ihr einen großen Halt; denn sie war beliebt und angesehen wegen ihrer Tugendhaftigkeit. Sie starb viel zu früh für den leichtsinnigen Sohn. Seither nahm sein Kredit ab, sogar bei seinen jüdischen Glaubensgenossen. In gleichem Maße nahm sein Hang zur Verschwendung zu. Die Feste, die Frauen, da eine Lydia, die einen kostbaren Schmuck brauchte, dort eine Lesbia, die für ionische Sklavinnen schwärmte, das Würfelspiel, die Tierhetzen, die Sommer in Baiae und die tausend Verlockungen Roms und nicht zuletzt die notwendigen Geschenke für die kaiserlichen Freigelassenen, die den Schlüssel zu den kaiserlichen Geldern und zu Amt und Würden besaßen, kosteten Unsummen in silbernen Denaren und goldenen Aurei.

Agrippa war damals schon dreiunddreißig Jahre alt, aber noch immer ohne Staatsstellung, ohne Aussicht, eines der Vierfürstentümer in Palästina zu erhalten, die unter seinen Stiefbrüdern aufgeteilt waren. Da starb sein Freund Drusus, der einzige Sohn des Tiberius, ein gewalttätiger Mann. Man sagt, seine Gattin Livilla habe ihn vergiftet und das Gift sei aus der Hausapotheke des damals übermächtigen Günstlings des Kaisers, Aelius Seianus, gekommen.

Das war schlimm für Agrippa. Er hatte sich nämlich aus der kaiserlichen Schatulle die Kleinigkeit von dreihunderttausend Sesterzen geliehen und konnte sie nicht zurückzahlen. Ach, und Tiberius, der alte Herr, konnte so genau sein in Geldangelegenheiten. Zwar dachte Agrippa an einen demütigen Fußfall, doch hatte Tiberius Anweisung gegeben, niemanden von den Freunden des Drusus vorzulassen. Der Schmerz um den Verlust des Sohnes versteinerte ihn. Keiner sollte seinen Kummer sehen, und so nahm er unmittelbar nach der Beisetzung des Sohnes seine gewohnte Arbeit wieder auf.

Agrippa blieb nichts anderes übrig, als, wie seine Vorfahren, zum Wanderstab zu greifen. Wie oft war ihnen der

Herr im Traum erschienen und hatte die Worte gesprochen: »Schnür deine Schuhriemen und fleuch!« Ihm träumte zwar nicht dergleichen, aber er mußte ernstlich an Luftveränderung denken. So bestieg er in Ostia heimlich ein Schiff, das ihn nach Palästina brachte.

Dort heiratete er seine Base Kypros, die Enkelin seines Großoheims Phasael, die ihm fünf Kinder schenkte. Die beiden ältesten waren Marcus Agrippa II., der ihm später in der Herrschaft folgte, und Berenike, die spätere Geliebte des Kaisers Titus. Zuerst lebte Agrippa auf ›Schloß‹ Malatha in Idumäa, der Heimat des Großvaters. Für seine weltstädtischen Allüren war dieses Schloß allerdings so etwas wie eine zweitrangige Karawanserei für Wüstennomaden und hagere Scheichs mit vielen Kamelen und provinziell rückständigen Bedürfnissen. Also ging er nach orientalischer Sitte stumm und traurig auf dem Dache seines Hauses auf und ab und trug sich mit dem Gedanken, seinem Leben ein Ende zu machen – bis die Gattin diesen melancholischen Dachwandel nicht mehr mit ansehen konnte und sich sagte: »Da muß eben die Verwandtschaft helfen.« Flugs schrieb sie einen Brief an Herodias, die Schwester des Agrippa, die in zweiter Ehe mit dem Vierfürsten Herodes Antipas, dem Sohn der Samariterin Malthake, verheiratet war. Ihre Tochter war jene Salome, die so gerne dem Stiefvater etwas vortanzte, wenn er einen köpfen ließ, zum Beispiel Johannes den Täufer. Herodias hatte einen häuslichen Krach mit Antipas, der Agrippa nicht ausstehen konnte, dennoch behielt sie die Oberhand. Agrippa erhielt Geld – nicht allzuviel – und das Amt eines Agoranomos der Stadt Tiberias, was ungefähr dem Range eines römischen Aedilen entsprach. Das bedeutete, daß Agrippa künftig auf Kosten der Bürger von Tiberias leben sollte. Ehe er jedoch Anstalten treffen konnte, die Bürger ordentlich zu schröpfen, war seine Magistratur schon wieder zu Ende. Das kam so:

Eines Tages traf er sich mit seinem Schwager zu Tyros.

Sie wollten sich endgültig versöhnen, hielten abends ein Gelage und tranken reichlich. Doch dadurch wurden auch die Zungen gelöst. Agrippa mußte sich von Antipas alle Schande sagen lassen und anhören, was für Wohltaten er dem Schwager verdanke. Als das mit den Wohltaten zur Sprache kam, hatte unser Held genug. Er dachte an die Ernennung zum Agoranomos von Tiberias. Er, der Abkömmling der Makkabäer, Aedil einer kleinen Landstadt! Und so flüsterte er ein paar Höflichkeiten in aramäischer Sprache, die die Dienerschaft des Vierfürsten verstand, und fügte ein paar handfeste griechische Flüche bei, die die Dienerschaft nicht verstand, aber als besondere Schmeicheleien auslegte, während Antipas sie mit bleicher Würde hinunterschluckte. Eiligen Fußes verließ Agrippa das Symposion.

Noch am Tor des Palastes verfluchte Agrippa seine Verwandtschaft bis ins siebte Glied und sagte zu sich in der Sprache Vergils: »Nur ein Römer kann da helfen – und wozu bin ich römischer Bürger?« Und so beschloß er, den kaiserlichen Proprätor in Syrien, L. Pomponius Flaccus, aufzusuchen, den er von Rom her kannte. Es handelt sich um einen der Freunde des Tiberius (der andere war L. Calpurnius Piso Pontifex), die einst mit dem Kaiser ein denkwürdiges achtundvierzigstündiges Zechgelage veranstaltet hatten, das uns von Seneca, Plinius dem Älteren und Sueton bezeugt ist. Damals erhielt Flaccus die Provinz Syrien und Piso die Präfektur der Stadt Rom, und Tiberius nannte sie »seine lieben Freunde aller guten Stunden«.

Flaccus mußte helfen. Es fand sich da aber ein Haar in der Milch des frommen Wunsches, und zwar in Gestalt des jüngeren Aristobulos. Der war der leibliche Bruder des Agrippa, doch konnten sich die Brüder – was nun einmal Familientradition bei den Herodes war – nicht leiden. Dennoch blieb Agrippa keine andere Wahl. Es mußte sein, auch wenn Aristobulos zu den Günstlingen des Flaccus zählte.

Flaccus, ein rechtschaffener Römer, nahm Agrippa gut

auf und lenkte seine statthalterlichen Schritte mit großem Gerechtigkeitssinn zwischen den feindlichen Brüdern hin und her. Da sich Agrippa durch seine Trinkfestigkeit und seine weltstädtischen Allüren bei Flaccus beliebt machte, erweckte dies den brüderlichen Neid, und Aristobulos sann, wie er den Bruder in Mißgunst bringen konnte. Der Zufall, der Kuppler aller schlechten Vorsätze, kam ihm dabei zu Hilfe.

Da stritten sich die Damaszener und die Sidonier um irgendwelche Grenzen. Städte, die in politischer Abhängigkeit und Ohnmacht leben, müssen ihre geographische Anwesenheit durch Grenzstreitigkeiten beweisen. Flaccus war die Instanz, die den Streit schlichten sollte, und was war natürlicher, als daß beide Städte nach einem Anwalt suchten, der bei Flaccus in Gunst stand. Die Damaszener verfielen auf Agrippa und fanden bei ihm ein williges Ohr und eine offene Hand, die wiederholt gemünztes Gold aus Damaskus zählen durfte.

Aristobulos lag auf der Lauer, verschaffte sich Zeugen, Beweise – und ging schnurstracks zu Flaccus. Der rechtschaffene Römer prüfte alles genau, mußte Aristobulos Recht geben und schickte Agrippa sofort ein paar Sklaven, damit sie ihm beim Packen seiner Siebensachen behilflich wären. Allzugroß war sein Reisegepäck ohnehin nicht: das meiste besaßen bereits die Geldverleiher von Tyros, Jerusalem und anderen biblischen Orten.

Agrippa wußte, daß mit Flaccus nicht zu spaßen war, und so schiffte er sich nach Ptolemais ein. Weiter reichte das Reisegeld nicht. Ihn begleitete außer seiner Familie der treue Marsyas, ein Freigelassener. Den schickte Agrippa in Ptolemais zu Petros, der einst zur Klientel seiner Mutter gehörte. Petros verlangte aber bei aller Ergebenheit zwölfeinhalb

Westabhang des Monte S. Michele
Blick auf Capri vom Monte Tiberio aus
Blühende Macchia auf Anacapri

Prozent Zinsen, das heißt, er ließ sich einen Schuldschein von zwanzigtausend attischen Drachmen aushändigen, von denen er nur siebzehntausendfünfhundert auszahlte.

Agrippa hatte es nun eilig, nach Anthedon zu reisen, einer kleinen Küstenstadt, von wo ihn ein Schiff nach Alexandreia bringen sollte. Er rechnete aber nicht mit dem vorzüglichen römischen Nachrichtendienst, denn im Hafen von Anthedon erwartete ihn die Polizei des römischen Landpflegers Herenius Capito, der in Iamnia saß. Die Polizei überbrachte Agrippa einen Zahlungsbefehl auf die bekannten dreihunderttausend Sesterzen, die er in Rom aus der kaiserlichen Schatulle entliehen hatte, ohne bisher an die Rückzahlung zu denken. Agrippa wahrte Gesicht, versprach bis zum nächsten Morgen seine Schuld zu begleichen, ließ aber noch in der gleichen Nacht die Anker lichten – Richtung Alexandreia, wo er mit seiner Familie wohlbehalten ankam und, als er von Bord ging, leider feststellte, daß auch die siebzehntausendfünfhundert Drachmen zusammengeschmolzen waren und der Rest für seinen königlichen Aufwand nicht reichte. Er ließ sich deshalb gleich bei Alexandros, dem ersten Magistratsbeamten von Alexandreia – Alabarchos nannte man diese Würde – anmelden und erbat von ihm zweihunderttausend Sesterzen. Alexandros, der gewandte und höfliche Oberbürgermeister einer Weltstadt, gab Agrippa durch die Blume zu verstehen, daß sein Kredit recht brüchig sei, händigte Frau Kypros aber, beeindruckt von ihrer ehelichen Treue, ungefähr die Hälfte der verlangten Summe, nämlich fünf alexandrinische Talente, aus, mit der Bemerkung – wie gut kannte er Agrippa –, daß der Rest bei der Ankunft in Puteoli ausbezahlt würde.

So segelte Agrippa mit günstigen Winden und den fünf alexandrinischen Talenten von Alexandreia ab. Die fürsorgende Gattin begab sich dagegen mit den Kindern nach Idumäa zurück.

Der Zweck dieser Reise war – Iosephos verrät es uns in seinem Jüdischen Krieg II, 5 –, eine Tetrarchie zu erhalten, das heißt, eines der von Herodes dem Großen geteilten Fürstentümer. Agrippa glaubte als Sohn des hingerichteten Aristobulos des Älteren Anspruch darauf zu haben. Aber er sehnte sich wohl vor allem nach Rom, seiner eigentlichen Heimat, nach der Luft der Weltstadt.

Von Puteoli aus, wo ihm ein alexandrinisches Handelshaus die restlichen fünf Talente ausbezahlte, segelte er, wie schon anfangs erwähnt, nach Capri und wurde von Tiberius recht freundlich empfangen. Aber wieder mußte er mit dem vorzüglichen römischen Nachrichtendienst Bekanntschaft machen; denn schon am nächsten Tag brachte ein Schnellsegler der Hafenpolizei von Puteoli einen Eilbrief jenes Landpflegers Herenius Capito, direkt an den Kaiser gerichtet. In diesem Brief wurde alles aufgedeckt, die Schulden des Agrippa, seine Flucht aus Anthedon – alles!

Tiberius runzelte seine breite Caesarenstirn und gab Euodos, seinem Vertrauten, Anweisung, Agrippa (*diesen* Agrippa, sagte er finster) nicht eher vorzulassen, als bis er seine Schulden bezahlt hatte.

Die kaiserliche Mißgunst lastete schwer auf Agrippa, hing doch vom Kaiser alles ab: die Aussicht auf die Tetrarchie und seine gesellschaftliche Stellung in Rom. Er begab sich sofort in das Landhaus, in dem Antonia, seine mütterliche Freundin, wohnte.

Antonia war fassungslos, aber im Gedenken an die edle Berenike und weil Agrippa doch zusammen mit Claudius wie ihr eigener Sohn erzogen worden war, händigte sie ihm den Gegenwert der Schuldsumme aus, und Agrippa ließ gleich die dreihunderttausend Sesterzen bei der kaiserlichen Kasse einzahlen. Der alte Kaiser wurde unterrichtet und Agrippa durfte wieder seine Aufwartung machen. Tiberius zeigte sich sogar mehr als gnädig, und weil Agrippa ein Mann von Welt war, empfahl er ihm seinen Enkel Tiberius Gemellus. Er sollte sich des Enkels annehmen und viel mit ihm zusammen sein. Agrippa versprach das, tief gerührt von der wiedererrungenen kaiserlichen Gunst – und dachte gar nicht daran, sein Versprechen zu halten. In Rom schloß er sich vielmehr dem Gaius an, den die Geschichte unter dem Spitznamen Caligula kennt. Ein feiner Instinkt leitete Agrippa, sich der ›aufgehenden Sonne‹ zuzuwenden, ein Ausspruch den Tiberius einmal in bezug auf diesen Caligula gebraucht hatte. Jedermann wußte: wird Caligula Kaiser, so müssen erst einmal alle anderen Thronprätendenten sterben – und der nächste nach Gaius war eben jener damals noch sehr junge Tiberius Gemellus.

Zu dieser Zeit mußte Caligula noch lavieren. Er tat es recht geschickt und untertänig, obwohl Tiberius überzeugt war, daß diesen mißratenen Sohn des edlen Germanicus die Macht einst wahnsinnig machen würde. Caligula tat später viel Schreckliches und Albernes. Sein nettester Zug war noch, daß er seinem Lieblingspferd Incitatus einen marmornen Palast bauen ließ, eine Krippe aus Elfenbein gab, purpurne Decken, Halfter mit Edelsteinen besetzt, prunkvolle Aufwartung und Dienerschaft. Ja, er hatte allen Ernstes vor, das Pferd zum Konsul wählen zu lassen. Im Scheine dieser ›aufgehenden Sonne‹ wärmte sich Agrippa.

Einmal, bei einer Spazierfahrt – so erzählt Josephos –, brachte Agrippa die Rede auf die Nachfolge und versicherte Gaius, er bete zu Gott, auf daß Gaius recht bald zur Herrschaft gelange. »Du hättest die Kaiserwürde längst verdient«, setzte er schmeichelnd hinzu. Das hörte der Eutychos, der Wagenführer, ein Freigelassener Agrippas, und bewahrte den Ausspruch für alle Fälle, wie man so schön sagt, still im Busen. Sein Herr hatte inzwischen Geldgeschäfte gemacht. Er pumpte sich von Thallus, einem jüdischen Freigelassenen des Tiberius, der aus Samaria stammte, zehn Millionen Sesterzen. Davon zahlte er dreihunderttausend der Antonia zurück und steckte den Rest in seine Freundschaft mit Gaius.

Eutychos verstand es zwar, ein aufgeschnapptes Wort bis

zu seiner Verwendung im Busen zu bewahren, hatte es aber auf die kostbaren Kleider seines Herrn abgesehen. Bei dem Diebstahl erwischt, suchte er sein Heil in der Flucht, wurde jedoch gefaßt und dem Stadtpräfekten Piso vorgeführt. Über die Gründe seiner Flucht befragt, verschwieg Eutychos natürlich den Diebstahl und gab an, von einem Staatsgeheimnis zu wissen, wollte darüber aber nur dem Kaiser berichten. Also ließ Piso den Freigelassenen gefesselt nach Capri bringen zur Verfügung des Kaisers.

Auf Capri lag Eutychos lange im Kerker. Der alte Imperator war müde, was kümmerte ihn das Geschwätz eines entlaufenen Dieners!

Etwas später setzte Tiberius mit großem Gefolge nach dem Festland über. Es hieß erst, er wolle nach Rom. Aber man wußte, daß er sich schon seit vielen Jahren nicht mehr in der Hauptstadt hatte sehen lassen und glaubte auch jetzt nicht an eine Rückkehr nach Rom. Hundert Stadien vor Rom, in Tusculanum, machte er Halt. Agrippa, der von der Aussage des Eutychos Wind bekommen hatte, schloß sich dem Gefolge des Tiberius an und schickte wieder die gute, mütterliche Freundin Antonia vor. Der Kaiser solle doch Eutychos verhören. Tiberius, als großer Menschenkenner, meinte überlegen zu Antonia, mit der ihn stets ein freundschaftliches Verhältnis verband, entweder habe Eutychos seinen Herrn zu Unrecht beschuldigt, und dann sei das Gefängnis Strafe genug – oder die Sache sei faul, und dann solle Agrippa lieber die Hände aus dem Spiel lassen; denn wie leicht könne dann die härtere Strafe, die Agrippa seinem Freigelassenen an den Hals wünsche, auf sein eigenes Haupt zurückfallen.

Antonia redete Agrippa im Sinne des Tiberius gut zu. Es half nichts. Agrippa wollte, vielleicht gerade, weil er ein schlechtes Gewissen hatte, Gewißheit haben, was Eutychos ausgeplaudert hatte oder noch ausplaudern wollte. So machte Antonia noch einmal einen Vorstoß und lief eines Tages, als sich Tiberius in einer Sänfte spazierentragen ließ, wie eine bittstellende Klientin neben dem alten Freund her. Dieses Mal schlug ihr Tiberius, wenn auch ungern, die Bitte nicht ab. Er ließ Eutychos durch Macro von Capri holen, und das Verhör begann.

Eutychos packte aus und erzählte haargenau von dem frommen Wunsch, den Agrippa anläßlich der bewußten Spazierfahrt ausgesprochen hatte, nämlich, daß der Alte bald sterben solle, damit Gaius die Nachfolge antreten könne. Der Enkel Tiberius Gemellus dürfe dabei kein Hindernis sein. Das brachte den Kaiser doch etwas aus seiner stoischen Ruhe, am härtesten traf ihn wohl die Anspielung auf Tiberius Gemellus. Denn gerade den hatte er Agrippa ans Herz gelegt. Tiberius rief Macro und befahl, Agrippa gefangen zu setzen. Macro nickte, tat aber so, als ob er nicht recht verstanden hätte und unternahm nichts.

Als Tiberius später die Rennbahn besuchte, sah er Agrippa dort frei herumlaufen. Der Kaiser blickte Macro, der ihn begleitete, finster an und sagte mit Nachdruck: »Ich befahl, diesen Mann einzusperren!« Nun blieb Macro nichts anderes übrig. Die Prätorianer nahmen Agrippa fest, ohne ihm jedoch seine purpurgesäumte Toga zu nehmen. Da die Hitze groß war und Agrippa vorher viel Wein getrunken hatte, kam er vor Durst fast um. So bat er einen aus der Dienerschaft des Caligula mit Namen Thaumastos, ihm einen Krug Wasser zu bringen, was der auch furchtlos tat. Agrippa versprach ihm darauf, wenn er wieder in Freiheit sei, werde er Caligula um seine Freilassung bitten und ihm viel Gutes erweisen – und er stand zu seinem Wort. Thaumastos erhielt nicht nur die Freiheit, sondern wurde der Verwalter Agrippas. Sterbend empfahl er ihn seiner Tochter Berenike und seinem Sohn, dem späteren Agrippa II., unter dem Thaumastos weiter in Amt und Würden blieb.

Allzu hart scheint die Haft des Agrippa nicht gewesen zu sein. Antonia bat Macro, ihn milde behandeln zu lassen. Zu Tiberius wagte sie allerdings nichts mehr zu sagen. Agrippas

Freund Silas und die Freigelassenen Marsyas und Stoicheus durften ihn besuchen, brachten ihm Speisen und erwiesen ihm kleine und größere Liebesdienste. Ja, sogar während der Nacht durften sie dem Gefangenen Gesellschaft leisten.

Einmal erging sich Agrippa mit anderen Gefangenen in dem Palast, in dem sie gefangen gehalten wurden. (Josephos spricht von einem Basileion, so daß es vielleicht das kaiserliche Palatium in Rom war.) Wegen der großen Hitze suchten die Gefangenen im Garten des Palastes den Schatten eines Baumes auf. Auf diesem Baum saß ein Uhu. Das hatte ein Mitgefangener, ein Germane, bemerkt, und er nahm das gleich zum Anlaß, Agrippa um eine Unterredung zu bitten. Es war wohl ein Germane aus guter Familie, da er mit so vornehmen Gefangenen wie Agrippa das Gefängnis teilte. Wahrscheinlich eine Geisel, die Tiberius von einem seiner Feldzüge mitgebracht hatte.

Jedenfalls bat er Agrippa um eine Unterredung. Er wollte ihn nicht nur auf den Uhu aufmerksam machen, der über ihm im Baume saß, ihm war auch die vornehme Kleidung und der gute Anstand des Agrippa aufgefallen, und als er gar noch von einem fernen Königreich in Palästina hörte, das Agrippa beanspruchte, wurden sein Mitteilungsdrang und seine Neugier bis zum Äußersten geweckt.

Mit Schmunzeln stellt man das frühe Auftauchen des *homo teutonicus* in einem Buch des Josephos fest. Vielleicht hat Josephos hier aus den Schriften des römischen Historikers Cluvius Rufus geschöpft. Hat sich der Charakter dieses *homo teutonicus* in zweitausend Jahren wesentlich verändert? Schon damals die Neigung, vorlaut zu sein, dieselbe Neugier, derselbe Wissensdurst und eine Vorliebe zu Prophezeiungen, eine spekulative Weltbetrachtung, in der gerade der *homo teutonicus* so schlechte Erfahrungen gemacht hat.

Mit Hilfe eines Dolmetschers ließ der Germane dem Purpurgesäumten seiner Sympathie versichern. Man sieht, er hatte, des Lesens unkundig, weder den Antisemiten Apion studiert noch sonst eine Ahnung von dem späteren Antisemitismus vieler seiner Nachkommen. Er erkundigte sich eingehend nach der Herkunft des Agrippa, nach dem Lande, aus dem er stammte, begierig, recht viel, ja alles zu erfahren.

Nachdem der etwas herablassende Agrippa die erste Neugier des Germanen befriedigt hatte, fiel diesem in Ornithologie beschlagenen Naturkind von den Ufern des Rheins oder der Elbe der Uhu ein, und er erging sich in folgender Prophezeiung:

»*O junger Mann*«, *fing er an, obwohl Agrippa schon vierundvierzig Lenze zählte*, »*dich bedrückt sicher dieser plötzliche Sturz aus dem Glück, und du wirst meinen Worten nicht leicht Glauben schenken, wenn ich dir sage, daß du die gegenwärtige Not bald überstanden haben wirst. Die Götter meines Landes und die Götter Roms mögen Zeugen sein, daß ich die Wahrheit spreche, und daß ich dabei weder an klingenden Lohn denke noch dir schmeicheln will –, aber ich darf dir mein Wissen um diese Dinge nicht vorenthalten. Du wirst in Kürze deiner Banden ledig sein und zu Macht und höchster Würde gelangen. Wisse aber, wenn du diesen Vogel zum zweiten Mal siehst, so mußt du – erschrick nicht, es hat noch lange Zeit – innerhalb von fünf Tagen sterben. Das läßt dir der Gott, der diesen Vogel sandte, durch meinen Mund kundtun. Ich glaube, daß du auf Grund dieser Prophezeiung dein Schicksal leichter ertragen wirst. Solltest du aber wieder im Glück schwimmen, dann vergiß nicht deine armen Mitgefangenen.*«

Agrippa soll nach dem Zeugnis des Josephos über diese Prophezeiung herzlich gelacht haben, was ja bei einem Abkömmling des Volkes nicht wundern sollte, das Propheten gewissermaßen am laufenden Band erzeugte und das natürlich auf Dilettanten in dieser Disziplin verächtlich herabsah. Später soll er allerdings um so erstaunter gewesen sein, als alles so eintraf, wie der Germane vorausgesagt hatte. Leider hat uns Josephos nicht berichtet, ob sich Agrippa später erkenntlich gezeigt hat. Vielleicht fehlte ein entsprechender Hinweis in der Chronik, aus der er schöpfte. Schon die für einen Juden fremde Anrufung der Götter deutet darauf hin, daß Josephos römische Quellen benutzt hat.

Tatsächlich währte die Haft des Agrippa nur sechs Monate. Eines Tages erschien aufgeregt der treue Marsyas und flüsterte Agrippa in aramäischer Sprache zu: »Der Löwe ist tot!« Agrippa dolmetschte den Mitgefangenen die blumige Sprache seines Freigelassenen, und so herrschte im Gefängnis bald richtige Feststimmung. Der Centurio, dem die Überwachung des Agrippa oblag, nahm das gleich zu willkommenem Anlaß, ein Gelage zu veranstalten. Als das Symposion auf seinem Höhepunkt angelangt war und die Trinksprüche auf Gaius, den neuen Kaiser, und die gegenseitigen Sympathiebezeugungen schon nicht mehr zu zählen waren, brachte ein Gefängniswärter die Nachricht, Tiberius lebe noch. Das hatte natürlich sofort eine Klimaverschlechterung, ja einen Wettersturz im Gefängnis zur Folge. Der ehrliche Centurio fühlte sich hintergangen oder fürchtete eine Bestrafung für seine voreilige Handlungsweise und warf infolgedessen Agrippa von seinem Ruhebett auf den harten Estrich, ließ ihn fesseln und sagte ihm ein paar Liebenswürdigkeiten, die nicht Zitate aus Catulls Liebesgedichten waren, sondern aus dem Wörterbuch des gemeinen Legionärs stammten.

Am nächsten Tag bestätigte sich das Gerücht: der große Kaiser war gestorben. Die strategischen Punkte der Stadt waren von Prätorianern besetzt, das Volk jubelte Gaius, dem Sohn des unvergessenen Germanicus, zu.

Gaius wollte Agrippa gleich freilassen, und Antonia wünschte auch nichts sehnlicher, aber hier zeigte sich wieder die vornehme römische Matrone, die nicht nur an ihren Schützling dachte, sondern auch ihrem alten Freund Tiberius über den Tod hinaus die Treue hielt. Sie bat Gaius, die Befreiung des Freundes auszusetzen bis die Beisetzungsfeierlichkeiten vorüber wären. Die Achtung vor dem verstorbenen Kaiser erfordere dies.

Wenige Tage nach der Beerdigung des Tiberius setzte

Caligula dem Agrippa gleich zwei Kronen auf. Er gab ihm die Tetrarchie des Philippos und des Lysanias. Dazu erhielt Agrippa vom Senat die *ornamenta praetoria*. Später kamen die Gebiete des Antipas hinzu. Agrippa hatte nicht verfehlt, den verhaßten Schwager bei Caligula anzuschwärzen.

Nach der Ermordung des Caligula blieb Agrippa das Glück weiter treu. Er wirkte bei der Wahl des Claudius mit und machte sich dabei so verdient, daß Claudius ihn zum Alleinherrscher über das ganze Gebiet einsetzte, das einst sein Großvater Herodes I. innehatte.

Er soll weise und gerecht regiert haben. Josephos entwirft von ihm das Bild eines guten Regenten, und wenn man ihn auch nicht als Agrippa den Großen bezeichnen kann, wie Josephos das tat, so sehen wir doch einen rührigen Herrscher, der sich nicht nur auf das Vertrauen der Römer stützt, sondern auch die Zuneigung der jüdischen Bevölkerung gewinnt. Sogar die Orthodoxen, die Strenggläubigen, verzeihen ihm seine früheren Sünden, weil er die mosaischen Gesetze peinlich befolgt. Ob aus innerem Herzen heraus, ist nicht wahrscheinlich. Sowie er den Bannkreis der jüdischen Städte überschritt, war er wieder der aufgeklärte Weltmann, der es wagt, seinen Töchtern im Theater von Caesarea Statuen zu setzen und Münzen mit seinem Bildnis prägen zu lassen. Und es war in Caesarea, wo er im Theater bei Festlichkeiten zu Ehren seines Freundes Claudius im silberschimmernden Königsornat unter heftigen Unterleibsschmerzen zusammenbrach. Er soll, wie Josephos berichtet, plötzlich den Uhu des Germanen erblickt haben, von dem dieser Agrippa geweissagt hatte, daß dann sein Ende nahe sei. Er starb nach fünf Tagen. Laut christlicher Überlieferung (Apostelgeschichte 12, 1 ff) soll er ähnlich wie sein Großvater Herodes d. Große eine Beute der Würmer geworden sein, weil er sich göttliche Ehren anmaßte. Die christliche Kirche war nicht gut auf ihn zu sprechen, weil er den Apostel Jakobus enthaupten und Petrus ins Gefängnis werfen ließ.

Tiberius

> *Dir haben die Götter die letzte
> Entscheidung über alles
> anheimgegeben.*
> (M. Terentius bei Tacitus,
> Annalen 6, 8)

Im Jahre 14 n. Chr. verschied zu Nola nach vierundvierzigjähriger Regierung der Kaiser Augustus. Vier Monate vor seinem Tode, am 3. April des Jahres 13 n. Chr. verfaßte er, wie Sueton uns überliefert hat, seinen Tatenbericht, der unter der Überschrift *Bericht von den Taten des göttlichen Augustus* auf zwei in Rom aufgestellten Bronzepfeilern eingegraben wurde. Sie schienen für die Ewigkeit gemacht, gingen aber in den Wirren der Völkerwanderung verloren. Doch entdeckte im Jahre 1555 eine Gesandtschaft des späteren Kaisers Ferdinand I. an den Sultan Suleiman II. in Ankara an den Ruinen des Tempels der Roma eine Zweitschrift in lateinischer und griechischer Sprache, so daß dieser Tatenbericht für die Nachwelt doch erhalten blieb.

Alles, was in diesem Bericht steht, entspricht der Wahrheit und wird durch zahlreiche Autoren der antiken Welt bestätigt. Es stimmt die Anzahl der Triumphe, der Ämter, die dem Kaiser verliehen wurden, der gegebenen Spiele, der Getreide- und Geldzuwendungen an die Quiriten, und es stimmt vor allem die Aufzählung der zahlreichen Tempel, der öffentlichen Gebäude und der Wasserleitungen, die Augustus errichten ließ. War er doch einer der größten Bauherren aller Zeiten!

Wovon nichts in diesem Bericht steht, das ist das, was vor der Zeit lag, in der er zum göttlichen Augustus, zum Vater des Vaterlandes, ernannt worden war. Kein Wort von Proskriptionen und Hinrichtungen, nichts über die Mörder des großen Julius Caesar, mit denen Octavian sich zum Teil verbündete, kein Wort über den großen Widersacher Marcus Antonius, nichts über die Ausrottung ganzer Optimatengeschlechter, nichts über die Ermordung des Kaisarion, des Sohnes der Kleopatra und jenes Julius Caesar, der der Großonkel, Adoptivvater und Wohltäter des jungen Octavian war.

Erwähnt werden die Feldzeichen, die römische Heerführer verloren hatten und die zu Ehren Roms wiedergewonnen wurden. Von den Legionen des Varus, die im Teutoburger Wald vernichtet wurden, ist nicht die Rede. Fünfhunderttausend Soldaten haben Augustus, wie dieser stolz hervorhebt, den Treueid geleistet. Kein Wort darüber, wie viele im Bürgerkrieg umgekommen sind. Die Schlacht bei Actium wird gerade noch erwähnt. Man weiß, sie war alles andere als ein Ruhmesblatt der römischen Geschichte, eine »schäbige Affäre«, wie sie Ronald Syme sehr richtig genannt hat. Ihr Verlauf liegt im Dunkeln. Entschieden wurde die Schlacht vornehmlich durch Verrat. Nicht durch den angeblichen der Kleopatra, die zu retten suchte, was zu retten war, sondern durch den Verrat von einem oder mehreren der Generale des Antonius, vielleicht sogar durch jenen Caius Sosius, der in diesem Bürgerkrieg zweimal die Fahne wechselte und nach Actium bezeichnenderweise von Octavian begnadigt wurde.

So ist der Tatenbericht des Augustus nichts als ein Dokument des augusteischen Establishments. Die Republik schien wieder hergestellt, der Senat tagte wie früher in heroischen Zeiten, der ganze Staatsmechanismus lief unter demokratischen Spruchbändern, aber es geschah doch nur das, was Augustus, der *Princeps Senatus*, bestimmte, der kraft seiner tribunizischen Gewalt, die ihm auf Lebenszeit verliehen worden war, unumschränkt herrschte. Stolz erwähnt Augustus in seinem Bericht zweimal das ihm verliehene Tribunat; denn gerade diese Institution des unverletzlichen, ja sakrosankten Volkstribuns, die die Freiheit garantieren sollte, erwies sich als ihr Totengräber.

Der Stief- und Adoptivsohn des Augustus, Tiberius Claudius Nero, oder, wie er nach der Adoption hieß, Tiberius Iulius Caesar, hat den Schluß des Tatenberichtes geschrieben oder in Auftrag gegeben, als er das Erbe antrat – und dieses Erbe war ein Weltreich.

Er verwaltete gewissermaßen dieses Weltreich im Namen der Republik Rom, deren Bürger sich aber der Weltherrschaft längst nicht mehr würdig zeigten. Das öffentliche Wohl, die *res publica*, kümmerte sie recht wenig. Die Bereitschaft ihrer Vorfahren in den Schicksalstunden der Gallier- und Samnitenkriege, nach Asculum und Cannae, ja, die leidenschaftliche Parteinahme, die das Volk von Rom, *Senatus populusque*, noch bei den Auseinandersetzungen über die Form des Römischen Staates unter den Scipionen und den Gracchen gezeigt hatte, war einer müden Gleichgültigkeit gewichen. Die große Masse kannte nur den Schrei nach Brot und Zirkusspielen, und die *Equites*, der Stand der römischen Ritter, diese Kriegsgewinnler aus den Bürger- und Kolonialkriegen, sorgten sich nur um die Vermehrung ihrer Riesenvermögen, während die von den Proskriptionen übrig gebliebenen Nachkommen der Adelsgeschlechter ein Leben in Muße, fern von der Last staatlicher Ämter suchten. Freigelassene, die reich geworden waren, oder ehrgeizige Männer aus der Provinz traten an ihre Stelle. Die Republik als solche spukte nur noch in der zeitfremden, rückwärts gerichteten Ideologie von Literaten und politischen Dilettanten herum. Die Dichter der augusteischen Ära besangen die Größe des Römertums wie späte Romantiker – sie lag in der Vergangenheit.

Der Weltfrieden, die *pax romana*, mag von der amorphen Masse der *Urbs* und der hellenistischen Weltstädte wie eine

Segnung empfunden worden sein: für Rom war dieser Friede eher ein Fluch. Die Glieder des Weltreiches erholten sich allmählich von ihrem Kolonialdasein und trugen in sich schon den Kern späterer Selbständigkeit. Rom, das Herz dieser Mittelmeerzivilisation, war nur noch ein riesiges Verwaltungszentrum, dem jeder Schwung zu Erneuerungen, zu Reformen fehlte, was doch allein einen Staat weiterleben läßt.

In dieser überreifen Zivilisation steht Tiberius als der letzte Vertreter des alten Rom. Aber über ihm lag die Tragik der Großen, die zu spät oder zwischen den Zeiten geboren werden. Als Feldherr mußte er sich mit Kolonialkriegen befassen, als Staatsmann hatte er keinen ernsthaften Gegner, weder im Inneren noch jenseits der Grenzen des Weltreiches. Die *pax romana* schloß sich gegen die Welt der Barbaren mit festen Kastellen und Mauern ab, so mit dem *Limes*, der durch Germanien ging. Ein junger Iulius Caesar hätte vielleicht noch einmal, wie jener Götterliebling Alexander über den Indus, hinausgegriffen, aber auch sein Schicksal war es, die Würfel nur am Rubicon und bei Pharsalos zu werfen in einer Auseinandersetzung, die nicht einmal zwischen zwei um das Wohl des Staates besorgte Parteien, sondern lediglich zwischen zwei Diktatoren stattfand.

Alles in Tiberius war Abgeklärtheit, Nüchternheit. Es war nichts Abenteuerliches in ihm. Und es war nicht so sehr seine Tragik, daß er keine Römer mehr fand, die für den Staat lebten – er hätte sich tatkräftige Männer aus der Provinz holen können, die kurz nach ihm schon einen Trajan hervorbrachte –, tragisch für ihn war eben der Weltfriede. Augustus wurde durch den glücklichen Ausgang der Schlacht von Actium ein Symbol; Tiberius, der tüchtige Heerführer, der aristokratische Staatsmann, stand im Schatten dieses Symbols. Er durfte das riesige Erbe nur noch verwalten – und fand keine Römer mehr dafür. Verbittert zog er sich im zwölften Jahr seiner Regierung nach Capri zurück. Man spricht von privaten Gründen, von der Sorge um die eigene Sicherheit; aber es war weit eher ein *taedium mundi*, die Verachtung der Welt, die ihn in Rom umgab. Vergebens hatte Tiberius versucht, den Senat, diese hundertköpfige Hydra von Kriechern und Denunzianten, zu praktischer Mitarbeit zu gewinnen. So holte er die Wahlen aus der käuflichen *Subura* des Marsfeldes wieder heraus und übertrug sie dem Senat. Dieser aber, in heroischer Zeit sogar vom Feinde »eine Versammlung von Königen« genannt, war selber eine politische *Subura* geworden und den Versammelten Vätern galt längst nicht mehr das Mahnwort Vergils: »Bedenke, römisches Volk, daß du das Weltreich regierst!« An Stelle dieses Mahnwortes müßte das bittere Bekenntnis des Marcus Terentius stehen, die Senatoren und Ritter hätten es als eine Auszeichnung gehalten, den Freigelassenen und Türhütern des Seianus bekannt zu sein. »Oh, diese zur Knechtschaft bereiten Menschen«, sagte Tiberius einmal, als er die Kurie verließ.

Freilich, der Charakter des Tiberius war so undurchsichtig für seine Zeitgenossen, daß er die Wetterfahnen des Senats ständig in Bewegung hielt. Sie wußten oft nicht, wohin sie sich drehen sollten.

Tiberius war der erste römische Alleinherrscher, der ohne Bürgerkrieg an die Macht gelangt war, gewissermaßen der erste Fall eines legalen Thronfolgers in Rom. Er wußte, daß er dem Volke gleichgültig war und der Senat zwischen Furcht und Abneigung schwebte. Sein Neffe Germanicus galt als derjenige, dem Augustus nach dem Tode seiner Enkel Lucius und Caius Caesar die Nachfolge zugedacht hatte. Man betrachtete Tiberius damals als so etwas wie einen einstweiligen Statthalter. Vor dem Anhang, der sich um Germanicus sammelte, mußte Tiberius immer auf der Hut sein. Deshalb auch sein Bestreben, sich das Prinzipat formell vom Senat übertragen zu lassen, als genüge die Willensäußerung seines Vorgängers in staatsrechtlicher Hinsicht nicht. In einem diplomatischen Katz- und Mausspiel lehnte er die Macht ab, was die Senatoren veranlaßte, ihn mit kniefälligen Bitten zu bestürmen, daß er die Macht ergreife. Von den Senatoren, die ihn umdrängten, hätte einer Tiberius beinahe umgerissen vor lauter Kniefälligkeit! Die Art des Tiberius seine Gedanken zu verbergen, seine Gegner in Unsicherheit zu versetzen, entmannte die Senatoren völlig. Schon durch die Rechte, die er ihnen zubilligte, stürzte er sie in Verlegenheit.

Tacitus hat das Rätsel, das der Charakter des Tiberius aufgibt, mit lapidaren Sätzen umrissen:
Er war trefflich in seinem Lebenswandel und seinem Ruf, solange er Privatmann oder Feldherr unter Augustus war, verschlossen und hinterhältig im Erheucheln von Tugenden, solange Germanicus und Drusus am Leben waren, hing zwischen Gutem und Schlechtem, solange seine Mutter noch lebte, und war verabscheuungswürdig durch Grausamkeit, wobei er seine Ausschweifungen jedoch geheim hielt, solange er den Seianus schätzte oder fürchtete. Zuletzt verlor er sich zugleich in Schandtaten und Laster, seitdem er ohne Scham und Furcht nur noch seiner Neigung nachging.«

Tacitus hat damit eine Wandlung im Charakter des Tiberius angezeigt. Die widerspruchsvollen Berichte seiner Quellen veranlaßten ihn dazu. Wie immer führt er zuerst die historische Wahrheit an. Erst war er ein trefflicher Regent, dann teils gut, teils schlecht, und am Ende verabscheuungswürdig und schandvoll. Dazu gibt Tacitus gleich eine subjektive Auslegung: die Tugenden, die der Kaiser zeigte, wenigstens am Anfang, seien nur Heuchelei gewesen, und das Motiv dieser Heuchelei die Furcht. Tacitus konnte sich einen Tyrannen eben nicht anders vorstellen als zwischen Furcht und Gewalt schwebend, was auf den Zeitgenossen des Tacitus, den Kaiser Domitian, nicht aber auf Tiberius zutrifft.

Man tut dem großen Geschichtsschreiber aber Unrecht, nun gleich einen Tendenzschriftsteller aus ihm zu machen, so, wie man ihm schon in seiner *Germania* unterstellte, er habe sie nur geschrieben, um den verweichlichten Römern ein unverbrauchtes Volkstum als Spiegel vorzuhalten. Ebenso unterstellte man ihm, er habe die Cäsaren von Augustus bis Nero nur heruntergerissen, um zu zeigen, wie verderblich das Prinzipat für Rom sei. Doch schrieb Tacitus die *Germania*, um seinen Zeitgenossen ein Bild dieses Landes und seiner Bewohner zu vermitteln. Ob auf eigener Anschauung, ist zweifelhaft, immer aber von seinem Standpunkt aus als Stockrömer, wie Kornemann ihn bezeichnet. So objektiv wie er die *Germania* nach den ihm vorliegenden Berichten schrieb, so schilderte er auch die Geschichte des julisch-claudischen Kaiserhauses nach den Quellen, die ihm zugänglich waren. Bei der Geschichte des Tiberius ging er auf gute Geschichtsschreiber zurück, auch wenn er sie nicht immer namentlich anführte. Darüber hinaus benutzte er die *Acta Senatus*, die Sitzungsprotokolle des Senats, und durchstöberte, wo andere Quellen fehlten, die *Acta diurna*, eine Art von Staatsanzeiger.

Ein bezeichnendes Beispiel der Darstellungsweise des Tacitus finden wir in Buch IV, 54 der Annalen, wo er die verschiedenen Gründe für die Übersiedlung des Tiberius einander gegenüberstellt:

Obwohl ich in bezug auf den Grund für seinen Weggang den meisten Schriftstellern gefolgt bin, die die Machenschaften des Sejan angeben, so hat er (Tiberius) doch nach der Ermordung des Sejan noch sechs Jahre ununterbrochen in der gleichen Abgeschiedenheit zugebracht. Und so bin ich sehr oft unsicher, ob es nicht richtiger wäre, den Grund bei ihm selbst zu suchen, in seinem Bestreben, die Grausamkeit und Wollust, deren er sich durch die Tat schuldig machte, an Ort und Stelle geheim zu halten. Es waren auch einige, die glaubten, er habe sich im Alter seines Äußeren geschämt. Er war nämlich von hoher, sehr hagerer und gebückter Gestalt und hatte einen kahlen Scheitel. Sein Gesicht war voller Geschwüre und meist mit Pflastern wie besät. . . . Man erzählte sich auch, die Herrschsucht seiner Mutter habe ihn fortgetrieben; er war nämlich zu stolz, die Herrschaft mit ihr zu teilen.

In diesem Falle vertritt Tacitus seine subjektive Meinung,

Tiberius habe durch seinen Wegzug das lasterhafte Leben geheim halten wollen, das er führte. Daneben bringt er aber gleich noch drei Auslegungen: die Furcht vor Seianus, sein entstelltes Äußeres im Alter und die Unverträglichkeit seiner herrschsüchtigen Mutter Livia.

Man kann sich aus den verschiedenen Meinungen, die er gegenüberstellt, jeweils selber ein Bild machen. In der Darstellung verleugnet Tacitus nie die Forderung der forensischen Tradition *audiatur et altera pars*. Nur die Kommentare dazu und die Unterstellungen zeigen die Meinung des Historikers. Die Gestalten seiner *Annalen* rückt er in scharfen Umrissen auf die Bühne der Weltgeschichte; aber dahinter entrollt er das Panorama seiner düsteren Zukunftsahnungen. Nicht der Haß gegen Tiberius führte den Griffel des Tacitus, sondern die zornige Trauer um die verlorene Republik, die bei allen Rechten, die sie den Plebejern bot, in ihren heroischen Zeiten doch mehr eine Oligarchie war. Julius Caesar und Augustus waren schließlich durch das, was man heute die Linke nennen würde, an die Macht gekommen. Und Tacitus hat seine in dieser Hinsicht reaktionäre Gesinnung nie verschwiegen.

Natürlich standen ihm bei der Schilderung der Ereignisse, die vor seiner Zeit lagen, auch die eigenen politischen Kämpfe vor Augen, und gerade in seinem Alterswerk, den ›Annalen‹, erreichte der politisch und gesellschaftlich schwer enttäuschte Mann, der seine besten Jahre unter der Schreckensherrschaft eines Domitian vertrödeln mußte, den Höhepunkt seiner pessimistischen Weltanschauung. Ein Tendenzschriftsteller ist er nie gewesen, doch zeigt sich seine Objektivität da größer, wo er, wie in seinen *Historien*, Ereignisse seiner Zeit schildert, während er eben in bezug auf die julisch-claudischen Kaiser auf fremde Quellen angewiesen war, wenn man von den Senatsprotokollen und den Nachrichten des Staatsanzeigers absieht. Und waren Senatsprotokolle und amtliche Nachrichten immer objektiv? Außerdem: ein Historiker, der nur Tatsachen berichtet, ohne sie auszuwerten, ist ein armseliger Chronist. Er kann eine Epoche, die er selber nicht miterlebt hat, nur aus dem geistigen Klima seiner eigenen Zeit verstehen. Auch Mommsen, zum Beispiel, verleugnete nie, daß er ein Liberaler der Achtundvierziger Jahre war. Seine ›Römische Geschichte‹ ist ganz von diesem Standpunkte aus geschrieben. Mommsens Haß gegen Cicero ist der Haß gegen den Reaktionär überhaupt.

Wie Tacitus, schreibt auch Sueton von der »schrecklichen Wandlung« des Tiberius und bringt die Meinung seiner Zeit zum Ausdruck, der Kaiser habe durch seine Gabe, die Zukunft vorauszusehen, lange vorher geahnt, »welch bitterer Haß und welche Schande ihn einst treffen werde«, und er führt dazu gleich zwei Stellen aus Senatsreden des Tiberius an.

Sueton fehlte die politische Leidenschaft des Aristokraten Tacitus; er hatte keinen kritischen Sinn. Da urteilte Cassius Dio schon mit mehr Format, doch stand er der Zeit des Tiberius noch ferner als Sueton. Immerhin, man muß zugeben, daß Sueton die damals vorhandenen Quellen fleißig studiert und für die Lebensbeschreibung des Tiberius benutzt hat. Der jüngere Plinius hat ihn sehr treffend als Stubengelehrten bezeichnet. Öfter beruft sich Sueton auch auf die mündliche Überlieferung. Gerade da ist Vorsicht geboten. Die Berichte über die Ausschweifungen des Tiberius auf Capri, die sehr ins einzelne gehen, mögen zum Teil aus der Verwandtschaft des Sueton stammen. Vermutlich war Suetons Großvater ein niedriger Hofbeamter oder Lakai gewesen, der seinem Enkel manchen Hofklatsch überliefert haben mag.

Trotzdem wäre es falsch, nun überhaupt alles Nachteilige, was über das Privatleben des Kaisers erzählt wurde, ins Reich der Fabel zu verweisen und den Kaiser zu einem Ausbund der Tugend zu machen, der auf Capri »umgeben von Freunden und Astronomen ein ruhiges Alter erlebte«. So schildert Axel Munthe in seinem Bestseller der Dreißiger Jahre die letzten Jahre des Tiberius auf Capri mit willkürlich aus dem Zusammenhang gebrachten Zitaten und sehr eigenwilligen Auslegungen. Es geht zu weit, wenn er behauptet, Tiberius habe achtzig Jahre vor dem Erscheinen der ›Annalen‹ im Rufe eines edlen und untadeligen Lebenswandels gestanden, und keiner seiner Zeitgenossen habe etwas Nachteiliges verlauten lassen. Die Schriftsteller, die Tacitus als Quelle benutzte, Aufidius Bassus, Servilius Nonianus, und vermutlich auch der ältere Seneca, haben doch anders berichtet. Diese drei sind außer Paterculus die einzigen uns bekannten Historiker, die vor Tacitus über die Ära des Tiberius geschrieben haben, und Tacitus erwähnt bei der Behandlung der Geschichte des Kaisers Nero, daß er die in Frage kommenden Historiker stets abgewogen und verglichen habe. Das dürfen wir auch von seiner Schilderung der Zeit des Tiberius annehmen.

Leider sind die Schriften des M. Servilius Nonianus, der ein berühmter Redner und Historiker war, ganz, und die des Aufidius Bassus bis auf wenige Fragmente verloren gegangen. Der einzige zeitgenössische Schriftsteller, dessen Werk erhalten blieb, Paterculus, hat als Schriftsteller zu kleines Format. Mag man noch so viel von dem »aufrechten römischen Offizier« erzählen, so war er doch nebenbei ein ganz tüchtiger Schmeichler. Man lese nur seine Lobhymne auf Seianus am Schlusse seines doch recht dürftigen Werkchens.

Auch das Zeugnis des Juden Philo aus Alexandreia, der zur Zeit des Caligula eine Gesandtschaft nach Rom führte, ist vorsichtig zu werten. Bei allem Lob, das er Tiberius zollte, war es ihm vor allem darum zu tun, Caligula in ungünstigem Lichte erscheinen zu lassen. Philo, ein Bruder des Alabarchen Alexandros, der Agrippa I. Geld geliehen hatte, sah alles von einem anderen Standpunkte, wie überhaupt den Provinzler die Vorfälle im Senat und das Treiben der oberen Zehntausend in Rom nicht so beeindruckten. Alles –

oder beinahe alles –, was die Historiker über die römischen Kaiser von Tiberius bis Domitian schrieben, war im wesentlichen eine Chronik der kaiserlichen Familien, und nur bei Tacitus und Cassius Dio und vermutlich bei Servilius Nonianus, die alle drei hohe Staatsstellungen bekleideten, kommt das politische Geschehen im römischen Weltreich und an dessen Grenzen mehr zur Sprache.

Vieles, was man dem Kaiser nachsagte, mag übertrieben oder frei erfunden sein. Daß man aber sein hohes Alter und seine ungebrochene Gesundheit anführt, um die Unmöglichkeit seiner Ausschweifungen zu beweisen, kann auch gegenteilig ausgelegt werden: gerade weil seine Gesundheit so gut war, konnte er noch in hohem Alter dem Genuß nachgehen!

Tiberius war groß als Staatsmann. Sein Privatleben verringert diese Größe nicht, so wenig wie das Privatleben Alexanders des Großen, Julius Caesars, Ludwigs XIV., Friedrichs des Großen und Napoleons I. ihrer Größe Abbruch tut. Die nachträglichen Ehrenrettungen des Tiberius sind alle ein wenig lächerlich, mögen sie von Sievers, Stahr, L. Freytag, Axel Munthe oder Heinrich Alexander Stoll kommen. Letzterer macht aus dem großen Kaiser einen von Edelmut triefenden Gönner des Epheben Hypatos.

Tiberius muß mit anderem Maß gemessen werden als mit den Moralbegriffen des 19. oder 20. Jahrhunderts. Man muß sich die Macht vor Augen halten, die die Caesaren in sich vereinigten. Man muß sich vergegenwärtigen, wie Tiberius durch dieses riesige Staatsgebäude wandelt, in dem jeder auf ein Zeichen des Weltbeherrschers wartet wie Auguren auf ein Zeichen der Götter. Tiberius trug in diesem erstarrten Staatsgebäude die ganze Last eines Weltreiches. Er war oberste richterliche, vollziehende und gesetzgebende Gewalt, Oberpriester, Herr über Leben und Tod, eine Aufgabe, der nur ein Gott gewachsen gewesen wäre. Kein Wunder, wenn spätere Caesaren in dieser gottgleichen Machtfülle von der Hybris und vom Wahnsinn ergriffen wurden.

Dennoch blieb Tiberius ein Mann des Gleichgewichtes. Nie träumte er, wie der geniale Julius Caesar, von einer hellenistischen Universalmonarchie, nie erwog er wie dieser, in Troia oder sonstwo im Morgenland die Metropole seines Weltreiches zu errichten. Tiberius blieb auf nüchternem römischem Boden.

Hätte Tiberius einen ebenbürtigen Gegner gehabt und diesen vernichtet wie Caesar den Pompeius, Augustus den Marcus Antonius, würde das Urteil der Geschichtsschreiber anders über ihn lauten. Weil er aber schmeichelnde Höflinge und kriechende Senatoren fast wie im Spiel auf kalte Weise erledigte, entrüsteten sich spätere Geschichtsschreiber. Dabei war die Vernichtung des Aelius Seianus ein diplomatisches Meisterstück!

Sicherlich hat das Strafgericht, das der längst zum Menschenverächter gewordene Tiberius über seine Gegner verhängte, auch Unschuldige getroffen. Die Hände des Weltbeherrschers mögen die Würfel des Todes am Ende achtloser hingestreut haben. Aber man muß sich auch diese Patrizier vergegenwärtigen, die sich wie Freigelassene benahmen, und die Freigelassenen, die die Patrizier spielten. Selbst Senatoren aus alten Geschlechtern leisteten die niedrigsten Spitzel- und Horcherdienste, wie jener Lucanius Latiaris und wie Porcius Cato, Petelius Rufus und Marcus Opsius, die vor keiner Gemeinheit zurückschreckten, als sie den Consul Junius Silanus vernichten wollten.

Männer wie Tiberius gehören der Geschichte an und müssen nach ihren Taten beurteilt werden. Es geht aber zu weit, alle ihre Handlungen nur aus Herrschsucht, Ruhmgier oder einer Verstrickung von Macht und Pflichtbewußtsein abzuleiten. Der Weg der Großen ging nicht immer auf der Paradestraße der Geschichte und der Politik, als hätten diese Männer überhaupt nur in Staatsmaximen gedacht. Man vergißt, wenn die Chronik ihres Erdendaseins nicht ausdrücklich davon berichtet, die Frau oder die Frauen der großen Männer, die Macht der Liebe und der Sinne, der auch sie unterworfen waren.

Nicht nur der einfache Soldat hat sich mutig in die Schlacht gestürzt oder den Tod gesucht oder hat Fahnenflucht begangen, weil die Frau seines Herzens im Spiele war; auch der Feldherr hat ein Seelen-, ein Triebleben. War es denn eine politische Erwägung, als Alexander der Große der Hetäre Thais erlaubte, die Fackel in die Königsburg von Persepolis zu werfen? Man sagte, um die Zerstörung Athens durch die Perser im Jahre 480 zu rächen. Warum aber durch die Hetäre Thais? War sie die geeignete Person für solch eine Sühneaktion? War es nicht so, daß die Athenerin Thais, die später Königin von Ägypten wurde, ihn darum gebeten hat in einer wollüstigen Nacht nach dem Sieg? Hat sich derselbe Alexander mit Roxane aus Baktra, mit der persischen Königstochter Stateira nur aus Staatsgründen vermählt? Waren sie nicht auch schön, verführerisch, begehrenswert? Nicht nur Kleopatra, Messalina, die große Elisabeth, Ninon de Lenclos, Mathilde von Dänemark und die anderen berühmten Frauen der Weltgeschichte beeinflußten das Schicksal der Völker, auch die Unbekannten und Ungenannten, da eine Sklavin, dort eine Hetäre, dort ein einfaches Bürgermädchen, haben mittelbar, aber vielleicht entscheidend eingegriffen. Und wenn sie selbst nichts dazu taten, so waren es die Gedanken der großen Männer, die einmal, zu einer entscheidenden Stunde, an die Frau ihres Herzens oder ihrer Sinne gedacht haben. Die Geschichte ging nicht immer auf Kothurnen, manchmal ging sie auch auf Pantoffeln.

Die Versteinerung im Charakter des Tiberius, seine Flucht nach Rhodos, seine letzte Flucht in die Felseneinsamkeit von Capri, alles das kann auch auf Gründe zurückgeführt werden, die aus dem engeren Kreis seiner Familie stammen.

Tiberius war in erster Ehe mit Vipsania Agrippa, der

Tochter des Marcus Agrippa, verheiratet, wohl die einzige Frau, die er wirklich geliebt hat. Er opferte sie der Staatsräson, ließ sich von ihr scheiden, um Julia, die Tochter des Augustus zu heiraten. Sie war – o undurchsichtiger Dschungel der julisch-claudischen Ahnentafel – die Stiefmutter der Vipsania!

Was hat Tiberius dazu getrieben? War es wirklich nur die Überredungskunst seiner herrschsüchtigen Mutter Livia, war es die Autorität des Augustus, der er sich nicht entziehen konnte? Steckten die Machenschaften der Julia dahinter? Man sagte, sie habe den unnahbarsten Mann des Reiches aus Eitelkeit verlangt. War es reine Machtgier, die stärker war als alle anderen Gefühle? Wer weiß von dem Dämon in der eigenen Brust? Tiberius muß Vipsania trotzdem sehr geliebt haben; denn das einzige Mal, als er sie wiedersah, blickte er ihr, wie Sueton erzählt, unverwandt unter Tränen nach.

Die Scheidung von Vipsania war der erste Bruch im Leben dieses stolzen Mannes. Man sagte ihm nach, daß er gewohnt war, Haß und Zuneigung hinter einer undurchsichtigen Maske zu verbergen. Wie stark muß das Gefühl für Vipsania gewesen sein, daß er sich bei der ersten Wiederbegegnung so vergaß und weinte?

Das Verhältnis des Tiberius zu Julia wird von Tacitus und Sueton verschieden dargestellt. Tacitus behauptet, sie habe Tiberius einmal als nicht ebenbürtig verschmäht Das scheint wenig glaubhaft. Tiberius entstammte dem stolzesten Adelsgeschlecht Roms, während die Vorfahren des Augustus zum Teil plebejischer Abkunft waren. Suetons Angabe, sie habe schon bei Lebzeiten ihres zweiten Mannes, des Feldherrn Agrippa, Absichten auf Tiberius gehabt, ist weit glaubhafter. Anfangs scheinen Julia und Tiberius auch in Eintracht gelebt zu haben; aber der Lebenswandel dieser mannstollen Tochter des Augustus konnte ihm nicht verborgen bleiben. Ihre Ausschweifungen waren das Stadtgespräch Roms. In einer Schar von Libertinern trieb sie sich nächtlich auf dem Forum herum, hielt in Trunkenheit Spottreden von der Rednertribüne herab und war so schamlos, sich an die Marsyassäule, den Treffpunkt der Straßendirnen, zu stellen, um sich unbekannten Männern hinzugeben. Sempronius Gracchus aus edlem Geschlecht und wohl dem Tragödiendichter Gracchus des Ovid gleichzusetzen, hatte schon Ehebruch mit Julia getrieben, als diese noch die Frau des Agrippa war. Anscheinend verfolgte er ehrgeizige Ziele und wiegelte Julia gegen Tiberius auf. Einen gegen Tiberius gerichteten Schmähbrief, den sie ihrem Vater schrieb, soll ihr dieser Sempronius diktiert haben. Augustus erfuhr als letzter, was die Spatzen des Forums zwitscherten und die Gänse auf dem Kapitol schnatterten. Dann ließ er allerdings, altrömische Vorbilder vor Augen, die Tochter durch den Quästor öffentlich anklagen und setzte die Verbannung nach Pandataria gegen den Widerspruch der Familie und der öffentlichen Meinung durch. Die Schar ihrer Freunde wurde teils umgebracht, teils ebenfalls verbannt.

Ehe das Treiben der Tochter dem Vater bekannt geworden war, reiste Tiberius, den Skandal ahnend, nach Rhodos und hielt sich fortan von allen Staatsgeschäften fern. Er war, so sehr er Julia wegen ihres liederlichen Lebens verachtete, mit der Behandlung des Falles durch Augustus nicht einverstanden, aber aus anderen Gründen als der applaudierende Pöbel und der Anhang der Julia. Augustus hatte die Schande seiner Familie der Öffentlichkeit preisgegeben, während Tiberius sich als wahrer Edelmann zeigte und sogar Fürbitte für die gefallene Tochter einlegte und ihr alles, was er ihr geschenkt hatte, als Eigentum überließ. Freilich, er dachte dabei vor allem an die Ehre seines Namens. Später, als Kaiser, verzieh er Julia nie und ließ sie elendiglich hinsiechen und sterben. Seinen Haß gegen Sempronius nährte er jahrelang. Nach vierzehnjähriger Verbannung ließ er ihm auf Cercina den Gnadenstoß geben. Noch größer war sein Haß gegen Asinius Gallus, der seine geliebte Vipsania geheiratet hatte. Dieser Quengler und hinterhältige Schmeichler hatte sich gebrüstet, Drusus, der einzige Sohn des Tiberius, stamme nicht von diesem, sondern von ihm selbst als Frucht eines vorangegangenen Ehebruchs. Als Asinius Gallus seine Verurteilung bekannt geworden war, erbat er den Tod; aber Tiberius ließ ihn lange zwischen Furcht und Hoffnung schmachten, um sich an seiner Qual zu weiden. Nach seinem Tode verhängte Tiberius über den Mann, den er wohl am tiefsten gehaßt hat, die *damnatio memoriae*. Eine zweisprachige Inschrift des Augustus aus dem Artemisheiligtum von Ephesos, die erhalten blieb und vor dem Krieg im Pergamon-Museum in Berlin noch zu sehen war, zeigt deutlich, daß beide Male, im Griechischen wie im Lateinischen, der Name des Proconsuls Gaius Asinius Gallus ausgemeißelt worden war.

Eine dritte Frau, die im Leben des Tiberius eine verhängnisvolle Rolle spielte, war Livia, die Mutter. Sie hat viel für ihn getan. Ihr Ehrgeiz war sehr groß. Doch Tiberius liebte seine Mutter nicht. Als er an die Macht kam, wies er ihre Herrschsucht in die Schranken.

Man muß aber noch einer vierten Frau gedenken, die das Widerspruchsvolle im Charakter des Tiberius zeigt: Antonia, die Frau seines geliebten Bruders Drusus, die vornehme und sittenreine Tochter des Marcus Antonius. Ihr hat er zeit seines Lebens eine ungetrübte Zuneigung bewahrt, die von Antonia erwidert wurde. Sie allein hielt dem kaiserlichen Eremiten auf Capri bis zuletzt die Treue, sie war es, die die Verschwörung des Sejan rechtzeitig aufdeckte. Und so sehen wir den, dem Tacitus, Sueton und Cassius Dio gegen Ende seines Lebens jedes menschliche Fühlen abstritten, dennoch unverbrüchlicher Freundschaft fähig.

Da lebte der alte Imperator auf Capri wie ein Seeadler in seinem Horst weit oben in seiner Felsenvilla, wo er, ungehemmt von der Steinwüste der Urbs, dem politisch wie moralisch versumpften Rom, seinen Tag leben und doch aus der

Ferne mit sicherem Blick die Erfordernisse der Stunde besser übersehen konnte. Manchmal schien er zu zaudern, aber nur um seine Feinde um so vollständiger zu verderben. Er wiegte sie in Sicherheit, während seine Entscheidung schon feststand, und dann ließ er die Schemen, die er beherrschte, handeln und stieß zu wie ein Adler.

Im Jahre 725 der Erbauung Roms, also nach unserer Zeitrechnung im Jahre 29 v. Chr., erbat sich Augustus von der Stadt Neapolis die Insel Capri und gab dafür Ischia her. So ist das Jahr 29 v. Chr. das erste geschichtliche Datum der Insel, das wir Cassius Dio verdanken. Wir wissen ferner, daß Augustus wenige Tage vor seinem Tode im August des Jahres 14 n. Chr. zum letzten Mal auf Capri weilte. Er besaß die Insel dann dreiundvierzig Jahre lang. Während dieser langen Zeit hat Augustus auf Capri viel gebaut, Villen und Gutshäuser, Zisternen und Straßen, die gartenbaulichen Anlagen nicht zu vergessen, liebte er es doch, seine einfachen Landhäuser mit Gärten und Parkanlagen zu umgeben, auf deren Wegen er Altertümer und seltsame Funde aufstellte. Ein Landhaus, in dem der Kaiser eine Sammlung von Riesenknochen urweltlicher Tiere und allerlei Altertümer aufstellte, wird von Sueton erwähnt. Über seine privaten Bedürfnisse hinaus hat er auch Bauten für seine Begleiter und die Bequemlichkeit der Livia aufführen müssen. Deshalb geht wohl ein sehr großer Teil der Bauten auf Capri, deren Trümmer überall auf der Insel zu finden sind, auf Augustus zurück. Wahrscheinlich sind die hinter dem sogenannten Palazzo a mare liegenden Ruinen und Terrassenanlagen die Reste einer groß angelegten Villa des Augustus, die, mit Gebüsch und Hainen bestanden, ganz zu dem Bild passen können, das Sueton uns vermittelt hat, während die Villa der Io und Damecuta tiberianisches Gepräge zeigen.

Zwölf Jahre nach dem Tode des Augustus wählte Tiberius die Insel zu seinem ständigen Wohnsitz, und Capri war sodann elf Jahre lang nicht nur Residenz des Kaisers, sondern Mittelpunkt des Römischen Weltreiches.

Ein oft zitierter lateinischer Zweizeiler, der immer wieder, aber ohne Grund, dem Statius zugeschrieben wird, billigt der kleinen Insel den Ruhm zu, einst die *aemula Romae*, die Rivalin Roms, gewesen zu sein:

> *Insula parva quidem, quondam tamen aemula Romae,*
> *Caesaribusque viris hospita digna fuit.*
> *Insel, so klein du auch bist, einst warst du doch Romas Rivalin,*
> *würdig befunden, ein Hort cäsarischer Männer zu sein.*

Als Tiberius nach Capri übersiedelte, begleiteten ihn nur wenige Freunde. Einige ihrer Namen sind bekannt: Aelius Seianus, der Ungetreue, Cocceius Nerva, der Gesetzkundige, der Ritter Curtius Atticus, Vescularius Flaccus, Julius Marinus, der ›Vergnügungsrat‹ Priscus Caesonius, der von Tiberius hochgeschätzte Marcus Silanus, sowie der weniger geschätzte Großneffe Caligula, der auf Capri die männliche Toga anlegen und sich zum ersten Mal den Bart scheren durfte. Wir kennen diesen Tag sogar ganz genau: es war, wie Sueton (Caligula 10) schreibt, der 31. August des Jahres 31 n. Chr., Caligulas Geburtstag. Auch der spätere Kaiser Vitellius war in den letzten Lebensjahren des Tiberius auf Capri und hat laut Sueton »seine Knaben- und Jünglingsjahre unter den Lustdirnen des Tiberius verbracht«. Ja, der Hofklatsch behauptete, der Vater dieses Vitellius, Lucius, Consul des Jahres 34 v. Chr., sei von Tiberius nur deshalb zum Befehlshaber in Syrien ernannt worden, weil der Sohn sich dem Kaiser preisgegeben habe! Flavius Josephos und Cassius Dio ergänzen unser Wissen um das Gefolge des Kaisers auf Capri durch Nennung weiterer Namen. So erfahren wir von Josephos den Namen des Freigelassenen Euodos als eines der Vertrauten des Tiberius. Im Laufe der Zeit wechselte natürlich das Gefolge der Höflinge, Astrologen, Philosophen und Beamten, weil der eine oder der andere durch Tod abging. Meist war es ein gewaltsamer. Seianus wurde hingerichtet, Vescularius

Flaccus und Julius Marinus endeten durch Selbstmord, zu dem sie der Kaiser aufgefordert haben soll. Ferner wird uns von Josephos die Anwesenheit des noch jugendlichen Tiberius Gemellus bezeugt, den Caligula später wegen allzu naher Anwartschaft auf den Thron umbringen ließ. Nicht vergessen sei der Nachfolger des Aelius Seianus, Naevius Sertorius Macro, der Wendige, der, wie Tacitus, Annalen 6, 50 und Sueton, Tiberius 73 sowie Caligula 12 übereinstimmend berichten, seinen kaiserlichen Herrn, als er zu Misenum gar nicht sterben wollte, sanft in den Kissen erstickte.

Dazu kamen die Boten des Senats, die Gesandtschaften der Städte und Provinzen, die Vasallenkönige und Abkömmlinge von Vasallen. Alles das wollte untergebracht werden, und es ist wahrlich naiv, zu behaupten, Tiberius habe auf Capri überhaupt keine Bauten errichten lassen. Für Augustus war Capri eine Sommerfrische, Tiberius regierte von hier aus ein Weltreich. Er brauchte Gebäude für die Hofhaltung, für die Gäste, für die Kanzleien, eine Kaserne für die Prätorianer und ein Staatsgefängnis.

Die elf Jahre, die Tiberius auf Capri verbrachte, waren keine ruhigen Zeiten. Livia, die Mutter, starb kurz nach seiner Übersiedlung nach Capri, und ihr Anhang, den Tiberius schon früher zu spüren bekommen hatte, schürte nun gemeinsam mit der sogenannten Germanicus-Partei, dem Anhang der ehrgeizigen Agrippina, gegen den Kaiser. Die Verschwörung des Seianus wurde dank der Wachsamkeit der treuen Antonia im Blute erstickt, wobei das vergossene Blut mehr über die Senatoren kam, die, teils um sich reinzuwaschen, teils aus aufgespeichertem Haß gegen Seianus, ihren Eifer nun im Denunzieren und in Mordurteilen bewiesen. In Griechenland gab sich ein Abenteurer für Drusus aus und versuchte, in Syrien die Legionen gegen Tiberius aufzuwiegeln, wurde aber rechtzeitig unschädlich gemacht. Die Parther zeigten sich im Jahre 35 n. Chr. aufsässig und verlangten ein Eingreifen des Kaisers, das mehr auf diplomatischem als auf militärischem Wege erfolgte »getreu seinem Grundsatz, in der auswärtigen Politik diplomatisch und schlau zu verfahren und die Waffen fern zu lassen«. Damals gab Tiberius dem Vater des späteren Kaisers Vitellius den Oberbefehl gegen die Parther, und Lucius Vitellius löste seine Aufgabe glänzend ganz im Geiste des Tiberius ohne viel Blutvergießen. Außerdem wurde Rom – wohl im Jahre 36 n. Chr., von einer Überschwemmung und einer großen Feuersbrunst heimgesucht. Tiberius linderte Not und Schaden durch Millionenspenden. Auch privat hatte Tiberius in den letzten Jahren viel Ärger. Die wahren und furchtbaren Hintergründe der Ermordung seines Sohnes Drusus wurden aufgedeckt, Agrippina und ihr Anhang unschädlich gemacht. Sein Freund Nerva suchte den Tod, taub gegen die inständigen Bitten seines Freundes, und der wahre Charakter des Caligula zeigte sich in der Episode mit dem königlichen Hochstapler Agrippa. Wahrhaftig, nichts ist falscher, als an eine beschauliche Muße des greisen Kaisers auf Capri zu denken.

Während der kurzen Herrschaft des Caligula wird kein Aufenthalt dieses Kaisers auf Capri erwähnt. Allerdings weilte er oft in Kampanien und fuhr an den Küsten auf seinen mit verschwenderischer Pracht ausgestatteten Liburnischen Jachten entlang. Es ist durchaus anzunehmen, daß er dabei auch Capri, die Stätte seiner Jugend, wiederholt besuchte.

Die Historiker berichten nichts von einem Aufenthalt weiterer Kaiser auf Capri. Vielleicht ist Vitellius zur Stätte seiner Jugendsünden zurückgekehrt. Auch ein Aufenthalt Domitians ist nicht ausgeschlossen. Er weilte oft in Kampanien und war ein glühender Verehrer des Tiberius. »Außer den Denkwürdigkeiten und den politischen Schriften des Tiberius las er nichts«, sagt Sueton von ihm in seiner Biographie Domitians, Buch 20.

Kaiser Commodus – er nannte sich bescheiden Imperator Caesar, Lucius Aelius Aurelius Commodus, der Geweihte, Fromme, Glückliche, Sarmaten-, Germanen- und Britenbesieger, Friedensstifter der Welt, Römischer Herkules, Pontifex Maximus usw. –, also dieser bescheidene Muskelprotz Commodus verbannte im Jahre 182 n. Chr. seine Gemahlin Crispina und sein Schwesterchen nach Capri, wo sie dann hingerichtet wurden.

Und damit scheint der Niedergang der einstigen Residenz zu beginnen. Sie wurde ein Ort für Verbannte, so daß Cassius Dio zu seiner Zeit – um das Jahr 200 n. Chr. herum – schreiben konnte: »Sie (die Insel Capri) liegt unfern dem Festland von Surrentum und enthält nichts Merkwürdiges, ist jedoch bis auf diesen Tag durch den Aufenthalt des Tiberius berühmt.«

Langobarden und Sarazenen

Nie war in der wechselvollen Geschichte Süditaliens das staatliche Durcheinander größer als während der Herrschaft der Langobarden, die etwa vom letzten Viertel des 8. Jahrhunderts bis zum Erscheinen der Normannen Anfang des 11. Jahrhunderts währte. In diesem großen Schmelztiegel aller Rassen – Italiker, Griechen, Phoiniker, Etrusker und Latiner – brachten es die Langobarden nur zu einem staatlichen Chaos. Unter den Ostgoten hatten sich noch Anfänge einer staatlichen Ordnung und eines Zusammenlebens mit der unterworfenen Bevölkerung gezeigt. Ihnen blieb es vielleicht nur wegen ihres arianischen Glaubens versagt, eine Verschmelzung der Eroberer und Alteingesessenen zu erreichen, wie das den Westgoten in Spanien gelang. Dagegen erwiesen sich die Langobarden in Süditalien unfähig, einen Staat zu bilden. Das blieb erst den Normannen vorbehalten. Neben den langobardischen Fürstentümern von Benevent und Salerno, die sich ständig befehdeten, und dem später abgesplitterten Herzogtum Capua gab es die Stadtstaaten Gaeta, Neapel, Sorrent und Amalfi, die anfangs noch vom byzantinischen Exarchen in Ravenna abhängig waren, nach und nach aber selbständig wurden. Um die Verwirrung zu vergrößern, wurden bald die Franken, bald die Byzantiner, bald der Papst gerufen, um Hilfe gegen die Sarazeneneinfälle zu leisten, wobei sich die Herrscher des westlichen Imperium nie recht mit den byzantinischen Kaisern auf eine gemeinsame Bekämpfung der Sarazenen einigen konnten, selbst dann nicht, als die Ottonen familiäre Bindungen mit dem byzantinischen Kaiserhaus eingingen.

Die Sarazeneneinfälle begannen in Süditalien Anfang des 9. Jahrhunderts und steigerten sich, nachdem ganz Sizilien in sarazenischer Hand war. Die Eindringlinge beherrschten zeitweise die Küsten Kalabriens und Apuliens und errichteten in Bari ein Sultanat, dem dann erst Kaiser Ludwig II. im Jahre 867 ein Ende machte. Die Sarazenen suchten nicht nur die Seestädte heim, sie plünderten tiberaufwärts ziehend die Basilika des heiligen Petrus und bereiteten dem Kloster Montecassino, Benevent und vielen anderen Städten ein gleiches Schicksal. Zu Beginn des 9. Jahrhunderts wurden auch schon Sarazenenschiffe auf der Höhe von Salerno, im Golf von Neapel und bei Gaeta gesichtet, und bald hatten die Sarazenen zwei feste Stützpunkte, von denen aus sie ihre Raubzüge zu Wasser und zu Land machten. Der eine Stützpunkt lag an der Mündung des Flusses Liris, östlich von Gaeta, der andere war Akropolis, nahe Paestum. Die alte Griechenstadt wurde erst durch die Sarazenen vollständig zerstört. Wohl wehrten sich die Seestädte, Gaeta, Neapel, Sorrent und Amalfi, aber sie waren untereinander zerstritten. Zweimal verbanden sich die Herzöge von Neapel sogar mit den Sarazenen!

Zur Zeit Kaiser Ludwigs II., vielleicht aber schon früher, muß Capri in den Besitz Amalfis gelangt sein, hing aber in kirchlichen Dingen vorerst noch vom Bischof von Sorrent ab. Es ist immer wieder behauptet worden, Kaiser Ludwig II. habe im Jahre 866 Capri dem Herzog Marinus von Amalfi für die Hilfe geschenkt, die dieser dem Kaiser anläßlich der Befreiung des Bischofs Athanasius geleistet hat. Ein Nachweis läßt sich dafür nicht erbringen. Mangoni und der Historiker Giannone berufen sich dabei auf Marino Freccia, doch findet sich in dessen Buch über die Lehen kein Hinweis.

Auch die verschiedenen alten Chroniken, Leo Ostensis, Paulus Diaconus, Erchempert, die Amalfitaner Chronik und Wilhelm von Apulien bringen nichts darüber. Die *Historia Andreae Bergamatis* weiß nur zu berichten, daß Marinus von Amalfi aufgefordert wurde, Athanasius aus dem Castel dell'Uovo in Neapel nach Benevent zu bringen. Da hat einmal wieder ein Historiker vom anderen abgeschrieben.

Tatsache ist es aber, daß Amalfi die Insel Capri besaß, und zwar selbst dann noch, als es unter die Oberhoheit der normannischen Könige kam. Das bestätigen nicht nur die vielen Orts- und Familiennamen, die in Amalfi wie in Capri heimisch waren, das geht auch aus einer Urkundensammlung, dem *Chartolarium Amalphitanum* (Codex Perris) sowie aus anderen Handschriften hervor, Schenkungsurkunden über Grundstücke auf Capri an das Kloster von San Lorenzo in Amalfi, Grundstücksverkäufe usw.

In ihrer Glanzzeit besaß die Stadt Amalfi außer der Insel Capri und den Sireneninseln (Galli) den ganzen Süden der Sorrentiner Halbinsel von der Punta Campanella im Westen bis Cetara im Osten, unweit von Salerno. Im Norden erstreckte sich die Staatsgrenze bei Gragnano und Lettere fast bis in die Nähe von Castellammare.

Der Dichter Wilhelm von Apulien, der eine Geschichte des Normannen Robert Guiscard in Hexametern schrieb – sein Latein war nicht einmal so schlecht – schildert Amalfi in den letzten Jahren des 11. Jahrhunderts so:

Keine Stadt scheint reicher an Volk, an Silber und Gold und Stoffen aller Art zu sein. Sie wird größtenteils von Seeleuten bewohnt, die in der Himmels- und der Meereskunde erfahren sind. Es werden vielerlei Waren aus Alexandria, der Stadt des Königs (?) und Antiochia eingeführt. Die Araber, die Libyer, die Sizilianer und Afrikaner sind ihnen bekannt. Sie werden in der ganzen Welt als Händler geschätzt.

Was nun die Sarazenenzüge in bezug auf Capri angeht, so meldet nur eine Chronik einen Angriff, der gegen die Insel gerichtet war. Capri war zur Sarazenenzeit eine verarmte Insel, deren Bewohner sich vom kargen Landbau und Fischfang ernährten, also kaum ein Anreiz für die beutegierigen Sarazenen. Nach den Stürmen der Völkerwanderung war dort kaum noch etwas zu holen. Vandalen mögen die teilweise schon zerfallenen Kaiserpaläste geplündert haben oder die Insulaner selbst, obwohl keine Chronik davon meldet, und nur ein Reisender des 17. Jahrhunderts, Bouchard, erzählt die Märe, daß nach dem Tode des Tiberius die Römer fünfhundert Maurer nach Capri geschickt hätten, um in sechs Monate langer Arbeit die Paläste und Villen zu zerstören, damit nie mehr ein römischer Kaiser auf den Gedanken käme, Rom zu verlassen und sich nach Capri zurückzuziehen.

Der einzige Sarazenenzug, den die schriftliche Überlieferung kennt, wird in zwei Predigten zum Ruhme des heiligen Constantius geschildert, die der Mönch Marinus im San Severino-Kloster in Neapel auf Geheiß seines Abtes aufgeschrieben hat. Die Handschrift, die wohl auf zeitgenössische Berichte zurückgeht, wurde am 1. August 1174 vollendet. Marinus schildert den Sarazenenzug wie folgt:

Im Jahre 991 n. Chr. (damals herrschte im sarazenischen Sizilien der Emir Jusuff aus dem Hause der Kelbiten) überfiel eine sarazenische Flotte unter dem Befehl des Admirals Boalim Amalfi. Kirchen und Klöster wurden gebrandschatzt und die heiligen Reliquien in alle Winde gestreut. Viele Einwohner fanden den Tod oder gerieten in Gefangenschaft. Herzog Manso I. und sein Sohn und Mitregent Johannes I. konnten ihre Freiheit und den Abzug der Eindringlinge nur durch große Opfer erkaufen. Beutebeladen segelten die Sarazenen um die Sorrentiner Halbinsel herum in den Golf von Neapel und plünderten entlang der Küste weitere Städte, Klöster und Kirchen. Der Versuch, in Castellammare und Neapel zu landen, wurde durch den streitbaren Herzog Sergius III. von Neapel vereitelt. Er trug noch den alten byzantinischen Feldherrntitel *magister militum*. Zwar gelang es Boalim, das Kloster Revigliano an der Mündung des Sarno zu zerstören; doch bei einem weiteren Versuch, Ischia zu erobern, holte sich die Sarazenenflotte eine schwere Schlappe.

Da Boalim durch Gefangene in Erfahrung gebracht hatte, daß die Insel Capri keinen ausreichenden militärischen Schutz besaß, beschloß er, die Felseninsel in Besitz zu nehmen.

Die Inselbevölkerung war in die große Höhle des Castiglione geflüchtet und erwartete bangend ihr Schicksal. Doch da ereignete sich ein Wunder! Als die ersten Sarazenenschiffe in Sicht waren, brach aus heiterem Himmel ein furchtbares Unwetter los. Es schien der Weltuntergang gekommen. In unheimlicher Finsternis warf der Sturm die Schiffe gegeneinander. Blitze krachten dazwischen und faustgroße Hagelsteine zerschlugen die Takelung und die Aufbauten der Fahrzeuge. Entsetzt versuchte der Rest der Sarazenen die schützenden Küstengewässer zu erreichen; aber nur wenigen gelang es, in das heimatliche Sizilien zurückzukehren.

Sicher haben die Sarazenen öfter die Insel Capri heimgesucht. Eine schriftliche Überlieferung gibt es da, wie schon gesagt, nicht. Seltsam ist es, daß die alte ungeschützte Stadt an der Marina Grande noch zur Zeit Rogers II. von Sizilien, also Mitte des 12. Jahrhunderts, bestand. Der arabische Geograph Edrisi, der für Roger II. die berühmte silberne Weltkarte schuf, schrieb dazu über Capri (Kabra): »Auf Capri ist eine Stadt mittlerer Größe, in deren Mitte eine Quelle entspringt.« Dabei mag er auf die einzige ergiebige Quelle der Insel in der sogenannten Truglio-Zisterne angespielt haben.

Es ist auch möglich, daß sich die Stadt an der Marina erst wieder zur Normannenzeit bevölkerte. Durch die einheitliche Herrschaft über ganz Unteritalien konnten die Normannen bessere Vorkehrungen gegen die Sarazenen treffen, die nunmehr auf der südlichen Halbinsel keine Stützpunkte mehr hatten und ihre Raubzüge vor allem nicht mehr von Sizilien aus führen konnten.

San Costanzo

So verwirrend wie die staatliche Zerrissenheit Unteritaliens waren auch die kirchlichen Zustände. Bald hingen die Klöster von Rom, bald von der Ostkirche ab. Nach der sogenannten byzantinischen Restauration in Kalabrien und Lukanien, die etwa von 900 bis 1070 dauerte, wimmelte es nicht nur in den von Byzanz besetzten Gebieten von griechischen Mönchen; es gab auch mitten in den lateinischen Erzdiözesen Kirchen und Klöster des griechischen Ritus. Der Archimandrit Nilos Doxapatrios zählte in seinem Traktat von den fünf Thronen der Patriarchen, den er 1143 Roger I. von Sizilien widmete, nicht weniger als siebenundfünfzig griechische Metropoliten auf, die sich auf Kalabrien und Sizilien verteilten. Ihnen standen nur vierunddreißig Erzbischöfe gegenüber, die vom Papst abhingen. Mit den griechischen Mönchen kamen auch griechische Heilige nach Unteritalien, allen voran der Erzengel Michael. Chaldäischen Ursprungs, taucht er zuerst bei den Juden der Babylonischen Gefangenschaft auf. Am 4. Mai 490 erschien der Erzengel zum ersten Mal in der Höhle des Monte Gargano, und hier entstand eines der größten Heiligtümer des frühen Mittelalters, das bald alle anderen Kulte Unteritaliens übertraf und bis in die nordischen Länder ausstrahlte. Der Kult des Erzengels Michael blühte vor allem in der Normandie, wo auf dem

Mont Saint-Michel in der Meeresbucht Bec d'Anaine, westlich von Avranches, ein ähnliches Heiligtum entstand. Vielleicht waren es nicht so sehr die Normannen, die von einer Pilgerfahrt aus dem Heiligen Land zurückkamen, die den ersten Kern der normannischen Herrschaft im Fürstentum Salerno bildeten. Die Chronisten sprechen bald von vierzig, bald von hundert Normannen, die um das Jahr 1000 dem Fürsten Waimar von Salerno halfen, der von den Sarazenen stark bedrängt war. Viel zahlreicher waren die normannischen Pilger, die zur heiligen Grotte auf dem Monte Gargano wallfahrteten. Dazu gehörte auch die Anhängerschaft Gisilberts, der im Duell den Liebling Herzog Richards von der Normandie, Wilhelm Ripostel, getötet hatte und das Land verlassen mußte. Es war nicht alles so zufällig, wie es die Chronisten wahrhaben wollen; denn der Fürst Waimar von Salerno hatte nach Amatus von Montecassino im Jahre 1016 eine Gesandtschaft in die Normandie geschickt und um Zuzug der tüchtigen Nordleute gebeten.

Auch auf Capri finden wir früh die Namen griechischer Heiliger, nach denen die Kirchen benannt wurden. Viele Berge in Süditalien, so auch der eintausendvierhundertvierzig Meter hohe Monte S. Angelo, hießen nach dem heiligen Michael, der der Erzengel schlechthin war.

Die erste Erwähnung eines Klosters auf Capri, das wohl den Benediktinern gehörte, finden wir in dem bekannten Brief Papst Gregors d. Großen an den Bischof Johannes von Sorrent, dem damals die kirchlichen Angelegenheiten der Insel unterstanden:

Es ist tunlich, den frommen Wünschen zu entsprechen, damit die Verehrung durch die Gläubigen bald stattfinden kann. Und da Savinus, der Abt vom Kloster des heiligen Stephan auf der Insel Capri uns bestätigt, daß die Reliquien der heiligen Märtyrerin Agathe ihm schon früher zugesprochen worden sind und er diese Heiligtümer in seinem Kloster aufstellen will, befehlen wir Dir, zu diesem Kloster zu gehen. Und wenn es sich erweist, daß daselbst keine Gebeine begraben wurden, so lege die vorerwähnten Heiligtümer feierlich nieder, damit ihre Verehrung erfolgen kann.

Wo sich das Kloster des heiligen Stephan befand, ist nicht mehr festzustellen, doch könnte die Errichtung der Pro-Kathedrale von S. Stefano im 17. Jahrhundert an Stelle einer älteren Kirche darauf hindeuten, daß sich ein Kloster dieses Namens unweit davon befand.

Der älteste Schutzpatron der Insel war der heilige Severinus, und vermutlich gab es ein sehr altes Kirchlein da, wo heute die Kirche von San Costanzo steht, die eigentliche Kathedrale der Insel. Der heilige Constantius hat dann den heiligen Severinus abgelöst, der aus Afrika stammte. Er wanderte später nach Norden und wurde Schutzheiliger von Bayern und Österreich. Nach dem Heiligenkatalog des Philippus Ferrarius stammte Constantius aus kaiserlichem Geschlecht und wird als Bischof von Konstantinopel genannt, ist also ein griechischer Heiliger. Die Legende berichtet, seine sterblichen Überreste seien in einem Weinfaß weit über das Meer nach Capri getragen worden. Nach dem *Sermo de transito S. Constantii* ist der Bischof jedoch auf Capri gestorben und mit zwei Jüngern in der Basilika, die seinen Namen trägt, beigesetzt worden. Sein Ruf als Sarazenenschreck machte ihn zum alleinigen Schutzpatron der Insel, was allerdings einen langobardischen Edelmann aus Benevent nicht abhielt, die wundertätige Reliquie zum Wohle und Ruhme seiner Vaterstadt zu rauben. Diese Reliquienraube waren im Mittelalter gang und gäbe. Man denke nur an Rainald von Dassel, den Kanzler Friedrich Barbarossas und Erzbischof zu Köln, der den Mailändern die Reliquien der Heiligen Drei Könige wegnahm und heimlich nach Köln überführte.

Noch heute steht das Kirchlein des heiligen Constantius auf Capri. Geht man vom Hafen die Fahrstraße empor, gewahrt man nach der ersten Wendung der Straße die Kirche. Ihre unschöne Fassade verbirgt eine Kirche spätbyzantinischen Stils, die wahrscheinlich über einer älteren Basilika erbaut worden war, deren Kern noch zu erkennen ist. Die Kirche hat die Form eines griechischen Kreuzes, gebildet durch zwei sich kreuzende Tonnengewölbe, über deren Vierungskuppel sich eine Laterne mit kegelförmigem Dache erhebt. Die Tonnengewölbe und die niedrigeren Kreuzgewölbe in den vier Ecken der Kirche werden von hochgewölbten Bogen getragen, größtenteils auf antiken Säulen ruhend. Das Tageslicht fällt durch die Fenster der elegant aufstrebenden Kuppel und gibt dem Raum mit seinem Säulenwald und den verbindenden Bogen ein eigenartiges, fast maurisch anmutendes Gepräge. Alles in allem erinnert die Kirche sehr an die von Cattolica di Stilo in Kalabrien und stammt vermutlich aus der gleichen Zeit. Die Meinungen über das Alter von San Costanzo gehen auseinander. Nach den bereits mehrfach zitierten Handschriften des San Severino-Klosters muß die Kirche schon um das Jahr 991 gestanden haben. Davon berichtet auch Philippus Ferrarius, der aus einer verlorengegangenen beneventaner Handschrift schöpfte. Außerdem gibt ein Kaufvertrag des Jahres 1025 aus Amalfi Zeugnis von einem Grundstück ›iuxta sancto Constantio‹, also »nahe bei San Costanzo«.

Wahrscheinlich ist die Kirche ein Jahrhundert älter. Da sie im Bereich der antiken Stadt steht, muß dort seit Einführung des Christentums auch eine Kirche bestanden haben. Vielleicht wurde sie um 900 umgebaut, als man die Gebeine des heiligen Constantius beisetzte. Daß die Kirche auf den Grundmauern eines antiken Tempels steht, ist nicht erwiesen, so viel antikes Baumaterial auch bei ihrer Erbauung verwendet worden sein mag. Man sprach auch von einem Mithraeum, das früher den Platz der Kirche eingenommen habe, wozu die Auffindung eines Mithrasreliefs in nächster Nähe Anlaß gab. Der Mithraskult wurde unter Trajan eingeführt und es könnte sein, daß er auch auf Capri heimisch wurde.

Die Kirche ist nur am Sonntag zur heiligen Messe geöffnet. Selten verirrt sich ein Fremder in dieses Juwel altchristlicher Frömmigkeit. Die Kirchenbesucher sind meist Fischer, Handwerker und Weinbauern der Umgegend. Vom geräumigen Presbyterium aus kann man die kleine Basilika bei einem stillen Rundgang nach der Messe betrachten und sich vorstellen, wie viel schöner die Wirkung gewesen sein muß, als das Gewölbe noch vollzählig von antiken Säulen getragen wurde. Bekanntlich wurden im Jahre 1755 mehrere Säulen entfernt und nach dem königlichen Lustschloß in Caserta gebracht. Man zersägte sie und machte daraus einen Fußboden für die Schloßkapelle! Im Jahre 1910 wurde San Costanzo restauriert und dabei die alte Fassade, die wir noch aus alten Bildern kennen, mit moderner Gotik verschandelt. Man ersetzte auch den Mosaikfußboden und die Majolikafliesen durch weißen Marmor und zerstörte die alte Taufwanne *per immersionem*. Diese Taufwanne war ein altes Privileg der Kirche, die noch immer als die eigentliche Kathedrale von Capri gilt, so daß man die im ausgehenden 17. Jahrhundert erbaute Kirche des heiligen Stephan oben im Städtchen nur als Pro-Kathedrale bezeichnet.

San Costanzo ist nicht die einzige frühmittelalterliche Kirche auf Capri. Da ist z. B. eine Kapelle, die in eine Zisterne auf dem Monte San Michele eingebaut wurde. Da sich hier in griechischer Zeit ein Tempel erhob, ist es nicht verwunderlich, wenn man, um den Spuk des heidnischen Gottes zu bannen, eine Kapelle errichtete. Ob der Berg von Anfang an dem Erzengel Michael geweiht war, ist fraglich. Da schwanken die Angaben früher Reisender. Der Berg hieß bald Sant'Antonio, Sant'Angelo, bald Calvario. Daß die Kapelle aber, wie Friedlaender in seinem Capribuch schrieb, während der ›Christenverfolgung‹ erbaut wurde, ist nicht wahrscheinlich. Auf einer so kleinen Insel mit geringer Einwohnerzahl, wo jeder von jedem weiß, wäre solch eine Katakombe bald bekannt gewesen.

Eine weitere frühchristliche Kirche ist die Sankt Annenkirche im Gewirr der Gäßlein Capris. Man erreicht sie von der Piazza aus über die Via delle Botteghe, von der man in die Via Santa Maria delle Grazie einbiegt. *Santa Maria delle Grazie* war auch der frühere Name der Kirche. Sie wird von keinem Führer erwähnt, und doch ist sie ein Kleinod rustikalen Kirchenbaues mit byzantinischen Stilelementen.

Von den Pfeilern, die die hochgewölbten Bogen der Kirche tragen und so drei kleine Kirchenschiffe bilden, haben zwei Säulen vor dem Hauptaltar antike Kapitelle der korinthischen Ordnung, wobei die Kürze der Säulen gegenüber der Größe der Kapitelle auffällt. Eines der Kapitelle, bei dem die Akanthusblätter stark beschädigt waren, hat ein mittelalterlicher Steinmetz durch die Anbringung von gebohrten Löchern gefälliger gestalten wollen.

Auf das 14. Jahrhundert gehen zurück die Kirche *San Giacomo* innerhalb des Kartäuserklosters *La Certosa*, die Kapellen *Della Croce* und *Santa Maria di Costantinopoli* sowie das Kirchlein auf dem *Monte Solaro*, *Santa Maria di Cetrella*, das Ende des 14. Jahrhunderts, wie es heißt, von Dominikanern gegründet wurde.

Der Historiker Capaccio bringt in seinem 1771 erschienenen Werk *Historia Neapolitana* die Namen von zweiundzwanzig Kirchen und Kapellen, eine sehr große Zahl, wenn man bedenkt, daß auf der ganzen Insel damals nur tausendfünfhundert Seelen wohnten. Achtzig Jahre später nennt Bartolomeo Capasso in seinem Werk über die Sorrentiner Kirchen noch immer achtzehn Gotteshäuser, trotz ein paar Verwechslungen, die ihm dabei unterlaufen sind.

Viele Kirchen sind zerstört oder aufgegeben worden, und die Namen wechselten. Einmal gab es auch eine *Santa Sophia* an der *Piazza* von Capri, wo sich nach Capaccio die nach Capri Verbannten trafen, denn damals war Capri wieder zum Verbannungsort geworden wie zu den Zeiten des Kaisers Commodus. Während die Pro-Kathedrale von *S. Stefano* gebaut wurde, war *S. Sofia* eine Notkirche, in der getauft und Ehen geschlossen wurden.

Neun Goldstücke und hundert Faß Wein als Lehnszins für Capri

Im Jahre 1204 belehnte Friedrich II. von Hohenstaufen, Deutscher Kaiser und König von Sizilien, im siebenten Jahr seiner Herrschaft den Justitiarius Sergio Scrofa mit der Insel Capri. Das Lehen schloß auch das Kloster vom heiligen Stephan und alle Liegenschaften ein. Der jährliche Lehnszins betrug neun Goldsolidi und hundert Faß Wein. Scrofa, der schon in der Stadt Amalfi und deren Herrschaftsgebiet durch Lehnfolge Güter besaß, befehligte auch die Galeeren des Herzogtums Amalfi. Er selber war wohl Amalfitaner von Geburt.

Es ist bei diesem und späteren Lehen bezweifelt worden, ob sich das Lehen auf die ganze Insel erstreckte oder nur auf Demanialgebiet, das der Kaiser auf dieser Insel besaß. Im Falle des Sergio Scrofa und seiner Erben muß es sich aber um ein Lehen gehandelt haben, das die ganze Insel umfaßte, heißt es doch in der betreffenden Urkunde Nr. XXVI-A-19, die in der Biblioteca Cuomo in Neapel aufbewahrt wird, ausdrücklich: »Die Insel Capri mit dem Kloster des heiligen Stephan und allem, was dazu gehört.« Der Lehnsbrief enthält außerdem noch den Nachsatz, daß das Lehen der Bestätigung durch den Heiligen Stuhl unterliege, was ja auch dem tatsächlichen politischen Status entspricht, da der erste König der Normannen, Roger, vom Papst mit den süditalienischen Herzogs- und Fürstentümern sowie mit dem Königreich Sizilien belehnt worden ist und Friedrich II. alles durch Lehnsfolge geerbt hatte. Freilich, wenn man rein von juristischer Sicht verfolgt, wie die Insel Capri, einst Patrimonium römischer Caesaren, über die Gotenherrschaft, die Zugehörigkeit zum Exarchen von Ravenna in den Besitz des Heiligen Stuhles gelangt ist, dann kann man nur von Manipulation sprechen.

Was sonst aus den Urkunden dieser Zeit auf die nähere Geschichte der Insel Bezug hat, ist recht dürftig. Kaum daß man ein paar Örtlichkeiten aus den Urkunden jener Zeit lokalisieren kann. Wir erfahren, daß Capri damals eine arme Insel war. Bei den Verkäufen und Abtretungen, die den größten Teil der amalfitanischen Urkunden ausmachen, tauchen neben Münzbeträgen, bald in byzantinischen Goldsolidi, bald in sizilischen Tari ausgedrückt, von denen vier auf einen Goldsolidus gingen, überwiegend Naturalabgaben auf. Sie zeigen, daß das gemünzte Geld sehr selten war auf einer Insel, die zur Zeit der Hohenstaufen kaum mehr als hundert Feuerstellen aufwies. Die goldenen Augustalen Friedrich II. werden kaum erwähnt. Es war nur eine Prestige-Währung gegenüber dem byzantinischen Goldsolidus, dem Dollar der damaligen Zeit. Getreide wird bei Naturalabgaben nie genannt, wohl aber ist von Saubohnen, Kichererbsen, Linsen, Lupinen, Schweinen, Wachteln, Turteltauben und Eiern die Rede. Der Wachtelfang spielte schon damals eine gewisse Rolle als zusätzliche Nahrung der Insulaner, und es werden öfter Grundstücke erwähnt, auf denen die Wachteln im Mai oder im September niedergingen. Natürlich lebten die Capresen auch vom Fischfang. Wegen der Verderblichkeit der Ware kamen aber Fische als Abgabe nicht in Frage. Die erwähnten Schweine können darauf hindeuten, daß zu dieser Zeit (wie im Altertum) noch Eichen- und Kastanienwälder auf der Insel bestanden, da Eicheln und Kastanien sich sehr gut für die Schweineaufzucht eignen, Weinberge werden auch im frühen 13. Jahrhundert erwähnt, und man möchte annehmen, daß sie in ununterbrochener Folge seit der Römerzeit bebaut wurden, obwohl in der Antike der Capreser Wein nie erwähnt wird, was eben damit zusammenhängt, daß Capri kaiserliche Domäne war und an Menge und Qualität mit den berühmten Weinbaugebieten der *Campania felix* – man denke nur an den Falerner – nicht wetteifern konnte.

Der große Kaiser Friedrich II. mag auf seinen Reisen von Sizilien nach Neapel oft an dem Felsen von Capri vorbeigefahren sein und zu den Bauten des Tiberius hinaufgeschaut haben. Es ist aufregend, sich vorzustellen, daß Friedrich II. auch einmal auf der Insel war und durch die leeren, aber noch nicht allzu zerstörten Räume des großen Palastes, der *arx* des Tiberius, auf der höchsten Erhebung im Osten der Insel, gewandelt ist. Da und dort mögen Stuck- und Marmorverkleidung von den Wänden abgeplatzt sein, die Gewölbe geborsten, der Mosaikfußboden Spielfeld für Eidechsen und Ringelnattern. Sie konnten dem großen Hohenstaufen noch einen großartigen Eindruck vermitteln: denn ganze Arbeit haben da erst die Kirchenbauer des 17. und die Antikensucher des 18. Jahrhunderts geleistet.

Capri dämmerte damals wohl friedlich am Rande geschichtlichen Geschehens dahin, in einer Zeit, die nicht nur erfüllt war von den Machtkämpfen zwischen Kaiser und Papst, zwischen Abendland und Ostrom und der sich ausbreitenden arabischen Welt, von den lokalen Streitigkeiten zwischen Ghibellinen und Guelfen, von Ketzerkriegen und Kreuzzügen ganz abgesehen. Es gab aber auch schon eine Renaissance der Wissenschaften. Bereits unter den normannischen Vorgängern Friedrich II. wurden Bücher aus dem Arabischen und Griechischen ins Lateinische übertragen, und der Kaiser selber, der deutsch, griechisch, lateinisch, arabisch und französisch sprach, dessen Muttersprache aber das Italienische war, in der er dichtete, sorgte weiter dafür, daß die Bücher des Aristoteles, der *Almagest* des Ptolemaios aus den arabischen Bearbeitungen, die Bücher des Galenos aus dem Griechischen ins Lateinische übersetzt wurden. Er schuf nicht nur die Konstitution von Melfi als weit vorausschauende Staatsverfassung, die einen modernen Beamtenstaat dem überholten Lehnswesen gegenüberstellte, er gründete 1224 auch die Universität Neapel und trug so zur Wiedererweckung der antiken Wissenschaften bei, ohne die später die Renaissance des 15. Jahrhunderts gar nicht möglich gewesen wäre. Man hat das 13. Jahrhundert mit Recht als das unchristlichste, ja als das arabische Jahrhundert bezeichnet, da damals mit aristotelischer Lehre auch das Gedankengut eines Avicenna und Averroes eindrang, von dem die Hochscholastik angesteckt wurde. Hier zuerst standen Natur und Erfahrung dem Dogma gegenüber als Nährboden für die Lehre von der *doppelten Wahrheit*, die besagte, daß eine Lehre zwar theologisch richtig, philosophisch aber falsch sein könne. Ein türkischer Historiker meinte, die Kreuzfahrer hätten zwar das Christentum in den Orient gebracht, dafür aber Irrlehren und Freidenkertum eingehandelt. Friedrich II. galt als der große Ketzer, als der Antichrist, dem man, wenn auch mit Unrecht, das Buch *De tribus impostoribus* (von den drei Betrügern, Moses, Christus und Mohamet) zuschrieb. Papst Innozenz IV., sein großer Gegner, nannte ihn *den Sultan von Lucera*, hielt sich Friedrich doch in dieser, seiner geliebten Residenz, einen richtigen Harem. Damals zählte Lucera fünfzigtausend Einwohner, und noch lange hieß die Stadt *Lucera der Sarazenen*, da der Kaiser hier zwangsweise Sarazenen aus Sizilien angesiedelt hatte und aus ihnen eine Elitetruppe rekrutierte. Enzo, der unglückliche Lieblingssohn Friedrichs, sang in seinen Versen von dem süßen Heimweh nach Apulien:

> *Va canzonetta mia . . .*
> *E vanne in Puglia piana,*
> *la magna Capitana,*
> *la dove è lo mio core notte e dia.*

(Geh hin, mein Lied, und nach dem ebenen Apulien zieh, zur großen Herrscherstadt, wo mein Herze weilt bei Tag und bei der Nacht.)

Noch heute nennt man die Provinz Foggia, zu der Lucera zählt, *Capitanata*.

Blinder Haß hat die Gestalt des großen Hohenstaufen verzerrt. Selbst die Sarazenen, mit denen er eine Koexistenz suchte, sahen in ihm nur den verhaßten Vertreter des Abendlandes und schmähten ihn. Nach einer arabischen Chronik wird er als Kahlkopf mit dem schielenden Blick eines Diebes geschildert! Dante, der im Grunde ein verhinderter Guelfe war und nur aus Not zum Ghibellinen wurde, ließ Friedrich mit anderen Freigeistern und Epikureern neben dem Kardinal Ottaviano degli Ubaldini in der Hölle schmoren. Der Kardinal hatte gesagt, daß er seine Seele für die Sache der Ghibellinen verpfände (Dante, Hölle x, 120).

Die Hohenstaufenzeit in Süditalien umfaßt nur die letzten drei Jahre Heinrichs vi. und die Regierungszeit Friedrichs ii.; denn schon in den nachfolgenden Jahren ballte sich das Unheil über den Nachkommen des Kaisers zusammen und endete am 29. Oktober 1268 mit der Enthauptung des jungen Konradin auf dem Marktplatz zu Neapel. Die Macht ging als Lehen des Heiligen Stuhles auf die französischen Anjou über.

Schon am 9. Februar 1254, vier Jahre nach dem Tode Friedrich ii., wurde den Brüdern Hohenbruck Amalfi zu Lehen gegeben, wie aus einer entsprechenden Bulle des Papstes Alexander iv. hervorgeht, in der ausdrücklich die Zugehörigkeit der Insel Capri zum Herzogtum Amalfi hervorgehoben wird. Das Lehen scheint nicht lange Bestand gehabt zu haben. Vermutlich endete es schon bei der Machtübernahme durch Karl i. von Anjou im Jahre 1266; denn eine Urkunde des Jahres 1284 aus Amalfi bestätigt, daß Filipella, die Tochter des Nicola de Littera, durch Lehnfolge in den Besitz der Insel Capri gelangt war. Sie trat dafür Karl i. andere Güter in Nuceria, Capua und Caserta ab. Die betreffende Urkunde ging verloren, doch blieb der Text in den Regesten des Sigismondo de Sicula und in einer Aufzeichnung Camillo de Lellis erhalten. Es wird darin ganz klar gesagt: »Die Insel Capri mit dem Erbe, das vormals Sergius Scrofa in Amalfi und im Herzogtum inne hatte, welche Güter sie aus väterlicher Erbfolge und dem seiner Vorfahren besaß.« Nach dieser Beurkundung scheint es, daß das Lehen des Sergius Scrofa und seiner Nachkommen unbehindert durch die Belehnung der Brüder Hohenbruck als Unterlehen weitergelaufen ist.

Immer wieder taucht in den Geschichtsbüchern ein Eliseo Arcucci als Lehnsherr von Capri auf. Bald wird er ein Admiral Friedrichs I., bald ein Admiral Friedrichs II. genannt – immerhin ein Unterschied von zwei Generationen. Doch weder in Pietro Vincentis *Teatro dei grandi Ammiragli*, Neapel 1628, noch in Tutinis *Discorso degli ammiranti* (1666) wird er genannt. Die ganze Belehnung geht auf gefälschte und ausgetauschte Grabinschriften zurück.

Ursprünglich waren links und rechts vom Altar der Kartäuserkirche zwei Grabinschriften angebracht, die rechte dem Gründer der Certosa, Jacobus Arcucci aus Capri, Großkämmerer der Königin Johanna I. und Graf von Minorvini und Altamura gewidmet, gestorben am 23. November 1386. Die linke Grabinschrift galt einem Bernardo Arcucci und ward gesetzt von dessen Sohn Giovan Vincenzo und dem Bruder des Bernardo, Giovan Battista. Dieser war zu seiner Zeit als Dichter und Theologe bekannt, jener ein im Spezereihandel reich gewordener Kaufmann.

Nun hatte Giovan Vincenzo Arcucci, der Spezereienhändler, wieder einen gleichnamigen Sohn, Giovan Vincenzo den Jüngeren. Der war ein großer Wohltäter der Certosa, und ihm kam wohl der Gedanke, seine in Rom beheimatete und vermutlich gar nicht adelige Familie mit dem Geschlecht des Grafen Jacobo Arcucci zu verknüpfen.

Die alte Grabtafel des Jacobo Arcucci wurde durch eine neue ersetzt und an einem ebenso neuen pompösen Grabmonument angebracht, auf dem nun auch der Name des Grafen Eliseo Arcucci, Admiral Friedrich Barbarossas, prangte. Daneben setzte man ein weiteres pompöses Grab mit einer Inschrift, die den Giovan Vincenzo und dessen Vater, Giovan Nicola Bernardo rühmte. Zu allem Überfluß wurde zwischen den Grabmälern eine weitere Inschrift angebracht zu Ehren des Grafen Jacobo Arcucci mit dem Vermerk, daß Giovan Vincenzo und Giovan Nicola Bernardo aus demselben gräflichen Geschlecht stammen. Und hier finden wir das Motiv der Fälschung: Giovan Vincenzo, Sohn des Spezereienhändlers Giovan Vincenzo, hatte die neue Inschrift anbringen lassen, um seine Abstammung von der gräflichen Familie zu bekräftigen und Anspruch auf die angebliche Lehnsfolge zu haben. Selbst die Mönche der *Certosa* rochen den Braten und scheinen darauf bestanden zu haben, daß in die mittlere Inschrift die Wendung eingeführt wurde: »Aus der gleichen gräflichen Familie stammend, *wie sie sagen.*«

Der streitbare Bischof Pellegrino, von dem wir noch hören werden, schrieb aber in einer Eingabe *ad limina* an den Heiligen Stuhl, in der er sich über die Kartäuser beschwerte, ganz offen: »Diese Mönche haben die Inschrift getilgt und geändert und eine auf ihre Weise und für ihre Zwecke gemacht und in skandalöser Undankbarkeit die Gräber geschändet.«

Die pompösen Grabstätten wurden übrigens im Jahre 1891 in die Pro-Kathedrale von S. Stefano gebracht, und bei einer Untersuchung erwiesen sie sich . . . als leer. Dem guten Grafen Jacobo hat man auf dem neuen Grabstein auch noch eine falsche Gattin zugedacht. Während alle Chronisten der Kartäuser nur von einer Frau Moretta Valva als Gattin des Grafen Arcucci wußten, erscheint auf der Grabschrift eine Margherita Sanseverino. Wer weiß, welche Ansprüche auf

Erbfolge sie durch diese falsche Genealogie vorgaukeln sollte.

Jacobo Arcucci ließ im Jahre 1371 mit dem Klosterbau beginnen, und zwar in der Gegend, die früher *Sama* hieß. Da seine Ehe mit Moretta Valva lange kinderlos blieb, hatte er ein Gelübde getan, ein Kloster zu errichten, wenn ihm ein Sohn geschenkt würde. Als dann sein Sohn Januccio geboren wurde, löste er das Gelübde ein. Er hatte dann noch mehr Kinder, von denen aber nur ein weiterer Sohn und eine Tochter namentlich bekannt sind. Eine päpstliche Bulle bestätigte die Errichtung des Klosters. Auf keinen Fall handelt es sich um eine Belehnung. Königin Johanna I. schenkte ihrem Günstling lediglich das für den Klosterbau erforderliche Grundstück. Es wurde auch kein Lehnsgeld bezahlt, vielmehr mußte die Gemeinde Capri selbst einen jährlichen Tribut an das Kloster zahlen. In diese *Certosa* zog sich Jacobo Arcucci nach dem Sturze der Königin zurück und verbrachte seinen Lebensabend in klösterlichem Frieden, nachdem der Nachfolger Johannas auf dem Thron von Neapel, Karl von Durazzo, des Grafen ganzes Vermögen einschließlich der Grafschaften von Altamura und Minorvini kassiert hatte. Das Todesjahr des Jacobo Arcucci ist ungewiß, vermutlich 1386. Das Datum auf dem neuen Grab, 1396, ist verdächtig.

Übrigens tauchte vor der königlichen Schenkung an Arcucci noch ein angeblicher Feudalherr Capris auf: Tommaso da Procida. Die ganze Geschichte beruht auf einem Lesefehler, den man dem sonst so verdienten de Lellis anlasten muß. Er las *Capritano* ... statt *Capitano*, wie der Geistliche Giobbe Ruocco, ein fleißiger Sammler alter Urkunden, nachgewiesen hat. Der bewußte Brief, aus dem angeblich das Lehen hervorging, war an einen Filippo Turdo, den Befehlshaber von Neapel und den Inseln von Procida und Ischia gerichtet ... und nicht an den Capitano Tommaso da Procida ... und so stammte das ganze Lehen aus dem verflixten R, das de Lellis – und nach ihm andere – dazugelesen hatten.

Privilegien

Viele Historiker, die sich mit der Geschichte Capris im Mittelalter befaßten, sagten den Insulanern eine besondere Treue zu ihrem jeweiligen Herrscherhaus nach. Da die Dynastien oft wechselten und es nie an Gegenkönigen mangelte, kann man diese Treue auch als erstaunliche Anpassungsfähigkeit bezeichnen. Einmal waren es die Normannen, einmal die Hohenstaufen, die Anjous oder die Aragonier. Allerdings scheint die Anhänglichkeit gegenüber den Anjous am größten gewesen zu sein. Dieses ränkevolle und meist mit sich selbst zerstrittene Geschlecht, das Papst Clemens IV. in der Person Karl I. ganz willkürlich mit den unteritalienischen Fürstentümern und dem Königreich Sizilien belehnte, blieb immerhin hundertneunundsechzig Jahre an der Herrschaft. Karl I., jüngster Sohn König Ludwig VIII. von Frankreich, hatte als Apanage von seinem Bruder, Ludwig IX., der Fromme genannt, das Herzogtum Anjou und die Grafschaft Maine erhalten. Später kam durch Vermählung mit Beatrix, der Tochter des Grafen Raimund Berengar, die reiche Provence als Erbe hinzu. Habgierig griffen die Anjous von Neapel und Sizilien nach Dalmatien, Ungarn und Polen, nach dem sogenannten Lateinischen Kaiserreich und dem Königreich Jerusalem, ja zeitweise sogar bis nach Tunis, um Land und Leute und Reichtum und Ansehen zu gewinnen. Es gab ein

Dutzend Nebenzweige, die mit den Fürsten von halb Europa verwandt oder verschwägert waren.

Gerade aus der Zeit der Anjous wissen wir von vielen Privilegien, die Capri erteilt wurden. Meist handelte es sich um den Erlaß von Steuern und Abgaben und um Bestätigung früherer Vergünstigungen. Die Urkunden geben aber auch Einblick in die wirtschaftlichen Zustände der Insel und beleuchten das Verhältnis der beiden Gemeinden zueinander. Diese Gemeinden, Capri und Anacapri, die man damals ›Università‹ nannte, standen sich feindlich gegenüber. So wandten sich die Anacapresen einmal an König Robert von Anjou, den man den Guten nannte, um Schutz gegen die Leute von Capri. Die Anacapresen waren nämlich ausgezeichnete Schiffsbauer und verstanden sich besonders auf die Kunst des Kalfaterns. Da sie in den Arsenalen von Neapel arbeiteten, blieben sie oft wochenlang ihren Familien fern. Es waren jeweils gegen hundert Männer, und gerade die jüngsten und kräftigsten, die abwesend waren, eine sehr große Zahl, wenn man bedenkt, daß Anacapri zu dieser Zeit gerade hundertfünfzig Feuerstätten zählte. Diese Abwesenheit der Anacapresen machten sich die von Capri zunutze. Sie terrorisierten nicht nur die älteren Leute von Anacapri, sondern machten sich auch an die Frauen heran. Bekannt ist, daß die Anacapresen als ›Ciamurri‹ beschimpft wurden, ein Wort, das aus dem Arabischen stammen soll. Vielleicht sollte es andeuten, daß die Anacapresen Sarazenenblut hatten. In seinem Erlaß aus dem Jahre 1307 fand König Robert eine salomonische Lösung als Antwort auf die Eingabe der Anacapresen. Er empfahl ihnen, den Zugang nach Anacapri zu befestigen und durch eine Besatzung zu schützen, jedoch mit dem kategorischen Hinweis, daß durch diese Aufwendungen die königlichen Steuern und Abgaben nicht zu kurz kommen durften. So gut König Robert war, den man auch den Weisen nannte, die angeborene Habgier seiner angiovinischen Ahnen brach immer wieder durch. Man weiß, er war ein Gönner

Petrarcas, dem er zu seiner Dichterkrönung auf dem Kapitol einen Purpurmantel verlieh, und er schätzte Boccaccio und viele andere Dichter und Gelehrte und schrieb selber allerlei, natürlich auch Gedichte, doch selbst der Guelfe Villani spricht in seiner Chronik vom Geize König Roberts, und Dante, der Roberts Bruder, König Karl Martell von Ungarn, ins Paradies versetzte – man weiß nicht recht warum – vergaß nicht, den Geiz des guten und weisen Königs Robert anzuprangern.

Roberts Nachfolgerin, die Königin Johanna 1., seine Enkelin, bestätigte den beiden Gemeinden am 7. Februar 1344 die Privilegien des Großvaters. Das war kaum zwei Monate nach dem furchtbaren Erd- und Seebeben, das den Golf von Neapel heimgesucht hatte und das der damals zum zweiten Mal in Neapel weilende Petrarca miterlebte. Seltsamerweise war das Beben, wie Petrarca in seinem Briefe an den Kardinal Giovanni Colonna berichtete, »von dem Bischof einer kleinen Insel im Golfe von Neapel« vorausgesagt worden. Obwohl Petrarca den Namen der Insel nicht nennt, kann man dabei eigentlich nur an Capri denken. Von den vier Inseln im Golfe von Neapel, Nisida, Procida, Ischia und Capri, hatten nur die beiden zuletztgenannten einen Bischofssitz, und klein kann man da im Gegensatz zu Ischia nur Capri nennen. Die Aussage des Inselbischofs – vielleicht Bischof Giacomo, der 1350 noch Oberhirte von Capri war – hatte das Volk von Neapel in solche Panik versetzt, daß es sich auf den Tod vorbereitete, alle Geschäfte, alle Tätigkeit sein ließ und nur an Buße dachte. Die Frauen drängten sich, die Säuglinge an der Brust, in die Kirchen, ohne Scham, wie Petrarca bemerkt, und zwischen Gebet und Verzweiflung erwarteten alle das furchtbare Ereignis. Als dann in der folgenden Nacht die Erde bebte und eine Sturmwelle die Ufer überflutete, glaubte man das Weltende nahe. Die junge Königin pilgerte, von ihren Hofdamen begleitet, barfuß von einer Kirche zur anderen, und man schrieb es diesem Bußgang zu, daß das Beben endlich aufhörte. Die ungeheuren Schäden, die dieses Erd- und Seebeben vom 20. November 1343 angerichtet hatte, haben Johanna bewogen, den Capresen Steuernachlaß zu geben und ihnen zu gestatten, Getreide aus Neapel einzuführen.

Johanna war eine prächtige Herrschernatur und, wie die Zeitgenossen berichten, von großer Schönheit. Seltsamerweise ging die Erinnerung an diese Königin in Neapel schnell verloren. Ja, es gab sogar den Ausspruch in neapolitanischer Mundart: »Va, ca tu si peggio d'a Rigina Giuvanna!« (Geh, du bist schlimmer als die Königin Johanna!). Es ging auch die Sage, sie habe ihre Geliebten nach dem Schäferstündchen über Falltüren geführt und im Meer ersäufen lassen! Dagegen wob sich in der Provence, wo die Königin gar nicht so lange gelebt hat, ein Kranz von Legenden um sie, und sprichwörtlich heißt es dort: »Les temps de la Reine Jeanne!«, um an eine glückliche Zeit zu erinnern. Die historische Johanna wurde von ihren lieben angiovinischen Verwandten aus Ungarn ermordet. Man schickte ihr der Sicherheit halber gleich vier Büttel, die Kissen über sie warfen und sie so erstickten.

Die Capresen scheinen dann ihre Gunst mehr dem Gegenkönig Ludwig I. zugewandt zu haben, der dem Nachfolger der Johanna, Karl von Durazzo, den Thron streitig machte. Ludwig I. stammte aus einer Seitenlinie der Anjous, der sogenannten Maison Valois-Provence, die unter Philipp VI. in Frankreich zu Königswürden gekommen war. Der Sohn Philipps VI. war jener König Johann II., den man den Guten nur deshalb nannte, weil er in seiner Beschränktheit alle gut leben ließ. Dieses Gutsein ging so weit, daß man nach ihm nie mehr den Kronprätendenten von Frankreich den Namen Johann gab. Ludwig I. war der zweitgeborene Sohn dieses Johann, verheiratet mit der ehrgeizigen Marie von Bretagne. Er wurde von Papst Clemens VII. in Avignon als Gegenkönig des Karl von Durazzo aufgestellt, während dieser wieder von dem Gegenpapst Urban VI. begünstigt wurde. Anfangs war

Ludwig I. das Glück hold, doch starb er schon 1384. Karl von Durazzo, der Sieger, mußte damals auf Capri ein Exempel statuieren und drei Anhänger Ludwig I. dem Henker überantworten.

Zur Zeit Karls von Durazzo versuchte Papst Urban VI., der mit seinem weltlichen Namen Bartolomeo Prignano hieß, seinem Neffen Francesco, genannt Butillo, ein paar Lehen zuzuschanzen. Er war nicht kleinlich darin, dachte an das Fürstentum Capua, an die Grafschaften Caserta, Fondi und Minervino und an das Herzogtum Amalfi, zu dem ja auch Capri gehörte. Außerdem wollte er diesen Neffen zum Finanzminister des Königreichs ernennen lassen. Ihn nannte Noël Valois »l'obscurité et la nullité mêmes!« Butillo war derselbe, der in ein Nonnenkloster eindrang und die schönste der Nonnen, noch dazu eine von Adel, schändete. Der Papst entschuldigte seinen Neffen mit dem Hinweis auf das jugendliche Alter Butillos. Dietrich von Nieheim, der uns die Geschichte überliefert hat, fand das zum Lachen ... denn Butillo zählte damals immerhin schon mehr als vierzig Lenze!

Karl von Durazzo verstand es, diesen Forderungen des Papstes immer geschickt auszuweichen, und der beschränkte Neffe scheint nie in den Besitz eines Lehens gekommen zu sein. Im Falle Amalfis wandten sich die Städte des Herzogtums, darunter auch Capri und Anacapri, an den König, der nicht zögerte, ihnen eine Urkunde auszustellen, derzufolge das Herzogtum unveräußerlicher königlicher Besitz bleibe und niemandem zu Lehen gegeben werden könne. In dieser Urkunde vom 3. August 1381 wird ausdrücklich erwähnt, daß Johanna I., die Kusine Karls von Durazzo, schlecht beraten gewesen sei, gegen dieses Privileg zu verstoßen. Allerdings wird nicht gesagt, welchen Besitz Johanna widerrechtlich zu Lehen gegeben habe. Vielleicht war es auch nur einer der vielen Vorwürfe, die erfunden wurden, um die Ermordung der abgesetzten Königin, die ein Jahr später erfolgte, zu rechtfertigen.

Der Sohn Ludwig I. von Anjou-Valois-Provence, der den gleichen Namen trug und nunmehr von Papst Clemens VII. zum König gesalbt wurde, kämpfte mit etwas mehr Erfolg als sein Vater zehn Jahre lang gegen den jugendlichen Ladislaus, den Sohn Karl von Durazzos, der 1386 nun auch wie Johanna von seiner ungarischen Sippschaft umgebracht worden war. Im Jahre 1411 gab Ludwig II. auf und zog sich in die Provence zurück, wo er 1417 starb. Gerade aus der Zeit Ludwig I. und Ludwig II. gibt uns ein Tagebuch Jean Le Fèvres, Bischof von Chartres und Kanzler der beiden Ludwig, seltsame Aufschlüsse über die engen Bindungen der Capresen zu den Anjous. Wenn man von den letzten Jahren des Tagebuches absieht, steht bald auf jeder Seite etwas über Zuwendungen an die Capresen. So werden einmal, am 22. Oktober 1386, einem Pierre Boursaire tausend Gulden ausgehändigt, die dieser im Auftrage von Madame, der Königin-Mutter Marie, den Bürgermeistern der beiden Gemeinden, Capri und Anacapri, geben sollte. Einer der Bürgermeister war Oliviero Strina, der andere Gazaro Cortese. Die Familie Strina, dem ältesten Patriziat der Insel zugehörig, wird von Le Fèvre mehrmals erwähnt. Der Name findet sich auch schon in Urkunden der Hohenstaufenzeit, und es leben noch heute Nachkommen auf Capri. Das Geld, das aus der Provence kam, wurde unter anderem zur Ausbesserung der Stadtmauern und zum Ankauf von Pulver für die Mörser verwendet. (Man sieht, daß wenige Jahrzehnte nach dem Aufkommen des Schießpulvers seine Verwendung schon sehr verbreitet war.) Das Tagebuch des Bischofs Le Fèvre umfaßt nur die Jahre 1380-1388, man muß aber annehmen, daß es auch vorher nicht an Gunstbeweisen gegenüber den anjoufreundlichen Bürgern von Capri gefehlt hat. Die Königin-Mutter Marie schrieb nach dem Tagebuch – so unglaublich das auch klingen mag – an einem einzigen Tag, dem 2. Juni des Jahres 1387, als ihr Sohn seine Expedition nach Neapel vorbereitete, fünfundzwanzig Briefe an die Capresen.

Das hinderte die also gehätschelten Inselbewohner allerdings nicht, sich dann doch dem Sieger, König Ladislaus, zuzuwenden, und zwar mit solchem Eifer, daß sie einen Anschlag auf die Burg von Capri dem König meldeten. Der Anschlag galt vor allem dem Schloßvogt. Den Capresen wurde hierfür ein Diplom vom 12. März 1408 zuteil, das ihnen für ihre unverbrüchliche Treue – *inconcussa fidelitas* – Befreiung von allen Steuern und Abgaben zusprach. Die Schwester Ladislaus, Johanna II., die ihm 1414 auf den Thron folgte, bestätigte die Privilegien noch im gleichen Jahr, und als die Urkunde in den folgenden Kriegswirren verlorenging, ließ sie 1428 eine zweite Urkunde gleichen Inhalts ausfertigen.

Capri und die Aragonier

Im Jahre 1441 geriet Capri endgültig unter aragonische Herrschaft. Doch schon eineinhalb Jahrhunderte vorher wurde die Insel durch Überfälle sizilisch-aragonischer Schiffe heimgesucht, um dann ab 1286 in aragonischer Hand zu bleiben.

Karl I. von Anjou konnte nach dem Sieg von Tagliacozzo im Jahre 1268 ganz Unteritalien und Sizilien zu einem Reich vereinigen. Doch verlegte er den Schwerpunkt seines Reiches von Sizilien auf das Festland und erwählte Neapel zu seiner Residenz. Sizilien überließ er seinen französischen Verwaltungsbeamten, die im Grunde nichts als harte Steuereintreiber waren. Das verbitterte die anhin ghibellinisch gesinnten Sizilianer, und es kam zu einer Verschwörung gegen die französischen Unterdrücker. Am zweiten Osterfeiertag des Jahres 1282 wurden beim Geläut der Vesperglocken in Palermo alle Franzosen, deren man habhaft werden konnte, niedergemetzelt, und in den Tagen danach folgte ganz Sizilien diesem Beispiel. Das Blutbad, das unter dem Namen ›Sizilianische Vesper‹ in die Geschichte einging, hat mindestens achttausend Franzosen das Leben gekostet. Die Vergeltung Karl I. von Anjou fürchtend, wandten sich die Sizilianer an Pedro III. von Aragonien, der, weil er Konstanze, die Tochter König Manfreds geheiratet hatte, ohnehin einen Anspruch auf den Thron von Sizilien zu haben glaubte. Konstanze war ja zugleich eine Enkelin Friedrich II. von Hohenstaufen. Pedro III. ging von Sizilien aus bald zum Angriff über und war in seinen Kriegszügen gegen Karl von Anjou erfolgreich. Sein Admiral Roger de Loria (von den italienischen Chronisten immer Ruggiero di Lauria genannt) hatte das Glück, im Sommer des Jahres 1283 nicht nur Beatrice, eine weitere Tochter König Manfreds aus dem Gefängnis im Castel del Uovo zu befreien und ihrer Schwester Konstanze zuzuführen, es gelang ihm auch den Thronfolger, den späteren Karl II., genannt der Hinker, gefangen zu nehmen.

Dieser Karl, der Hinker, war zu jener Zeit zugleich Statthalter seines Vaters, der in Frankreich weilte und Pedro III. zum Duell gefordert hatte. Das Duell sollte nach genauen vorherigen Abmachungen in Bordeaux stattfinden, doch kam es nie dazu, obwohl beide angeblich zur festgesetzten Zeit in der Stadt waren. Es ging um den Besitz von Sizilien. Was blieb, war nur eine Flut von Schmähungen auf beiden Seiten. Die königlichen Herren warfen sich gegenseitig Feigheit vor.

Gegen den Willen seiner Ratgeber entschloß sich Karl, der Thronfolger, die vor Neapel kreuzenden Schiffe Roger de Lorias anzugreifen. Er wurde besiegt und auf der Reede von Capri dem feindlichen Admiral vorgeführt, wie aus den angiovinischen Akten dieser Zeit (Reg. Angioino 43) hervorgeht. Bezeichnend ist es, daß sich die sorrentinischen Gefangenen vor dem Thronfolger rühmten, als Erste vor den aragonischen Schiffen geflohen zu sein und dem Wunsch Ausdruck gaben, daß auch König Karl ein gleiches Schicksal wie sein Sohn erleide, was den Thronfolger mit grimmigem Lachen zu der Äußerung hinriß: »Bei Gott, welche treuen Untertanen hat doch Monsignore der König!«

Karl I. kam dann zwar noch rechtzeitig zurück, um Neapel vor der drohenden Einnahme durch die Aragonier zu retten und hundertfünfzig Untertanen aufhängen zu lassen, die die Stadt Roger de Loria übergeben wollten, doch blockierte die überlegene sizilisch-aragonische Flotte weiter die Küsten zwischen Reggio und dem Golf von Neapel.

Noch im gleichen Jahre der Gefangennahme des Thronfolgers, landete Roger de Loria bei ruhiger See an der *Marina Grande* und brachte seine Almugavari an Land, katalanische Söldner, die zu dieser Zeit gefürchtet waren wie später die Landsknechtshaufen Georgs von Frundsberg. Einer ihrer Führer, Roger de Flor, Sohn eines Falkners Friedrich II. von Hohenstaufen, stand mit seinen Almugavari ebenfalls im Solde Pedros III. Mit seiner ›Companya Catalana‹, verstärkt durch zugelaufene Aragonier und Sizilianer, verwüstete er später weite Strecken des oströmischen Reiches zwischen Griechenland und Kleinasien und brachte es als Schwiegersohn Andronikos Paläologos II. sogar zum Titel eines Caesars, ehe er von des Kaisers Sohn Michael umgebracht wurde. Ramón Mutaner, ein Mitglied der ›Companya Catalana‹, hat in seiner Chronik diesen Zug der Amulgavari in den Orient anschaulich beschrieben, ein Unternehmen, das dem Zug der Zehntausend des Xenophon nicht nachsteht.

Angesichts der Wildheit der Amulgavari gebührt den Capresen um so größerer Ruhm. Unter Führung des Sergio de Nicola und die bessere Kenntnis des Geländes ausnutzend, widerstanden sie nicht nur den Versuchen der Amulgavaris, die Insel zu besetzen, sondern zwangen sie nach drei harten Kampftagen zum Abzug.

Auch im nächsten Jahr scheiterte ein Versuch Roger de Lorias die Insel zu erobern. Erst zwei Jahre später, als Jayme, der zweite Sohn Pedros III., dem Vater auf den Thron Siziliens gefolgt war, während sein älterer Bruder, Alfons III., sich die Krone von Aragonien aufsetzte, gelang es Bernardo Serriano mit einem großen Aufgebot von Amulgavari die Inseln Procida und Capri, die beiden wichtigsten strategischen Punkte für die Einfahrt zum Golf von Neapel, zu erobern. Capri blieb dann bis 1299 Flottenstützpunkt der Aragonier.

Inzwischen war 1285 Karl I. gestorben. Der König von

England, Eduard I., und Papst Nikolaus IV. waren um die Freilassung des Thronfolgers bemüht, und tatsächlich schenkte Alfons III. von Aragonien Karl II., der in Spanien gefangen gehalten worden war, die Freiheit. Es kam dann 1289 zu dem Waffenstillstand von Gaeta zwischen Karl II. und Jayme, der bis Allerheiligen des Jahres 1291 währen sollte. Er wurde von beiden Seiten nie ganz eingehalten; die Aragonier machten weiter Jagd auf Handelsschiffe, und Capri blieb bis 1299 in der Hand der Aragonier.

Allmählich verlor Karl II. die Geduld und gab im Juli des Jahres 1299 Rostagno Cantelmi den Auftrag, alle drei Inseln im Golfe von Neapel, Ischia, Procida und Capri, zu besetzen. Die Landung an der *Marina Grande* gelang, und nach kurzem Kampf ergaben sich die Aragonier. Ihr Befehlshaber, Bernardo Duranto, sowie der Kommandant des *Castiglione*, Raymondo de Fortono, erhielten die Erlaubnis, die Insel zu sehr ehrenvollen Bedingungen mit ihren Söldnern zu verlassen. Aus Briefen der königlichen Kanzlei geht hervor, daß Capri Ende August wieder im Besitz König Karl II. gewesen sein muß. Sergio de Nicola, der tapfere Verteidiger Capris in den Jahren 1283 und 1284, erhielt eine jährliche Zuwendung von elf Unzen Goldes, das aus den Abgaben der Capresen bezahlt wurde. Er sorgte in seiner Eigenschaft als Kommandant des Hafens von Neapel bei gelegentlichen Inspektionen auf Capri auch für eine bessere Befestigung der Insel.

Im Jahre 1302 kam es dann zum Frieden von Caltabellotta zwischen Friedrich II. von Sizilien, der seinem Bruder Jayme auf den Thron gefolgt war, da Jayme nach dem Tod des ältesten der drei Brüder, Alfons III., die Krone Aragoniens bekommen hatte. Im Friedensvertrag wurde ausgehandelt, daß Friedrich II. sich nicht König von Sizilien, sondern von nun an König von Trinakria (nach dem alten griechischen Namen Siziliens) nennen sollte.

Mit der Königin Johanna II. von Anjou, einer Schwester König Ladislaus', die 1414 den Thron bestieg, begann dann die zweite Begegnung Capris mit den Aragoniern. Sie hatte im Kampf gegen Ludwig III., einen Gegenkönig aus dem Hause Valois-Provence, aus Sorge um den Bestand ihres Königreiches, König Alfons V. von Aragonien um Hilfe gebeten. Alfons, der später Alfons I. genannt wurde, war ein weit mächtigerer Herr als Ludwig III. und besaß außer seinem Stammland Aragonien auch Sardinien und Korsika. Die Adoption erfolgte am 8. Juli 1421. Später widerrief die wankelmütige Johanna die Adoption – nicht ohne Zutun ihres Geliebten, des Großseneschals Sergiano Sforza – und wandte sich wieder Ludwig III. zu und setzte, als dieser 1434 starb, seinen Bruder René als Erben ein.

Ein neuer, wechselvoller Kampf entbrannte zwischen René von Anjou und Alfons von Aragonien, der vier Jahre dauerte und mit der Vertreibung Renés endete. Mitten in diesem Krieg, als Alfons in seinem Lager zu Capua weilte, erschien bei ihm ein Priester der Insel Capri und versprach, ihm die Insel in die Hand zu geben, deren Bürger noch immer treu zu den Anjous hielten. In den sogenannten *Diurnali detti del Duca di Monteleone*, dem Tagebuch eines Anonymen, das man nach dem späteren Besitzer, dem Herzog Ettore Pignatelli, Duca di Monteleone, so nannte, wird die Eroberung Capris wie folgt geschildert:

Am 22. Oktober des Jahres 1441 kam ein *verschlagener* Priester aus Capri zum König von Aragonien und bot ihm an, er wolle dem König, wenn er ihm zweihundert Fußsoldaten zubillige, unter Verbürgung seines Lebens, Capri in die Hand geben. Also ließ der König von Aragonien vier Galeeren ausrüsten und befahl, daß man den Anordnungen dieses Priesters gehorche. Tatsächlich erreichten sie in der Nacht die Insel, nahmen im ersten Anlauf *Donna Crapa* (Anacapri), und dann führte der Priester die zweihundert Fußsoldaten auf Schleichwegen nach Capri hinein. Sie besetzten gleichzeitig die Burg und das Land. Und da verschiedene Schiffe von *Cornito* (?) und Kalabrien aus kommen sollten, um Neapel mit Getreide zu versorgen, im Glauben, daß Capri wie bisher zum König Renato (René) halte, landeten sie erst in Capri, wie sie das sonst zu tun pflegten. Sie wurden im ersten Anlauf, mit Getreide beladen, nebst vierzig Mann, gekapert. ... (Lücke) ... Schlecht für Neapel, das große Not litt, so daß man die unnützen Mäuler aus der Stadt trieb und Neapel mit Getreide aus dem *Castel Nuovo* versorgte.

Dieser Bericht, dessen Sprache mit neapolitanischer Mundart durchsetzt ist, wird von Angelo di Costanzo (Geschichte des Königreichs Neapel, Aquila 1581) dahin ergänzt, daß es nicht vier, sondern sechs Galeeren gewesen seien, die man dem Priester mitgab. Faraglia, der ebenfalls den Kampf zwischen Alfons von Aragonien und René von Anjou beschrieben hat, erwähnt auch eine Anweisung an das königliche Schatzamt vom 18. Oktober 1441, gegeben im Feldlager des Königs zu Pontecorvo, die sich auf das Unternehmen gegen die Insel Capri bezieht. Darin werden auch ein Pedro de Busc (Busque?) und Consalvo de Nava genannt, die das Unternehmen leiteten.

Es ist nicht ganz sicher, wer mit dem ›previte torto‹ des Originaltextes gemeint ist, ob es sich um einen *verschlagenen* Priester handelte oder ob ›torto‹ etwa der Name des Priesters war. Man möchte eher zu der zuerst genannten Annahme neigen.

Bezeichnend ist es, daß die Insel nächtlicherweise auf der Seite von Anacapri angegriffen wurde, genau wie später unter den Franzosen Lamarques im Jahre 1808. Anacapri ist zwar hafenlos, doch ist die Steilküste im Westen Anacapris, etwa bei *Orico*, nicht sehr hoch und läßt sich leicht durch Anlegung von Leitern überwinden. Unter den *Schleichwegen*, auf denen der Priester die Aragonier nach Capri hinunterführte, ist der sogenannte *Passatiello* gemeint, der neben der antiken Treppe schon immer bestand und vom Osthang des Monte

Solaro zu dem Sattel von *Due Mari* hinunterführt. Auch die Engländer unter Church benutzten, wie wir sehen werden, diesen Pfad, der damals durch dichten Wald führte. In der Frage der gekaperten Schiffe, die von Kalabrien und einem nicht näher bestimmbaren Ort *Cornito* kamen, gibt es noch die andere Version Giannonis in seiner *Geschichte des Königreichs Neapel*, Buch 25, vermutlich nach Costanzo, daß es sich nicht um mehrere Schiffe, sondern nur um eine Galeere gehandelt habe, die achtzigtausend Taler an Bord hatte. Das Geld war für René von Anjou bestimmt, der in Neapel von Alfons I. belagert wurde. In der Stadt war die Hungersnot so groß, daß man Menschen, die nicht kämpfen konnten, aus der Stadt jagte. Wie zu Belisars Zeiten, der Neapel den Ostgoten entriß, war es eine Wasserleitung, durch die die Aragonier in die Stadt eindrangen. Zwei Brüder der Maurerzunft hatten den Eingang dieser unbenutzten Wasserleitung verraten. So fiel Neapel am 1. Juli 1442 in Alfons Hand.

Schon am 25. November 1441 erhielten die Capresen von Alfons I. den ersten Gunstbeweis. Es wird ihnen bestätigt, daß die Insel niemandem zu Lehen gegeben werden kann. An Stelle eines Gouverneurs sollte die Insel einen *Capitano* bekommen, der sein Amt immer nur für ein Jahr behalten durfte. Es folgte ein Diplom vom 4. Januar 1445, in dem das Kopfgeld von 10 Carlini pro Feuerstätte abgeschafft und nochmals bestätigt wurde, daß der *Capitano* nach einem Jahr auszuwechseln sei.

Der königliche Erlaß vom 23. November 1441 steht in einem gewissen Widerspruch zu dem, was wir über die Belehnung des Herzogtums Amalfi wissen. In seinem Buch *Über den Wandel des Schicksals* spricht Tristano Caracciolo von einer Belehnung Raimondo Orsinis mit dem Herzogtum Amalfi. Raimondo Orsino habe ursprünglich nichts besessen, da König Ladislaus die Güter seines Vaters Pyrrhus eingezogen habe. Johanna II. belehnte ihn aber mit der Grafschaft Nola, und Alfons fügte später das Fürstentum Salerno und das Herzogtum Amalfi hinzu. Da zwei seiner Söhne im Kindesalter starben, wurde sein Erbe an seine unehelichen Söhne gegeben und geteilt. Der eine, Daniele, bekam die Grafschaft Sarno und das Herzogtum Amalfi. Die Söhne behielten ihr Erbe aber nicht lange. Da sie in die Verschwörung der Barone (um 1484) verwickelt waren, wurden die Lehen widerrufen.

Da wir geneigt sind, Tristano Caracciolo Glauben zu schenken, kann sich der königliche Erlaß vom Jahre 1441 nur darauf beziehen, daß Capri, das noch immer zum Herzogtum Amalfi gehörte, von diesem nicht getrennt werden dürfe.

Von Alfons I. zu den spanischen Vizekönigen

In seiner Geschichte des Königreiches Neapel schreibt Benedetto Croce: »Neapel hat Alfons von Aragonien nicht die Anhänglichkeit entgegengebracht, die diese Stadt immer für die angiovinischen Könige und auch für die letzte Königin aus diesem Hause hegte, die sie fast wie eine Tochter in Schutz nahm. Alfons blieb ein Fremder und war auch in seinem Gehabe ein Fremder und Eroberer und ließ seine Macht als Souverän fühlen, eine Macht, die sich über weite Herrschaftsgebiete erstreckte und ihn in den Stand setzte, das Königreich mit Obmacht zu bewahren. Man sah ihn von einem Schwarm von Katalanen, Aragoniern und Kastiliern umgeben, denen er die Ämter gab, die frühere Könige den Landeskindern verliehen hatten. Diese Leute wurden wegen ihres Hochmutes, ihres schlechten Betragens und ihrer grausamen Härte gehaßt und trugen dazu bei, daß man auch den König haßte.«

Natürlich war Alfons I., wenn man will, ein Mäzen, ein kunstsinniger König, und die sechzehn Jahre seiner Regierung kann man als segensreich bezeichnen.

Es war die Tragik dieses Königreichs von Unteritalien, daß das Volk immer fremden Königen untertan war. Eine der wenigen Ausnahmen bildete der Sohn Alfons I., der mehr unter seinem Namen *Ferrante* bekannt ist. Ihm galt die Liebe des Volkes, vor allem auch deshalb, weil er die Barone, die sich gegen ihn empört hatten, blutig niederschlug. Dieses Urübel des Königreichs Neapel, die Barone, meist langobardischer, normannischer, französischer und spanischer Abkunft, die riesige Latifundien besaßen und ihre Untertanen aussaugten wie keine anderen, wurden vom Volke ebenso gehaßt wie die fremden Könige.

Pontano, der Dichter und langjährige Sekretär Ferrantes, behauptete, daß dieser der uneheliche Sohn einer leichtlebigen Kurtisane, Margarita de Hijar, und gar nicht der leibliche Sohn Alfons I. gewesen sei, sondern der eines spanischen Maranen, also eines zum Christentum übergetretenen Juden. Er sah grob und ungeschlacht aus, war aber ein tüchtiger Herrscher und wußte eine Schar hervorragender Gelehrter und Dichter um sich zu sammeln, die Neapel zu einer der großen Städte der Renaissance machten.

Wenig wissen wir von Capri aus jener Zeit. Es fehlt zwar nicht an Urkunden, die Capri seine Unveräußerlichkeit aus dem königlichen Demanialbesitz bezeugten und frühere Privilegien bestätigten. So wurde einmal die Besteuerung von zwei *Carlini* pro Feuerstätte aufgehoben und wieder, wie zur Zeit Karls von Durazzo, statt eines Gouverneurs ein jährlich ablösbarer *Capitano* als Vertreter des Königs auf der Insel bestellt, sowie die Fischereirechte geregelt. Ferrante gewährte den beiden Gemeinden der Insel mit Erlaß vom 15. Juli 1491 auch, daß dem *Capitano* als Gerichthalter noch je ein Aktuar *(mastrodatto)* beigesellt wurde. Diese Aktuare sollten sich mit Zivil- und Kriminalfällen befassen, ausgenommen besondere Arten von Verbrechen, die von einer höheren Instanz abzuurteilen waren.

Aus dem ersten Jahrzehnt des 16. Jahrhunderts hören wir von dem ersten Deutschen, einem gelehrten Manne, der verliebt in die Schönheit der Insel nach Capri zog und seine Tage im Kartäuserkloster, der Certosa von San Giacomo, beschloß.

Aus einem unveröffentlichten Werk des Tristano Caracciolo – er lebte von 1437 bis 1528 – *Disceptatio quaedam priscorum cum junoribus de moribus suorum temporum*, einer Streitfrage über die Sitten der Jungen gegenüber den Alten seiner Zeit, entnehmen wir folgende Episode:

In den letzten Regierungsjahren Kaiser Maximilians I. – er starb 1519 – zog sich ein Sekretär und Vertrauter des Kaisers, ein Mann von humanistischer Bildung, in das Kartäuserkloster vor San Martino in Neapel zurück, um dort die Weihen zu nehmen und seinen Lebensabend im Kloster zu beschließen. Er hatte engen und freundschaftlichen Verkehr mit den Humanisten der Stadt und schloß sich besonders dem ernsten und zurückhaltenden Tristano Caracciolo an. Dieser lobt in der erwähnten Streitschrift die Humanität, die heitere Erzählungsweise dieses Mannes und seine vorbildliche Lebensauffassung. Vor allem aber findet Caracciolo nicht Worte genug, die Anhänglichkeit des Deutschen an seinen alten Kaiser zu rühmen. Doch eines Tages war der Deutsche plötzlich verschwunden und hatte sich, ohne von seinen Freunden Abschied zu nehmen, nach Capri in die dortige Certosa begeben.

Caracciolo nennt uns leider nicht den Namen dieses Deutschen, und es ist nur eine Vermutung, daß er mit jenem *Nicolaus Magister* identisch ist, dem Caracciolo ein anderes Werk, *Quid sit iuvenibus amplectendum*, gewidmet hat. Es ist auch nicht bekannt, welcher von den Sekretären Maximilians I. nach Neapel gekommen ist, ganz abgesehen davon, daß bei Eintritt in ein Kloster der weltliche Name abgelegt und ein neuer Name angenommen wird.

Um das Jahr 1528 – und nun kommen wir schon in die Zeit der spanischen Vizekönige, seit die Krone durch Erbschaft an den Habsburger Karl V. gefallen war – also um diese Zeit lebte auf Capri in der Klause oben auf dem Monte Tiberio der spanische Eremit Pater Consalvo, der als seltsamer Prophet an einer verlorenen Seeschlacht seiner Landsleute schuldig ist. Es geht um die Schlacht bei *Capo d'Orso* vom 2. Juni 1528.

Ein französisches Heer unter Marschall Lautrec, Bruder einer Mätresse des Königs Franz I., war in Süditalien eingebrochen, hatte die gegen ihr aufgestellten Heere geschlagen und stand vor den Toren von Neapel, so daß aus Furcht vor den Franzosen viele aus der Stadt nach Ischia und Capri flohen. Großes Unheil verhieß auch die Tatsache, daß am 2. Mai nicht wie sonst das Blut des heiligen Januarius flüssig geworden war. Erhöht wurde die allgemeine Furcht noch durch die Nachricht, daß eine Genueser Flotte unter dem Befehl Filippino Dorias in der Bucht von Salerno aufgekreuzt war. Zu allem Übel war auch ein Streit zwischen dem neuernannten Vizekönig Hugo Moncada und dem Prinzen von Oranien ausgebrochen. Jeder nahm den Oberbefehl in Anspruch. Der Prinz von Oranien berief sich auf Karl V., der ihm den Oberbefehl an Stelle des vor Rom gefallenen Connetable Bourbon gegeben hatte. Da es nun galt, die Genueser Flotte anzugreifen, einigte man sich schließlich dahin, dem Marchese del Vasto gemeinsam mit Giustiniano, dem Buckligen, das Flottenkommando zu geben, Moncada, der erst um den Oberbefehl gerungen hatte und auch die Würde eines Großadmirals besaß, nahm, wie um seinen Mut zu beweisen, als gemeiner Soldat an dem Unternehmen teil.

Am 1. Juni 1528 segelte eine bunt zusammengewürfelte Flotte von sechs Galeeren, zwei Linienschiffen und mehreren Fischerbooten von Mergellina, am Fuße des Posillipo, ab. Um eine große Flotte vorzutäuschen, hatte man die *Armada* mit Fischerbooten durchsetzt und mit spanischen Elitetruppen bemannt, die aber eher für ein Landemanöver als für eine Seeschlacht gepaßt hätten. Wie sich später herausstellte, war bei der Enge der Schiffe eines dem andern im Wege und bot der feindlichen Flotte ein lohnendes Ziel für die stark bestückten Breitseiten. Alles in allem ein mehr unüberlegtes als tollkühnes Unternehmen.

Bei Tagesanbruch erreichte man die Insel Capri und war im Begriff, durch die Meerenge zwischen Capri und der Punta Campanella, Wind und Strömung ausnutzend, zu segeln, als aus einer Höhle, die noch später ›la grotta del monaco‹ hieß, Pater Consalvo hervortrat und die vorbeisegelnde spanisch-neapolitanische Flotte anrief. Consalvo Barretto, der selber einmal Soldat gewesen, lebte seit Jahren als Eremit auf dem Monte Tiberio.

Obwohl das in dem genialen Plan für die Seeschlacht gegen die Genuesen nicht geplant war, wurden auf Moncadas Antrag die Segel gerefft, um den Mönch anzuhören und den Segen des heiligen Mannes zu erhalten. Die furchtlosen Mannen auf den Schiffen knieten nieder und lauschten andachtsvoll der flammenden Rede des Eremiten. »Zieht beruhigt in die Schlacht«, sagte er, »denn nach einem Gesicht, das ich in der vergangenen Nacht hatte, werdet ihr die feindlichen Schiffe zerstören, viele Feinde, ja fast alle, erschlagen und durch diesen glänzenden Seesieg auch die Feinde vor Neapel für immer vertreiben.« Er segnete die Mannschaft und schrie, daß es weithin übers Meer hallte: »Auf zum Sieg!«

So fuhr die Flotte wohlgemut mit dem Segen des Paters Consalvo dem Golfe von Salerno entgegen, wo es bei dem kleinen Vorgebirge von Capo d'Orso zur Schlacht kam, die allerdings ganz anders ausging, als das Pater Consalvo in seinen Träumen gesehen hatte.

Die sechs Galeeren und die zwei Linienschiffe, vollgestopft mit tausend spanischen Arkebusieren, wurden von den mitgeführten und überzählig bemannten langsameren Fischerbooten nur behindert und konnten der wohlausgerüsteten Flotte Filippino Dorias nicht widerstehen. Es kam zu einem furchtbaren Gemetzel. Fast alle Spanier wurden erschlagen oder ertranken, so auch der Vizekönig Hugo Moncada. Die beiden Befehlshaber der unglücklichen spanischen Armada schickte Filippino als Gefangene zu seinem Oheim, dem großen Seehelden Andrea Doria. Der überlegte es sich aber dann anders, und dachte gar nicht daran, sie dem König Franz I. von Frankreich auszuliefern, dieweil er impulsiv, wie Seehelden zu sein pflegen, beschloß, sich auf die Seite von Franzens Widersacher Karl v. zu schlagen, der die stärkeren Bataillone und mehr Gold hatte, das, wie es schien, unerschöpflich aus Mexiko und Peru nach Spanien strömte. Das geschah nicht ohne Mitwirkung des gefangenen Marchese del Vasto, dessen Überredungskünste seine maritimen Fähigkeiten bei weitem übertroffen haben müssen.

Mangoni in seinen *Novelle storiche* und Edwin Cerio in der ersten Ausgabe von *Aria di Capri* (1927) haben die Episode um den Einsiedler Consalvo Baretta dann noch novellistisch ausgeschmückt. Keine Chronik meldet, was der Einsiedler Consalvo für ein Gesicht gemacht hat, als er erfuhr, daß seine prophetischen Träume eher eine Eingebung des Teufels waren und gut tausend seiner Landsleute dafür mit dem Leben büßen mußten.

Das Jahr 1528 war für die Capresen ein recht unheilvolles, denn schon vor der Seeschlacht von Capo d'Orso, am 25. Mai, verkaufte Karl v. trotz aller bestehenden Privilegien die Insel Capri für dreitausend Dukaten an Paolo Pellegrino, »den Erwählten des Volkes« der Stadt Neapel, der zugleich Kommissar für die Provinzen Terra di Lavoro und Molise war. Pellegrino hatte sich bei der Belagerung Neapels durch Lautrec als besonders treu und aufrichtig hervorgetan. Als zuzüglicher Kaufpreis galten die Aufwendungen, die Pellegrino hatte, um die Mauern der Stadt instandzusetzen und eine neue Befestigung in Anacapri zu errichten.

Die Capresen scheinen ihrem neuen Feudalherrn nie recht Gelegenheit gegeben zu haben, die Neuerwerbung zu genießen. Dazu trugen sicher auch die Korsarenüberfälle bei, die einen Aufenthalt auf Capri wenig angenehm machten. Wenn man von den instandgesetzten Mauern und sonstigen Befestigungen absieht, die die Korsaren ohnehin bald wieder zerstörten, so verlautet aus dieser Zeit nichts über das Wirken des Paolo Pellegrino. Ihm blieb am Ende nur der Titel eines Grafen von Capri, wie er auf dem Grabmal verewigt war, unter dem er in der Kirche der Verkündigung (dell' Annunziata) in Neapel mit seiner Tochter Catarina begraben lag. Die Tochter hatte einen Giovanni Colonna Romano geheiratet, den natürlichen, aber später anerkannten Sohn des Vizekönigs Kardinal Pompeo Colonna. Im hohen Klerus hielt man es damals, wie man sieht, nicht sehr genau mit dem Zölibat.

Cheireddin Barbarossa

Das Mittelmeer stand im 16. Jahrhundert ganz im Zeichen der Auseinandersetzung mit den Türken, und da taucht aus dem Geschehen dieser Zeit der Name Cheireddin Barbarossas auf. Ein umstrittener Mann. Für die Türken war er der große Seeheld, für das Abendland, und ganz besonders für die Capresen, galt er als der Korsar schlechthin. Solche Beurteilungen werden immer Sache des Standpunktes sein. Ähnlich war es doch auch mit Sir Francis Drake. Für die Briten der Held der Nation, den Elisabeth, ›die jungfräuliche Königin‹, zum Ritter schlug, für den Spanier Philipp II. ein gemeiner Seeräuber, den man am liebsten an einer Rahe hätte baumeln lassen.

Der Zuname Barbarossa soll von dem roten Bart Cheireddins herrühren, und in der Tat trug auch sein Bruder Arudsch diesen Nachnamen. Nach anderen handelt es sich nur um eine Verstümmelung seines eigentlichen Namens Baba Urug. Geboren wurde er in Mytilene in der zweiten Hälfte des 15. Jahrhunderts als Sohn eines türkischen Veteranen, der Konstantinopel mit erstürmt hatte.

Cheireddins militärische Laufbahn begann in Algier. Dort hatte sein Bruder Arudsch mit einer Rotte von Abenteurern eine Art Ritterorden gebildet, eine verschworene Gemeinschaft zum Ruhm Mohamets. Den Spaniern, die damals Algier besetzt hielten, entriß er die Stadt, so daß sie sich nur noch auf dem Inselkastell Peñon behaupten konnten. Als dann Arudsch 1518 in einem Gefecht gegen die Spanier bei Tlemcen fiel, wurde Cheireddin sein Nachfolger. Vom Sultan Selim II. mit einer Truppe von zehntausend Janitscharen ausgerüstet, eroberte er fast ganz Algerien und vertrieb den Usurpator Mulei Hassan aus Tunis. Einen Angriff der Spanier unter dem damaligen Vizekönig von Sizilien wies er blutig zurück und nahm schließlich auch das Inselkastell Peñon in Besitz, das er durch einen Damm mit der Stadt verband, indem er antike Ruinen aus der Römerzeit als Aufschüttung benutzte. So schuf er zugleich eine schützende Hafenmole für seine Schiffe. Von dort aus unternahm er seine Raubzüge, die hauptsächlich gegen Sizilien und Süditalien gerichtet waren. Mit einer Flotte von achtzig Schiffen verwüstete und brandschatzte er 1532 die ganze Küste zwischen Reggio und Gaeta. Und derart verwegen war dieser Korsarenführer, daß er versuchte Giulia Gonzaga, die damals als die schönste Frau des Abendlandes galt, gefangenzunehmen und seinem Sultan zuzuführen.

Er landete in der Nähe des Fischerdorfes Sperlonga und drang von hier mit seinen Scharen bis Fondi vor, wo sich das Schloß der Giulia Gonzaga befand. Die Dienerschaft entfloh, als sie von dem Herannahen der Korsaren hörte, und nur ein alter Diener ermannte sich und riß die Herrin aus dem Schlaf. Im Nachthemd gelang es Giulia über das Dach des Schlosses zu entfliehen und ein Pferd zu besteigen, mit dem sie schützende Waldungen in der Nähe zu erreichen suchte.

Cheireddin war der Meinung, sie habe die Straße nach Neapel eingeschlagen, und er ließ sie in dieser Richtung verfolgen. Ein Kloster der Benediktinerinnen, das auf dem Wege lag und in dem man Giulia vermutete, wurde von oben bis unten durchsucht. Da man sie nicht fand, mußten die Nonnen die Wut der enttäuschten Korsaren büßen. Fondi wurde gründlich geplündert. Man schleppte weg, was von Wert schien und zertrümmerte, was man nicht mitnehmen konnte. Sogar die Grabstätten der beiden Colonna, Pompeo und Vespasiano, wurden geschändet, da man in den Grüften Juwelen vermutete. Alle arbeitsfähigen Männer und alle jungen Frauen schleppte man in die Gefangenschaft.

Der Kardinal Ippolito de' Medici, Giulias glühender Verehrer, der ausgesandt worden war, um mit einem großen Aufgebot von Truppen die Korsaren zu vertreiben, fand Giulia, die drei Tage und drei Nächte lang durch die Wälder geirrt war. Angeblich hatte sie sich nur von Beeren ernährt. Ippolito brachte sie, mit seinem Mantel bedeckt, nach Fondi zurück. Es knüpfen sich viele Erzählungen an das Auffinden der Giulia Gonzaga, die wohl nur dazu erfunden waren, die Keuschheit dieser schönen und, wie es heißt, spröden Frau hervorzuheben. So ging auch die Märe, sie habe den Diener, der sie warnte und rettete, nur weil er sie unbekleidet gesehen habe, ermorden lassen!

Cheireddin hat mehrmals die Insel Capri heimgesucht. Bis heute heißt die Burg beim Zugang nach Anacapri *Castello di Barbarossa*. Die Erinnerung an diesen Korsaren muß sich bei den Capresen sehr lange und sehr lebhaft erhalten haben. Selbst noch Reisende des ausgehenden 19. Jahrhunderts berichteten von der Türkenfurcht der Insulaner, die damals ja auch noch durch gelegentliche Kaperfahrten der Türken genährt wurde. Freilich, studiert man die alten Karten, findet man die Burg nie nach Barbarossa benannt. Seltsamerweise erwähnte Fabio Giordano, der Capri in der zweiten Hälfte des 16. Jahrhunderts besucht hat, nur die Burg, ohne einen Namen zu nennen. Dabei lagen die Einfälle Cheireddins erst wenige Jahrzehnte zurück. Wir wollen aber auch Norman Douglas' Meinung gelten lassen, nämlich, daß unter den Raubzügen Cheireddin Barbarossas die ganze Küste Kampaniens gelitten hat und nicht Capri allein und die Anwesenheit des Korsaren auf Capri deshalb nicht besonders hervorzuheben war.

Zur Zeit der Korsareneinfälle sind an vielen Orten längs der Küste des Festlandes Kultstätten der *Madonna della Libera*, der Muttergottes der Befreiung, errichtet worden. Auf Capri hatte die *Madonna della Libera* ihre Kapelle im *Castiglione*, die die Engländer pietätlos während der Besatzungszeit um 1808 in eine Pulverkammer verwandelt hatten. Das restaurierte Bild der Madonna, ein Werk des Malers Criscuolo, hängt heute in der Pro-Kathedrale von S. Stefano.

Wie oft die türkischen Korsaren Capri heimgesucht haben, läßt sich einigermaßen anhand der Einwohnerlisten der Archive von Neapel feststellen, in denen die vermißten Einwohner verzeichnet sind, die in Algier in Gefangenschaft schmachteten. So sind Korsareneinfälle in den Jahren 1519, 1525, 1530, 1532, 1534 und 1535 bezeugt. Am schlimmsten scheint der Einfall vom Jahre 1534 gewesen zu sein, als ein großes Geschwader von Schiffen in den Gewässern von Capri auftauchte. Die Glocken der Insel läuteten Sturm, Rauchzeichen stiegen zur Warnung aus den Kastellen, doch landeten die Korsaren dieses Mal so schnell und war die Überraschung so groß, daß nur wenige Bewohner Zeit hatten, an sichere Orte, in die Kastelle oder in die großen Höhlen der Insel zu flüchten. Die Mauern der Stadt Capri wurden eingerissen, die Stadt geplündert, die Einwohner niedergemacht oder in Gefangenschaft verschleppt. Anacapri hatte die antike Treppe, den einzigen Zugang zum oberen Inselteil, durch Schutt und Geröll unzugänglich gemacht. So versuchten die Korsaren Anacapri auszuhungern. Doch da sie im unteren Capri alles zerstört hatten, mußten die Belagerer bei der Kargheit des Bodens am Ende abziehen.

Karl v. wollte diesen Korsareneinfällen ein für allemal ein Ende machen und landete nach langen Vorbereitungen am 18. Juli 1535 in Tunis mit einer Flotte von fünfhundert Schiffen und dreißigtausend Soldaten. Cheireddins Besatzungstruppen wurden geschlagen und gegen zwanzigtausend Christensklaven befreit.

Dennoch blieb die Seemacht der Türken ungebrochen. Cheireddin Barbarossa wurde 1536 von Suleiman II. zum Oberbefehlshaber der gesamten türkischen Flotte ernannt. Er landete auf Mallorca und führte die Einwohner von Port Mahon in Gefangenschaft, plünderte die Ionischen Inseln und errang im Golf von Arta selbst einen Sieg über die genuesische Flotte unter dem Seehelden Andrea Doria. Im Bunde mit Frankreich plünderte er dann noch Nizza, das damals im Besitze Savoyens war. Es war nicht das erste und nicht das einzige Mal, daß ein französischer König mit der Pforte in Istanbul paktierte.

Natürlich ist es falsch, sich Cheireddin Barbarossa als einen rauhen und ungebildeten Haudegen vorzustellen. Er schrieb einen geschliffenen Stil und stand zum Beispiel mit Pietro Aretino im Briefwechsel. Der Spötter Aretino, wohl der erste begabte Journalist des Abendlandes, war allerdings ein Mann ohne jede Voraussetzung, der über alle und für alle zu schreiben wußte. Seine Satiren und Komödien strotzten von Zoten; dennoch wandte er sich aus Opportunismus auch frommen Stoffen zu.

Cheireddin Barbarossa starb, wie er selbst bedauerte, einen feigen Tod im Bett. Das war im Jahre 1547. Noch heute zeigt man sein Grabmal in Konstantinopel jenseits Besiktas auf dem europäischen Ufer.

Ein weiterer Korsar, Dragut, hat Capri 1553 überfallen und dabei vor allem in der *Certosa* großen Schaden angerichtet. Die kostbare Bibliothek und die Archive gingen in Flammen auf. Ein unersetzlicher Verlust für die Geschichtsforschung! Wir wüßten weit mehr über das Mittelalter auf Capri, wenn das Archiv erhalten geblieben wäre. Auch Dragut verschleppte wieder viele Bewohner in die Sklaverei. Zeitweise war die Insel fast entvölkert, denn die übriggebliebenen Bewohner flüchteten in die größeren Städte, nach Neapel, Sorrent, Amalfi und Salerno, während die Männer in der Marine der Vizekönige fochten. In der Pro-Kathedrale von Capri hängt ein Votivbild, das eine Seeschlacht mit den Türken darstellt und das ein Caprese gestiftet hat, der wie durch ein Wunder dem Seemannstod entgangen war. »Votum fecit, gratiam recepit«, steht unter dem Bild.

Erst ab 1563 versuchten die Vizekönige von Neapel den Widerstand gegen die Korsaren besser zu organisieren, die Befestigungen zu erneuern und Wachttürme anzulegen, immer so, daß ein Wachtturm vom anderen aus gesehen werden konnte. Durch Rauch- oder Feuerzeichen war es möglich eine Warnung mit Windesschnelle weiterzugeben. Mehrere solcher Wachttürme wurden auch auf Capri errichtet, soweit man nicht schon bestehende Türme in dieses Warnsystem mit einbezog. Damals erbauten die Kartäuser auch den Wehrturm der *Certosa*, der dann 1808 durch einen Erdrutsch einstürzte, nicht aber, wie viele angeben, den Turm von *Materita* auf Anacapri, den sie schon um 1378 errichtet hatten. Der Glockenturm der Piazza sowie die zwei Türme am Westabhang des Castiglione stammen schon aus dem 13. Jahrhundert. Andere Türme, die man heute oft fälschlich als Sarazenentürme bezeichnet, so der von Damecuta, sind später so verändert worden, daß die ursprüngliche Form nicht mehr erkannt werden kann. Im allgemeinen hatten die von den Vizekönigen erbauten Wachttürme die sogenannte Hammerform.

Die amtlichen Listen der Feuerstätten, die zum Zwecke der Steuererhebung aufgestellt wurden – es gab eine Steuer pro Feuerstätte – geben beredtes Zeugnis, wie dünn Capri damals während der Korsareneinfälle besiedelt war. Der verdienstvolle Rev. Don Giobbe Ruocco hat viele dieser Einwohnerlisten, die durch den Krieg verloren gegangen sind, schon vorher durch Abschriften erhalten. Wir entnehmen seinem Archivio Storico Caprense, 4, Nr. 3 zwei Beispiele:

Im Jahre 1532 hatte die Stadt Capri 197 Feuerstätten. In Neapel und anderen Orten abwesend waren 62 Personen, ausgestorben 33

Familien, so daß sich die Zahl der Feuerstätten von 197 auf 164 verringert hatte. Es gab damals nur zwei Pfarrer in Capri. Zwei Personen waren in Gefangenschaft geraten.

Im Jahre 1561, also 27 Jahre nach dem schlimmsten Einfall Cheireddin Barbarossas, gab es in der Stadt Capri wieder 360 Feuerstätten, doch standen dreißig Häuser leer. 25 Capresen, Männer und Frauen schmachteten noch immer in der Gefangenschaft der Korsaren, manche davon seit acht Jahren. Ebensoviel Bewohner lebten in Neapel und waren aus Furcht vor den Türken noch nicht nach Capri zurückgekehrt.

Das Barock auf Capri – Die Wachtelbischöfe

Das 16. Jahrhundert endete mit einem Aufstandversuch in Kalabrien, den ein genialer und zugleich fanatischer Dominikaner, Tommaso Campanella, anzettelte, Verfasser einer frühen kommunistischen Utopie: *Der Sonnenstaat*. Der Aufstandsversuch erfolgte nicht ohne Mitwirkung einer türkischen Flotte unter dem Kommando des Genueser Renegaten Scipio Cicala, genannt *Bassa Sinan*, ein Mann, der es Cheireddin Barbarossa an Raubzügen, besonders in Kalabrien, gleichtat.

So fuhren am 8. November 1599 im nebligen Morgenlicht vier Galeeren an den Felsen von Capri vorbei, die alle Verschwörer, einhundertsechsundfünfzig an der Zahl, in Ketten mit sich führten, darunter den Hauptträdelsführer, Bruder Tommaso Campanella. Zur Abschreckung hatte der Flottenkommandant vier der Verschwörer an die Rahen hängen lassen. Zwei weitere vierteilte man auf der Fahrt nach Neapel . . . zum abschreckenden Beispiel.

Der Aufstand in Kalabrien hatte seinen Ursprung nicht so sehr in den Weltverbesserungsplänen Campanellas als in dem Aufbegehren der unterdrückten Bauern, die alle mehr oder weniger Leibeigene der Barone waren, ein armseliger Haufen von Menschen, die mit Recht ihre feudalen Gutsherren haßten, aber auch Beute witterten und von den Ideen

Campanellas nur das verstanden, was ihren primitiven Instinkten entgegenkam. Doch zeichnet sich in diesem versuchten Aufstand auch der schwere Zwist ab zwischen dem eingeborenen Klerus und der Zivilverwaltung der spanischen Vizekönige. In den höheren Beamtenstellen saßen, wie wir wissen, seit den Zeiten Alfons I. nur Spanier. Der höhere Klerus hätte es nicht ungern gesehen, wenn der Aufstand gelungen wäre, vielleicht sogar der Papst, der seinen Einfluß auf das Königreich beider Sizilien schwinden sah, war er doch seit der Zeit der Normannen der Lehnsherr Süditaliens. Nach dem Scheitern des Aufstandes verstanden es die hohen Würdenträger natürlich, sich als unschuldig hinzustellen.

Die Versuche des weltlichen Regimes, das Einkommen und die Rechte der Bischöfe zu beschneiden, ziehen sich auch auf Capri über das ganze 17. Jahrhundert hin, wobei es nicht an Gewalttätigkeiten, ja an Mord und Totschlag fehlte. Interdikte wurden ausgesprochen, das Verbot gottesdienstlicher Handlungen, man exkommunizierte am laufenden Band, von der weltlichen Macht mit Gegenmaßnahmen beantwortet. Das war ein Rattenkönig von Prozessen, Verfügungen, Abberufungen, Amtsenthebungen und tätlichen Auseinandersetzungen. Und das nicht nur zwischen Staat und Kirche: die geistlichen Herren waren meist auch noch untereinander zerstritten. Der Bischof von Capri wetterte gegen den Erzbischof von Sorrent und gegen die Mönche des Kartäuserklosters, und einmal veranlaßte der Metropolit von Amalfi so etwas wie eine Strafexpedition gegen den Bischof Pellegrino auf Capri, um ihn zur Räson zu bringen.

Liest man die Eingaben der Capreser Bischöfe an den Heiligen Stuhl *ad limina Apostolorum*, hört man nichts als Klagen und Beschwerden gegen den königlichen *Capitano*, gegen aufsässige Kanoniker, die aus familiären oder anderen Gründen

Der Glockenturm an der Piazza
Die Pro-Kathedrale Santo Stefano
Blick zur Punta Campanella vom ›Polifemo‹ aus

vom Erzbischof von Sorrent oder dem Metropoliten von Amalfi beschützt wurden, Klagen gegen die mit fetten Pfründen bedachten Mönche der Certosa, Prozesse um Fischereiabgaben und Fischereirechte, um den Weinverkauf und um den Zehnten vom Verkauf der Wachteln, eine Abgabe, die dem Bischof von Capri seit Jahrhunderten zustand. Der Bischof hatte im 17. Jahrhundert nur ein Jahreseinkommen von hundertsiebzig Dukaten, was weder für den Unterhalt der vielen Kirchen, noch für die vielen Kleriker reichte. In Capri gab es fünf Kanoniker, zwei Priester und einen Pfarrer; in Anacapri vier Priester, einen Diakon und einen Subdiakon.

In den Eingaben *ad limina* des Bischofs, Monsignor Raffaele Rastelli, der von 1626 bis 1634 Oberhirte war, und in denen seines Nachfolgers Paolo Pellegrino werden Zustände geschildert, die ein chaotisches Bild vermitteln. Pellegrino versah sein Hirtenamt von 1641 bis 1683, lebte aber viele Jahre fern der Insel in einer Art Verbannung.

Man hat die Bischöfe von Capri gehässig als *Wachtelbischöfe* bezeichnet, und die Vorstellung, daß die Haupteinnahmequelle der Zehnt aus dem Wachtelverkauf gewesen sei und die Wachtel fast ausschließlich die Tafelfreuden des Seelenhirten bereichert hätten, erweist sich schon deshalb als falsch, weil die Wachtelschwärme schließlich nur zweimal im Jahre, im Frühjahr und im Herbst, die Insel anfliegen. Auch war der Wachtelzehnt nicht auf die Bischöfe von Capri beschränkt. Das galt ebenso für die Bischöfe drüben auf der Sorrentiner Halbinsel, so in Massa Lubrense und andernorts in Unteritalien. Von dem Bischof Nicola Perotto von Siponto, einer Stadt auf der adriatischen Seite am Fuße des Gargano, wissen wir, daß er eine köstliche Wachtelsoße erfunden hat. Axel Munthe übertreibt ganz mächtig, wenn er behauptet, Capri sei ein Bischofssitz gewesen, dessen heiliges Amt ausschließlich von Wachteln finanziert wurde.

Der Wachtelfang läßt sich bis ins Altertum verfolgen. Griechen und Römer haben ihn betrieben und verstanden es, das schmackhafte Fleisch dieses Hühnervogels auf viele Arten zuzubereiten. Phanademos aus Athen, der um 343 v. Chr. geboren wurde, ein Gesinnungsgenosse des Lykurg, erwähnt (bei Athenaios, Buch IX), die Insel Delos sei wegen der Scharen von Wachteln, die sich dort niederließen, *Ortigia* genannt worden nach *Ortix*, wie die Wachtel im Griechischen heißt. Über den Wachtelfang auf Capri lesen wir schon in Urkunden aus dem 10. Jahrhundert. So wurde beim Verkauf von Grundstücken jeweils angegeben, welche sich als Fanggebiet für den Wachteldurchzug, *transitus coturnicus*, eigneten. Es gibt Berichte, wonach an einem einzigen Tag fünfundvierzigtausend Wachteln gefangen worden sind. Ja verschiedene Bauern sollen als Jahrespacht bis zu zwölftausend Wachteln abgeliefert haben. Zwei Gegenden auf Capri, *Parate* und *Trasele* erinnern an die einstmals so ergiebigen Wachtelzüge. *Parate* liegt nördlich des Sattels zwischen Capri und Anacapri, und *Trasele* ist ein Gebiet nahe dem sogenannten *Palazzo a mare*. Bekanntlich führen Vogelzüge oft an Pässen entlang, und dieser Sattel zwischen dem jäh aufragenden *Castiglione* und dem Felsmassiv des *Monte Solaro* wirkt wie ein Paß.

Die großen Wachtelzüge hörten mit der fortschreitenden Industrialisierung in nördlichen Ländern auf, aus denen die Wachteln kamen, und sie gehen in unserer Zeit noch mehr zurück, da die Mechanisierung der Landwirtschaft die Brutstätten der Wachteln zerstört. Mähmaschinen und das Walzen der Wiesen tragen viel zur Zerstörung der Nistplätze bei.

Die Wachtel, *coturnix coturnix*, gehört zu den Wildhühnern und ist auch nach unserem Bundesjagdgesetz ein jagdbarer Vogel. Natürlich ist das, was in südlichen Ländern geschieht, in Italien, in Spanien, in Südfrankreich und im Tessin Jagdfrevel, da jede Jagd eine Hege voraussetzt. Zudem erfolgt die Jagd noch immer nicht nur mit Netzen oder der Schrotflinte, sondern mit Fallen, Leimruten und mittels erbärmlich gequälter Lockvögel (meist Drosseln, weil sie die lautesten Töne von sich geben). Für die übrigen Verwandten der Wachtel, Rebhühner, Fasanen, Krammetsvögel usw. hat man gewöhnlich weit weniger Mitleid, sei es, weil sie nicht in so großen Scharen auftreten, sei es, weil mit den Wachteln vor allem auch Singvögel in die Netze der Südländer gehen. Der Wachtelfang fiel natürlich in einem Fremdenort wie Capri weit mehr auf als z. B. in Friaul, wo die Fangergebnisse weit größer waren. So wurden z. B. im Jahre 1891 bei einem einzigen Durchzug im Herbst über sechshunderttausend Vögel, Fliegenschnäpper, Baumpieper, Meisen, Grasmücken und Wachteln gefangen. Aber auch in unserer Zeit hat Professor Grzimek darauf hingewiesen, daß allein in der Provinz Vicenza achtzehntausend Fanglizenzen erteilt waren, von den schwarz gejagten Vögeln ganz zu schweigen.

In das 17. Jahrhundert fällt die Wiederherstellung und der Ausbau der *Certosa di San Giacomo*, die von den Korsaren Cheireddin Barbarossa und Dragut geplündert worden war und auch durch eine Feuersbrunst stark gelitten hatte. Für den Wiederaufbau mußten die Kartäuser eine Anleihe vom Kloster San Martino in Neapel erbitten und dafür Grundstücke verpfänden. Als Schutz gegen die Korsareneinfälle wurde ein Wehrturm gebaut, der heute nicht mehr zu sehen ist, da er im Jahre 1808 infolge eines Erdrutsches zusammenstürzte. Beim Wiederaufbau des Klosters wurde auch der große Klosterhof geschaffen, der an San Martino erinnert. Die Meinung aber, das Kloster in Capri sei nach dem Muster von San Martino gestaltet worden, wird bestritten, so vor allem von Roberto Pane, der ein gutes Buch über die Kirchenbauten auf Capri geschrieben hat. Aus der Barockzeit stammt der schöne Glockenturm der Certosa mit seinen eleganten Voluten.

Auch eine Heilige lebte im 17. Jahrhundert auf der Insel, heilig und wundertätig wenigstens in der Tradition der Insulaner; denn die nach ihrem Tode eingereichten Berichte über das fromme Leben der Nonne *Suor Serafina di Dio* liegen noch immer ungenutzt im Heiligen Officium zu Rom, und es ist nie zu einer Seligsprechung, geschweige zu einer Kanonisation gekommen. *Suor Serafina di Dio* stammte mütterlicherseits aus der Capreser Patrizierfamilie Strina. Ihr Vater war ein Geschäftsmann, Antonio Pisa aus Neapel. Sie wurde am 24. Oktober 1621 in Neapel geboren, als die dritte von sechs Kindern, und trug damals noch den weltlichen Namen Prudentia. Ihr Leben ist oft mit dem der heiligen Therese von Avila verglichen worden, und in der Tat ergeben sich viele Parallelen, die aber wohl nur bezeugen, daß die frommen Nonnen *Arcangela Fortuna* und *Ammirabile della Solitudine*, die das Leben der Suor Serafina schilderten, auch das Leben der berühmten Therese von Avila vor Augen hatten. Die hochklingenden Namen, die Suor Serafina den Nonnen ihres Klosters gab, wie *Erzengel des Glücks*, *Bewunderin der Einsamkeit* waren ihrer ureigenen blühenden Phantasie entsprungen und riefen den Widerspruch ihrer geistlichen Vorgesetzten hervor. Suor Serafina machte alles durch, was eine Nonne durchmachen muß, um in den Geruch der Heiligkeit zu kommen. Sie hatte Visionen und Ekstasen, sie kämpfte gegen den Teufel und sie betete zum Heiland, ihrem ›*amante divino*‹, dem göttlichen Geliebten, in Worten, die wie eine echte Liebeserklärung anmuten: »Oh, wie gern ich EUCH habe, IHR wißt es mehr als ich, wie ich EUCH liebe, wie ich hoffe und gehofft habe und ersehnt – alles seid IHR!« Sie wurde sehr weltlicher Beziehungen zu ihrem Onkel und Beichtvater Strina angeklagt. Man sperrte sie später auch zweieinhalb Jahre lang im Namen der Heiligen Inquisition in ihre Zelle ein, und das, als sie schon recht bejahrt war. Erst 1691 wurde sie vom Heiligen Officium als ganz unschuldig rehabilitiert. Sie kasteite sich in ganz schrecklicher Weise und verschrieb sich die scheußlichsten Strafen. Vor der heiligen Kommunion leckte sie den Boden ihrer Zelle in Form kleiner Kreuze auf und tropfte sich das heiße Wachs der Kerzen auf die Haut.

Im Alter von vierundvierzig Jahren zeigten sich bei ihr die Stigmata. Ihr Leben war lang und segensvoll, wie man sagt. Mit dem Gelde eines frommen Onkels gründete sie sechs Klöster und tat viel Gutes. Man erzählt von Prophezeiungen, die eingetroffen seien. Auch nach ihrem seligen Ende soll sie sich des öfteren gezeigt haben, wobei ein süßer Geruch ihre Anwesenheit bekundete. Das Kloster der Heiligen Teresa, in dem sie wirkte, wurde 1661 von Kardinal Orsini geweiht und 1671 vollendet. Es liegt unweit der Piazza zur linken Hand am Beginn der Fahrstraße, die zur *Marina Piccola* und nach Anacapri führt.

Vom 17. Jahrhundert wissen wir dank einer gründlichen Studie Edwin Cerios *(Capri nel Seicento)* sehr viel. Er hat auch den Bericht eines französischen Reisenden der Zeit ausgegraben, veröffentlicht und erläutert, der manches Schlaglicht auf die Zustände auf Capri wirft. Jean Jacques Bouchard, damals Mitglied der Französischen Botschaft in Rom, besuchte die Insel im Jahre 1632 zusammen mit einem humanistisch angehauchten Begleiter, Monsieur de Chalois. Wir erfahren, daß die Insel zu dieser Zeit etwa tausendfünfhundert Einwohner hatte, davon achthundert in Anacapri, und daß eine unversöhnliche Feindschaft die beiden Gemeinden trennte. »Die Leute dieser beiden Landstriche«, schreibt er, »hassen sich aufs äußerste.« Freilich kehrt der Franzose in manchem, was er schildert, seine weltstädtische Überlegenheit gegenüber den Insulanern hervor. Er nennt die Capresen bösartig, streitsüchtig, widerspenstig und diebisch. Nur ihre Fertigkeit im Schiffsbau lobt er – wahrscheinlich gar nicht aus eigener Anschauung. Die schöne Capreser Bauweise der Kuppeldächer findet er scheußlich. Er vermißt ein Ziegel-, Holz- ... oder Strohdach! Die Anzahl der Kirchen und Kapellen – alle im Zerfall, wie er sagt – gibt er mit siebzig an, eine starke gallische Übertreibung, denn der Geschichtsschreiber Capaccio zählte elf Jahre zuvor etwa zwanzig Kirchen und Kapellen. Vom Vikar des Bischofs ließ er sich den Bären aufbinden, man habe zur Zeit der Anjous deshalb so viele Gotteshäuser gebaut, damit die Frauen einen kurzen Weg hin und zurück zur Kirche hatten und so von den liebeshungrigen Franzosen nicht so leicht belästigt werden konnten. Bouchard meinte natürlich, das sei eine üble Nachrede der Spanier, wie man zwischen den Zeilen überhaupt seine Abneigung gegenüber den Spaniern liest. Er scheint auch überall ein wenig herumspioniert zu haben, und so blieb es nicht aus, daß man seinen humanistisch gebildeten Begleiter, Monsieur de Chalois, wegen allzugroßer Neugier vorübergehend hinter Gitter brachte.

Im Jahre 1643 ereignete sich auf Capri etwas, was die verfeindeten Gemeinden bewog, zusammen zu stehen. Die Insel sollte verkauft werden. Seine katholische Majestät, König Philipp IV. von Spanien, Herrscher über Mexico und Peru und nebenbei auch König beider Sizilien, scheint von den Privilegien seiner Vorgänger für Capri nicht viel gehalten zu haben. Er brauchte immer Geld für seine verlotterten Finanzen. Jedenfalls, anläßlich einer Volkszählung im August 1643, erschien auf der Insel Don Antonio Barile, Herzog von Marianella, und brachte im Auftrage des Vizekönigs gleich eine Kompanie Soldaten mit, die die beiden Gemeinden dann auch unterhalten mußten. Das Eiland gefiel ihm, und es scheint, daß er damals den alten Palazzo Arcucci gegenüber der Pro-Kathedrale von Santo Stefano, der heute einen Teil des *Palazzo Cerio* bildet, kaufte oder instandsetzen ließ. Wahrscheinlich waren die Verhandlungen um den Verkauf der Insel schon im Gange. Das bewahrheitete sich bald, und es hieß, daß er für Capri, die Galli-Inselchen, für Fischereirechte und dergleichen sechsundzwanzigtausend Dukaten entrichtet habe. Die beiden Gemeinden ließen nichts unversucht, um den Kauf rückgängig zu machen. Ja, sie boten viertausend Dukaten, zahlbar in zwei Raten, an, sofern der Vizekönig sich feierlich verpflichtete, die Insel nie mehr zu verkaufen. Freilich, eine recht kleine Summe, gemessen an den sechsundzwanzigtausend Dukaten des Herzogs, aber die Bürgermeister wiesen darauf hin, daß die Insel arm sei und dem Herzog ja noch die Galli-Inselchen, die Fischereirechte und alle möglichen Titel und Rechte verblieben, die mit dieser *Belehnung* verbunden waren. Der Streit um diesen Kauf zog sich fast fünf Jahre hin, ohne daß der Herzog in den Besitz der Insel gelangt wäre. Es kam allerlei dazwischen, so der Aufstand des Masaniello, in dessen Verlauf die Häuser der Familie Barile in Flammen aufgingen. Trotz erneuter Eingaben des Herzogs – er will am Ende sogar zweiundvierzigtausend Dukaten bezahlt haben – blieb alles beim alten und der Herzog gelangte nie in den Besitz der Insel.

Und dann kam die Pest nach Capri. Sie wütete damals schon seit langem in Sardinien. Von dort aus durfte kein Schiff Neapel oder andere Häfen des Königreichs anlaufen. Dennoch traf im Jahre 1656 ein Schiff aus Sardinien in Neapel ein, das Soldaten an Bord hatte. Es ist nie geklärt worden, wie das möglich war. Da der Kurs des Schiffes über Genua ging, wurden den Hafenbehörden von Neapel vermutlich Schiffspapiere gezeigt, die in Genua ausgestellt worden waren. Der Verdacht besteht aber, daß Graf Castrillo, der Vizekönig, selber etwas davon wußte. Er brauchte Soldaten gegen die Franzosen und wollte dem hart bedrängten Mailand Hilfstruppen senden. Als die Soldaten von Bord gegangen waren, wurde einer krank und steckte seinen Pfleger an. So verbreitete sich die Seuche auf die anderen Insassen des Krankenhauses. Statt drakonische Maßnahmen zu ergreifen, wurde die Krankheit auf Befehl des Vizekönigs verheimlicht; denn wäre es den Mailändern bekannt geworden, daß Soldaten aus dem von der Pest befallenen Neapel kamen, hätten sie wohl lieber die Franzosen als die Pest hereingelassen. Erst als es zu spät war und die Neapolitaner schon zu Tausenden starben, gab man zu, daß die Stadt vom Schwarzen Tod befallen war, und versuchte nun energisch gegen die Seuche vorzugehen.

Wenn wir der Erzählung Mangonis Glauben schenken können, soll die Pest nach Capri durch die pietätvolle Übersendung eines Zopfes und einiger Kleidungsstücke an den Verlobten einer Toten eingeschleppt worden sein. Der Zopf stammte von einem Mädchen, das in Neapel gestorben war. Jedenfalls wütete die Pest auf der Insel ganz furchtbar. Von den siebenhundertfünfundfünfzig Einwohnern der Gemeinde Capri starben dreihundertacht, und von den achthundertdreiunddreißig in Anacapri einhundertfünfzehn. Kein Priester überlebte, so daß keine kirchlichen Handlungen vorgenommen werden konnten, keine Taufen, keine Eheschließungen, von kirchlichen Begräbnissen ganz zu schweigen. Auch Suor Serafina mußte ihre Mutter, die an der Pest starb, mit eigenen Händen begraben. Sie selber wurde – wie konnte es anders sein! – von der Seuche verschont. Und verschont wurden auch die Mönche der *Certosa*. Sie riegelten das Kloster völlig ab und ließen niemanden herein, und es starb auch keiner der Mönche an der Pest. Man erzählt, daß damals die ergrimmten Insulaner die Pestleichen über die Klostermauer geworfen haben. Erst als die Seuche abflaute, entschlossen sich die Kartäuser auf dringenden Hilferuf des sonst mit ihnen verfeindeten Bischofs Pellegrino hin, zwei Mönche abzuordnen, um kirchliche Handlungen vorzunehmen. Ein alter und ein junger Mönch wurden hierzu ausersehen. Die beiden nahmen so nach vielen Monaten in *Santo Stefano* wieder Taufen vor. Im übrigen hatten die frommen Brüder der Certosa einen recht schönen Gewinn von der Pest: sie durften nämlich nach einem alten Privileg aus der Zeit der Anjou das Eigentum von Familien einziehen, die ausgestorben waren!

Capri am Rande des ›Grand Tour‹
Goethe erleidet beinahe Schiffbruch

Mitte des 17. Jahrhunderts wurde der ›*Grand Tour*‹ Mode, die große Bildungsreise, die junge Leute von Adel oder die Söhne reich gewordener Handelsherren unternehmen mußten, um Land und Leute kennenzulernen. Meist waren sie von einem Mentor begleitet, so wie z. B. der Dichter Andreas Gryphius den Sohn eines Stettiner Handelsherrn über Frankreich nach Italien begleitete, eine Reise, die über Paris, Südfrankreich, Mailand und Venedig bis nach Rom führte. Das war schon der klassische ›Grand Tour‹, der dann oft noch London, Warschau oder Wien mit einschloß. Das Hauptziel bildete immer die Ewige Stadt. Nicht weniger große Anziehungspunkte waren auch Mailand, Venedig und Florenz und besonders Neapel, seitdem die verschütteten Städte Herculaneum und Pompeji entdeckt worden waren und man mit den Ausgrabungen begonnen hatte. Neapel zählte damals mit vierhunderttausend Einwohnern zu den volkreichsten Städten Europas. Paris hatte im 17. Jahrhundert vergleichsweise fünfhunderttausend, Rom nur hundertfünfzigtausend Einwohner.

Neben den Tagebüchern, die die Reisenden zu führen pflegten, entstanden auch die ersten Reisehandbücher, die meist stark historisch ausgerichtet waren wie des Cluverius *Italia Antiqua*, 1624 in Leiden gedruckt, und Zeillers *Itinera-*

rium Italiae, das 1640 in Frankfurt erschien. Im 18. Jahrhundert stieg dann die Zahl der Reisehandbücher gewaltig an. Erinnert sei nur an Namen wie Archenholz, Caylus, Keyssler, Karl Philipp Moritz, Nemeitz, Volkmann und die vielen Franzosen und Engländer wie Misson, Berceley und Gray. Am verbreitetsten war wohl der immer wieder gedruckte und in mehrere Sprachen übersetzte F. M. Misson mit seinem *Voyage en Italie*, dem dann auch Addisons *Remarks on several parts of Italy* eingefügt worden waren.

Auch Goethe hatte, wie man weiß, seinen *Baedeker* gehabt, Volkmanns Italienische Reise, 1770 erschienen und später polemisch ergänzt durch Johann Bernoulli (1778). Nebenher hat Goethe auch den Archenholz, Riedel und andere Reisehandbücher benutzt, nicht aber seines Vaters *Viaggio in Italia*, die dieser lange nach seiner Italienreise im Jahre 1740 in italienischer Sprache niederschrieb. Die italienischen Reisebriefe des Vaters, der die Sprache Dantes besser beherrschte als der große Sohn, sind oft mit Unrecht als pedantisch und langweilig abgetan worden, ein Zeichen dafür, daß sie gar nicht oder nur flüchtig gelesen worden sind. Es ist ein Verdienst Arturo Farinellis, daß er in seiner zweibändigen mit großer Sachkenntnis geschriebenen Ausgabe von Johann Caspar Goethes *Viaggio in Italia* den Wert dieser Briefe ins richtige Licht gerückt und den Vater des Dichters zur Beschämung vieler deutscher Stimmen rehabilitiert hat. Das Werk ist eine Fundgrube für die Reiseliteratur des 18. Jahrhunderts.

Capri lag am Rande des ›Grand Tour‹. Es waren nur wenige, die die Überfahrt zur Insel unternahmen oder, besser gesagt, wagten. Denn noch immer bestand die Angst vor den Türken. Karl Philipp Moritz erwähnt in seinem Werk *Reisen eines Deutschen in Italien*, Berlin 1792, daß bei einem Aufenthalt König Ferdinands I., der 1786 zur Wachteljagd auf Capri weilte, ständig zwei Schiffe um die Insel kreuzen mußten, damit der König nicht etwa von tripolitanischen Korsaren gefangen wurde. Und noch Waiblinger berichtet in seinen *Briefen aus Capri*, es sei für ortskundige Algerienfahrer leicht, die Insel zu plündern, ehe Hilfe aus Neapel käme. Und dann weiter: »Die Insel ist auch voll ängstlicher Gerüchte über die Tripolitaner. Man will sie in der Nähe von Capri gesehen haben. Es liefen einige Schiffe von Neapel aus, fanden aber nichts.« Das war im Jahre 1828!

Von den Reisenden, die im 18. Jahrhundert Capri erwähnen, muß man vorsichtig diejenigen ausscheiden, die nur von anderen abgeschrieben haben, ohne selbst auf Capri gewesen zu sein. Immerhin wagten sich doch einige auf das damals fast unbekannte Felseneiland. Montesquieu war im Jahre 1729 auf Capri und genoß dabei die Gastfreundschaft der Kartäuser, bei denen auch die Geschichtsschreiber Tromby, Tutini und Pacichelli zu Gast waren, ebenso Bouchard, der den Ziegenkäse der Mönche lobte. Der Engländer Addison besuchte Capri im Jahre 1701 und gab eine interessante Beschreibung der sogenannten ›Grotta Oscura‹, der dunklen Grotte, die heute nicht mehr besichtigt werden kann, da sie bei einem Erdrutsch im Jahre 1808 verschüttet worden ist. Dieselbe Grotte hat auch Capaccio beschrieben.

Goethe hat auf seiner Italienischen Reise Capri nicht betreten, hätte dort aber, aus Sizilien zurückkehrend, beinahe Schiffbruch erlitten. Das war am Abend des 16. Mai 1787. Hören wir ihn selber:

Der Vesuv war uns sichtbar, eine ungeheure Dampfwolke über ihm aufgetürmt, von der sich ostwärts ein langer Streifen weit hinzog, so daß wir den stärksten Ausbruch vermuten konnten. Links lag Capri, steil in die Höhe strebend; die Formen seiner Felsen konnten wir durch den durchsichtigen bläulichen Dunst vollkommen unterscheiden. Unter einem ganz reinen Himmel glänzte das ruhige, kaum bewegte Meer, das bei einer völligen Windstille endlich wie ein klarer Teich vor uns lag . . .

Den Übergang vom Abend zur Nacht verfolgten wir mit ebenso begierigen Augen. Capri lag nun ganz finster vor uns, und zu un-

serem Erstaunen entzündete sich die vesuvische Wolke, so wie auch der Wolkenstreifen je länger je mehr, und wir sahen zuletzt einen ansehnlichen Strich der Atmosphäre im Grunde unseres Bildes erleuchtet, ja wetterleuchten.

Nach solcherlei Betrachtungen wurde der Olympier aber plötzlich gewahr, daß sich an Bord des französischen Kauffahrteischiffes, auf dem er reiste, eine große Unruhe bemerkbar machte. Die in der christlichen Seefahrt nicht unerfahrenen Passagiere stellten fest, daß das Schiff bei der großen Windstille durch die Strömung auf die Felsen der Insel zugetrieben wurde.

Aufmerksam auf diese Reden, betrachteten wir unser Schicksal mit Grauen; denn obgleich die Nacht die zunehmende Gefahr nicht unterscheiden ließ, so bemerkten wir doch, daß das Schiff schwankend und schwippend sich den Felsen näherte, die immer finsterer vor uns standen . . .

Goethe erlebt nun, wie die Frauen mit ihren Kindern beteten und die etwas besonneneren Männer an Hilfe und Rettung dachten, weil ihnen aber nichts einfiel, nun gegen den Kapitän wetterten, sich der schlechten Kost an Bord erinnerten und dem Kapitän vorwarfen, er verstünde überhaupt nichts von der Seefahrt, sei ein hergelaufener Krämer, der nur aus Eigennutz so ein Fahrzeug erworben hätte. Schließlich will der Olympier, dem von Jugend an »alle Anarchie verdrießlich gewesen«, vor die betende und fluchende Menge hingetreten sein und ihnen unter Berufung auf das Gleichnis von dem stürmischen See Tiberias und den verzagten Aposteln eine gefühlvolle Rede gehalten haben, die ihre Wirkung – so meint er – nicht verfehlt haben soll.

Nichts gegen den sonst sicher großen Mut des Olympiers, aber man hat das Gefühl, daß er bei der Ausarbeitung des zweiten Teiles der *Italienischen Reise* im September 1816, also neunundzwanzig Jahre nach dem Vorfall vor Capri, mehr an eine wirksame Darstellung der Ereignisse als an die volle Wahrheit gedacht hat. Die an die zagenden und schimpfenden Passagiere gerichtete Ansprache erinnert an die klassischen Ansprachen der Feldherren in den Werken griechischer und römischer Geschichtsschreiber, die, mögen sie noch so sehr die Lage vor einer Schlacht und die Stimmung im Heere widerspiegeln, schon wegen ihrer Länge nie gehalten werden konnten, weil die oratorisch und klassisch ohnehin nicht gebildeten Soldaten entweder eingeschlafen oder vom Feind überrascht worden wären.

Also, um Goethe wieder zu Wort kommen zu lassen:

Während die Frauen die Heiligen anriefen und Litaneien sangen . . ., konnten sie dies mit desto größerer Beruhigung tun, als die Schiffsleute noch ein Rettungsmittel versuchten, das wenigstens in die Augen fallend war: sie ließen ein Boot herunter, das freilich nur sechs bis acht Männer fassen konnte, befestigten es durch ein langes Seil an das Schiff, welches die Matrosen durch Ruderschläge nach sich zu ziehen kräftig bemüht waren.

Aber auch diese Hoffnung schlug fehl, denn das ausgesetzte Boot wurde beinahe auf das Schiff geschleudert. Und nun ging es ganz dramatisch zu:

Gebet und Klagen wechselten ab, und der Zustand wuchs um so schauerlicher, da nun von oben auf den Felsen die Ziegenhirten, deren Feuer man schon längst gesehen hatte, hohl aufschrien, da unten strande ein Schiff! Sie riefen einander noch viel unverständliche Töne zu, in welchen einige, mit der Sprache bekannt, zu vernehmen glaubten, als freuten sie sich auf manche Beute, die sie am anderen Morgen aufzufischen gedächten. Sogar der tröstliche Zweifel, ob denn auch wirklich das Schiff dem Felsen sich drohend nähere, war leider nur zu bald behoben, indem die Mannschaft zu großen Stangen griff, um das Fahrzeug, wenn es zum Äußersten käme, damit vom Felsen abzuhalten, bis dann endlich auch diese brächen und alles verloren sei.

Nun legt der Dichter sich resigniert und »halb betäubt«, wie er schreibt, auf seine Matratze, wendet den Blick ab von den kannibalisch anmutenden Ziegenhirten und denkt wieder an den See Tiberias und an einen entsprechenden Kupferstich aus Merians illustrierter Bibel und fällt in eine Art von Dämmerzustand, bis ihn ein Lärm weckt, dadurch hervorgerufen, daß man bei aufkommendem Wind nun Segel setzte, und der Maler Kniep, der Goethe auf seiner Reise begleitete, verkündet dem Dichter, daß man gerettet sei.

In der Frühe des nächsten Tages sah Goethe Capri »mit Vergnügen in ziemlicher Entfernung zur Seite liegen«.

»*Nun hatten wir Freude*«, fährt er fort, »*nach einer ausgestandenen Nacht dieselben Gegenstände, die uns am Abend vorher entzückt hatten, im entgegengesetzten Lichte zu bewundern. Bald ließen wir jene gefährliche Felseninsel hinter uns.*«

Und damit war Goethes Abenteuer vor Capri zu Ende.

Schade, daß das französische Kauffahrteischiff nicht doch gestrandet ist und Goethe – lebend natürlich! – als Schiffbrüchiger die Insel kennengelernt hätte, deren Bewohner, weit milder gesinnt als er angenommen, ihm ein anderes Bild von der »gefährlichen Felseninsel« vermittelt hätten.

Im Herbst des Jahres 1797 landete auf Capri Karl Joseph Stegmann, ein aus Schlesien stammender Publizist, der sich später als langjähriger Chefredakteur der *Allgemeinen Zeitung*, dem damaligen Weltblatt des Goethe-Verlegers Cotta, als untadeliger Journalist einen Namen gemacht hat.

Stegmann, dessen Italienbuch anonym unter dem Titel *Fragmente über Italien, aus dem Tagebuch eines jungen Deutschen*, ohne Ortsangabe 1798 erschien, interessierte sich für alles, nicht nur für die Altertümer der Insel, sondern auch für Handel und Landwirtschaft und für die Botanik. Er war mit auf einer Wachteljagd, besuchte die beiden Klöster der Insel und scheint in der Certosa recht kühl aufgenommen worden zu sein, weil er sich nicht gerade günstig über das Kloster ausgesprochen hatte, das allein das Privileg besaß, Ziegen zu halten, die so viel Schäden bei den Weinbauern und an den Waldbeständen Capris angerichtet hatten.

Durch Stegmann erfahren wir, daß Capri im Jahre 1797 zweitausendsiebzig, Anacapri tausendfünfhundertvierundvierzig Seelen zählte, daß die einzige Art von Manufakturindustrie die Bandweberei war, wobei die Frauen, die dieser Arbeit oblagen, weidlich ausgenutzt wurden: es war nur Lohnarbeit, die mit wenigen *Grani,* also wenigen Pfennigen pro Tag, bezahlt wurde. Doch hören wir ihn einmal selber:

Die beiden Hauptprodukte der Insel sind Wein und Öl, beide sehr geschätzt, nur wegen des weniger ertragreichen Erdreiches in zu geringer Quantität. In den besten Jahren soll die ganze Ausfuhr des Öls doch nicht 8000 Staji (das sind etwa dreihunderttausend Liter) und die des Weines 2000 Botti (Faß) übersteigen. Auch setzt sie ihre starke Rindviehzucht in den Stand, einen nicht unbeträchtlichen Handel mit Kälbern, Butter und Käse zu treiben. Das hier durch die Insel fließende bare Geld geht indessen teils wieder für Getreide und Gartenfrüchte, welche der Boden nicht in hinlänglicher Menge hervorbringt, sowie für Manufakturwaren hinaus, teils und vorzüglich strömt es in die Taschen des meist abwesenden Bischofs, des Domkapitels und der beiden Klöster, denen Grund und Boden fast der ganzen Insel eigentümlich gehört, und die daher die armen Einwohner als ihre Pächter, wo die gewöhnliche merkantilische Benutzung des Aberglaubens nicht zureicht, auch noch durch Zwangsrechte, Zehnten, Frondienst, Grundzinsen und wie diese Erfindungen der Feudalität alle heißen, auszusaugen wetteifern.

Sehr gut kommen die Einwohner von Anacapri in Stegmanns Schilderungen weg:

In der Tat, gleich der erste Anblick dieser Leute ist auffallend von den übrigen Insulanern verschieden; sie sind größer, nervichter, erreichen ein höheres Alter, sind minder braun, und ihre Physiognomie nähert sich mehr dem Norditaliener. Und weiter: *Nicht geringer soll die moralische Verschiedenheit sein. Wie man uns sagte, vergehen oft viele Jahre, ehe man unter diesem Völkchen von einer unehelichen Geburt hört; fast ebenso selten sind Prozesse, und wie wenig Angriffen das Eigentum ausgesetzt ist, lehrt der Anblick ihrer Häuser: wir fanden an keiner einzigen Tür ein Schloß.*

Die Schilderung seines dreitägigen Aufenthaltes zeigt

Stegmann als guten Beobachter. Er wohnte im Hause des Gouverneurs der Insel, Don Emmanuele Diversi, und lernte auch den Bischof, Monsignore Nicola Saverio Gamboni kennen, der schon im Alter von dreißig Jahren zum Bischof ernannt worden war. »Er schien ein ganz gewöhnlicher Monsignore«, schreibt Stegmann, »nichts weniger als böse, aber so in die Intrigen der höheren Geistlichkeit verflochten, daß ihm wohl selten eine Viertelstunde übrig bleibt, an die geistliche, wie viel weniger, an die leibliche Wohlfahrt seiner Herde zu denken.«

Das stimmt nun nicht ganz, denn Gamboni, der schon seit 1776 das Bischofsamt innehatte, ist unter anderem Gründer eines Seminars gewesen, von dem noch jetzt eine Erinnerungstafel am Seitenflügel des *Palazzo Cerio* zeugt, und hat auch sonst manches zur Hebung der Bildung auf der Insel getan. Ein Intrigant war er aber doch und ein Opportunist dazu; denn als in Neapel 1799 die Parthenopeische Republik ausgerufen wurde, ging er zu den Aufrührern über. Vermutlich hat er damals eine Widmungsinschrift für König Ferdinand IV. und Königin Maria Karolina zerschlagen lassen, die er selber gestiftet hatte. Sie schmückte früher das Tor zur Stadt Capri (unweit der oberen Station der heutigen Drahtseilbahn). Jetzt ist davon nur noch das Wappen der Bourbonen und ein Fragment der Inschrift vorhanden. Die kurzlebige Ausrufung der Parthenopeischen Republik zeigte den glatten Bischof erst im richtigen Lichte. Er wurde nach der blutigen Niederschlagung des Aufstandes nicht gehenkt wie der Capreser Patriot Gennaro Arcucci, sondern verstand es, sein Leben zu retten. Später brachte er es, nicht ohne die Gunst Napoleons I., sogar zum Patriarchen von Venedig!

Stegmann erwähnt auch den sogenannten ›Palazzo Thorold‹, manchmal als ›*Palazzo inglese*‹ oder ›*Palazzo Canale*‹ bezeichnet.

Fast auf dem Gipfel dieses Erdrückens (es ist die Gegend Due Mari gemeint, von wo aus man das Meer im Norden und im

Süden der Insel sieht) *liegt die Wohnung des Gouverneurs und beherrscht aus ihren Fenstern die ganze eben beschriebene Aussicht. Nicht weit davon in einem beinahe noch vorteilhafteren Standpunkt befindet sich ein zweites größeres Gebäude, die sogenannte ›Villa Thorold‹, die ehemals ein englischer Kaufmann dieses Namens baute und bis zu seinem Tode bewohnte. Zufolge seines Testaments kam sie hernach mit allen seinen Besitzungen an den Erstgeborenen der Familie Canale... Auf dieses Haus, welches übrigens auf englische Art eingerichtet ist und in welchem der König, wenn er zur Wachteljagd auf die Insel kommt, zu wohnen pflegt, auf die Häuser des Gouverneurs, des Bischofs und die beiden Klöster, schränkt sich die Zahl aller in Capri vorhandenen beträchtlichen Gebäude ein«.*

Thorold hat seinerzeit wohl nur einen Bau, der dem Bischof Gallo Wandeneyden gehörte, erweitert. Seltsam ist aber die Geschichte des Engländers. Er eröffnet gewissermaßen den Reigen der Vielen, die auf Capri strandeten und für immer auf der Insel blieben. Der Baronet Sir Nathaniel Thorold mußte seiner vielen Schulden wegen England verlassen... zum Glück mit einer noch ziemlich großen Barschaft, und hielt sich in Holland auf. Dort lernte er einen Juden aus Livorno kennen, der ihn auf die Idee brachte, den Kabeljau nicht getrocknet als Stockfisch, wie das im Norden üblich war, einzuführen, sondern gesalzen wie die Heringe. Die erste Ladung gesalzenen Kabeljaus traf im Jahre 1747 in Livorno ein und wurde dem Apotheker Antonio Canale ausgehändigt. (Anscheinend handelten die Apotheker damals auch mit Fischen.) Im Hause dieses Antonio Canale lernte Thorold dessen bildschöne Frau kennen, genannt Anna della Noce, die aus Capri stammte... und Thorold verliebte sich unsterblich in die junge Frau.

Die Liebe, die dann auch erhört wurde, fiel nicht so sehr dem Ehemanne auf, der schon recht alt war und auf die Treue seines englischen Freundes schwor, als den Nachbarn und den Seelsorgern der Nachbarn. Man hetzte, man wies mit Fingern auf dieses Dreiecksverhältnis, das im Grunde nur zwei Ecken hatte, und erreichte es schließlich, daß Thorold und das Apothekerehepaar nach Neapel zogen. Da aber auch hier die bösen Zungen nicht schwiegen, ließen sie sich selbdritt auf Capri nieder. Hier wußte man auch bald einiges, duldete es aber in freundlicher Form, um so mehr als Thorold Geld unter die Leute brachte. Anna della Noce gebar ihrem Freund mehrere Kinder, die natürlich unter dem Namen Canale getauft wurden. Der damalige Wachtelbischof, Monsignore Rocco, nahm keinen Anstoß; sein einziger Kummer war nur, daß Thorold nicht der alleinseligmachenden Kirche angehörte; und er versuchte als echter Seelenhirt, die arme anglikanische Seele Thorolds vor Höllenqualen zu retten. Thorold scheint öfter mit Augenblinzeln seine Bekehrung in Aussicht gestellt zu haben . . . doch als sein seliges Ende kam, war es zu spät. Liebevoll hatte er dafür gesorgt, daß das schöne Haus und was er sonst besaß seiner geliebten Anna und deren Kindern übereignet wurde.

Klein-Gibraltar

Mit Karl III. kamen die spanischen Bourbonen nach Neapel, die die größte Mißwirtschaft einführten. Karl war ein Sohn Philipp V. von Spanien und der Italienerin Elisabeth Farnese, zugleich aber auch ein Urenkel Ludwig XIV. von Frankreich, des Sonnenkönigs. Im Wiener Frieden 1738 wurden ihm nach dem sogenannten polnischen Erbfolgekrieg Neapel und Sizilien zugesprochen, doch legte er im Jahre 1759, als sein Halbbruder Ferdinand VI. von Spanien starb, die Krone in die Hände seines Sohnes, der erst Ferdinand IV. hieß, sich aber dann, als wolle er sich ein politisches Alibi verschaffen, Ferdinand I., König beider Sizilien nannte. Er hatte nämlich bei seiner zweiten Vertreibung aus Neapel in Sizilien eine freiheitliche Konstitution beschworen, was ihn später reute. Eifrige Jesuiten suggerierten ihm darauf, sich von nun an Ferdinand I. zu nennen. In einen Namen mit einer anderen Nummer geschlüpft, könne er so die Konstitution, ohne eidbrüchig zu werden, widerrufen. So etwas gab es!

Die vielen Dynastien, die über Neapel geherrscht haben, sind für den, der sich nicht gründlich mit der Geschichte Unteritaliens befaßt hat, ein wahrer Irrgarten, noch vermehrt durch die immer wieder aufgetretenen Gegenkönige und sonstige Prätendenten.

In meiner Schulzeit in Neapel pflegte uns Schüler der

Direktor der Schule, Friedrich Kleber, im Geschichtsunterricht immer auf die acht Statuen hinzuweisen, mit denen das Königsschloß geschmückt war. Sie stellten in vereinfachter Reihenfolge, unter Auslassung der Gegenkönige und des Joseph Napoleon, der auch kurze Zeit König von Neapel war, jeweils den Ersten der Dynastie dar: Roger, der Normanne, Friedrich II. von Hohenstaufen, Karl I. von Anjou, Alfons I. von Aragonien, Kaiser Karl V. aus dem Hause Habsburg, Karl III. von Bourbon, Joachim Murat und Viktor Emanuel II. von Savoyen. Den letzten vier der Statuen legte der Volksmund folgende Worte in den Mund:

Karl V. deutet mit der rechten Hand auf die Straße und sagt (die Neapolitaner pflegten sich viel drastischer auszudrücken): »Wer hat hier sein Geschäft verrichtet?« Karl III. von Bourbon in Allongeperücke und mit dem sehr ausgeprägten Riechorgan der Bourbonen, tänzelnd sein Spazierstöckchen führend, meint dazu: »Man riecht es.« Joachim Murat, den der Bildhauer in dem Augenblick dargestellt hat, wo er vor dem Erschießungskommando steht, die rechte Hand auf's Herz legend, versichert treuherzig: »Ich schwöre, daß ich es nicht war!« Und Viktor Emanuel im wallenden Feldherrnmantel, den Degen nach oben schwingend, bestätigt zur Schande seiner Nachkommen: »Die da droben (im Königspalast), die waren es!«

Unter die Regierungszeit Karls III. fällt nicht nur die Entdeckung Herculaneums und Pompejis, man wurde auch auf die antiken Ruinen Capris aufmerksam. Es war der damalige Gouverneur der Insel, Giuseppe Maria Secondo, der in einem 1750 in Neapel gedruckten Bericht, dem König untertänigst eine Übersicht der Altertümer der Insel gab. Noch weit ausführlicher war ein Bericht Giuseppe Feolas, der, ein Urgroßonkel Edwin Cerios, lange Jahre Bürgermeister von Capri, auch als Inspektor der Altertümer amtierte. Ziemlich unheilvoll hat sich die Tätigkeit Norbert Hadrawas, eines Legationsrates der österreichischen Botschaft am Hofe von

Neapel, ausgewirkt. Anlaß dazu war die Einladung zur Wachteljagd durch König Ferdinand, damals noch der IV. Während Majestät nach Herzenslust unter den armen Wachteln aufräumte und jungen Mädchen nachjagte und ihnen dabei nicht nur in die Wangen kniff, streunte Hadrawa in den Ruinen der römischen Villen herum, und da er reiche Beute witterte, erreichte er es, daß der König ihm die Erlaubnis erteilte, einige Ausgrabungen zu machen. In einer Veröffentlichung, die er, der Zeitmode folgend, in Briefen verfaßte, berichtet er ziemlich ausführlich über diese Ausgrabungen. Das Buch ist 1793 in Neapel in italienischer und 1794 in Wien in deutscher Sprache erschienen. Er mußte diese Ausgrabungen selbst finanzieren, hielt sich aber an den Funden schadlos, die er teils den königlichen Schloßverwaltungen übergab, teils an das Ausland verschacherte. Durch ungeschickte Grabungen hat er vieles zerstört. Wäre er systematisch vorgegangen, stünden nicht nur die Ruinen heute besser da. Das aber, was weggebracht wurde, Statuen, Vasen, Marmorfußböden, Säulen und Inschriften, könnte ein ganzes Museum auf Capri füllen.

Ferdinand IV. war völlig ungebildet. Erst seine Gattin Marie Karoline, eine Tochter Maria Theresias, brachte ihm notdürftig das Schreiben bei! Seine Hauptbeschäftigung waren die Jagd und die Fischerei. Das Regieren überließ er seiner Frau und dem allmächtigen Minister Acton. Um diese Königin Marie Karoline, die in ihrer Jugend sehr schön war und die auch, was ihren Geist betraf, die Abstammung von Maria Theresia nicht verleugnete, gab es ein Gewirr von Liebesgeschichten und politischen und privaten Intrigen. Zu ihrem Freundeskreis zählten außer dem Attaché der Russischen Gesandtschaft, Andreas Rasumoffski, und dem Fürsten Caramanico, die beide gleichzeitig ihre Geliebten waren, unter anderen auch Lord William Hamilton und dessen abenteuerliche Frau, Lady Emma Hamilton, die es vom Dienstmädchen bis zur Gattin des britischen Gesandten ... und zur

Geliebten des Seehelden Nelson gebracht hatte. Denn auch Nelson gehörte zum Entourage der Königin.

Als 1799 in Neapel, nicht ohne Mitwirkung der Franzosen, die Revolution ausbrach und die Parthenopeische Republik ausgerufen wurde, mußte die königliche Familie nach Sizilien fliehen. Es war eine kurze Revolution, die von den sogenannten Sanfedisten unter Kardinal Ruffo und mit Hilfe Nelsons und seiner übermächtigen Flotte niedergeschlagen wurde. Es endete alles mit einem fürchterlichen Blutbad. Die Guillotine auf dem Marktplatz in Neapel war ununterbrochen in Tätigkeit. Man schätzt die Opfer auf dreißigtausend. Einer der Führer der Revolution, der Admiral Francesco Caracciolo, aus der alten ruhmreichen Adelsfamilie der Caracciolo, wurde gefangen, und Lord Nelson ließ ihn nach einem gar nicht fairen Gerichtsverfahren, bei dem ein Todfeind des Caracciolo mitwirkte, an einer Rahe des königlich sizilianischen Kriegsschiffes *Minerva* aufhängen.

Napoleon I. machte wenige Jahre darauf der Restauration in Neapel ein Ende. Er haßte übrigens die Königin Marie Karoline, so wie nur er hassen konnte, nicht wissend, daß er später ihre Nichte Marie Louise heiraten würde. Erst setzte er seinen Bruder als König von Neapel ein, jenen Joseph, der sich durch wenig Charakter auszeichnete und den Napoleon bald wieder auf den spanischen Thron verschob. Dafür machte er seinen Schwager, Joachim Murat, zum König von Neapel.

Capri bekam zu Beginn des Jahres 1806 eine französische Besatzung unter Hauptmann Chevret, der die Insel zu befestigen suchte. Doch schon am 22. Mai 1806 erschien vor Capri eine englische Flotte unter dem Befehl Sir Sydney Smith, des Helden von St. Jean d'Acre, und landete Truppen an der *Marina Grande*. Der Überfall gelang trotz des tapferen Widerstandes der Besatzung, deren Befehlshaber dabei ums Leben kam. Unter dem nun als Gouverneur eingesetzten Sir Hudson Lowe wurde die Insel mit einer stärkeren Garnison belegt und nach Möglichkeit befestigt. Es ist derselbe Hudson Lowe, der später der Kerkermeister Napoleon I. auf St. Helena wurde. Den Capresen ging es unter den Engländern gut. Da diese das Meer beherrschten, fehlte es nicht an guter Verpflegung, und auch der Handel mit der englischen Besatzung blühte.

Als König Murat am 15. Juli 1808 den Thron Neapels bestieg, war ihm die englische Besatzung von Capri, das die Engländer ›Klein-Gibraltar‹ nannten, von Anbeginn ein Dorn im Auge. Und er sann darauf, den Engländern die Insel wieder wegzunehmen.

Pläne für einen Handstreich dieser Art scheinen schon von Murats Vorgänger gemacht worden zu sein. Es fing mit einem Spionagefall an. Im Grunde eine korsische Angelegenheit. Napoleon I. hatte seinem Bruder Joseph den Korsen Saliceti als Polizeiminister empfohlen, der dem gut organisierten französischen kontinentalen Spionagenetz angehörte. Hudson Lowe wiederum, der von der Geschicklichkeit der Korsen in allem, was Spionage und Verschwörungen anbelangte, wußte, hatte sich auch einen Korsen als Spion zugelegt, den Antonio Suzzarelli. Eines Tages brachten die Franzosen ein Schiff auf, das Waren nach Capri schmuggeln wollte. Neben dem für Hudson Lowe bestimmten Speck fand die neapolitanische Polizei einen Agentenbericht, der von Suzzarelli stammte. Der Mann wurde gefunden und zu Saliceti gebracht. Die beiden Korsen verstanden sich, und es war für Saliceti eine Leichtigkeit, seinen Landsmann *umzudrehen*, wozu außer der landsmannschaftlichen Verbundenheit auch etliche *Carlini* beigetragen haben mögen.

Seitdem war Saliceti über alles, was auf Capri vorging, gut unterrichtet. Sir Hudson Lowe hielt man zum Narren, schickte ihm zwar *heiße Ware*, wie das in Spionagekreisen heißt, doch eben nur das, was er erfahren sollte, um keinen Verdacht zu schöpfen, wobei Suzzarelli natürlich nicht der einzige Agent war, den der Minister Saliceti eingesetzt hatte.

So kam auch Pietro Colletta, der spätere General und Verfasser einer Geschichte des Königreichs Neapel, nach Capri. Als Fischer verkleidet, kundschaftete er die günstigste Landungsgelegenheit aus und entwarf den Landeplan. Unter dem Kommando des Grafen Maximilian Lamarque nahm Colletta selbst als Offizier an dem Unternehmen teil, das er dann auch in seinem erwähnten Buch schilderte.

Der Plan war, wie aus dem Verlauf der kriegerischen Handlungen hervorgeht, folgender: Das französisch-neapolitanische Expeditionskorps sollte mit drei Gruppen operieren. Die erste war bestimmt, von Salerno aus einen Scheinangriff gegen die *Marina Piccola* auf der Südseite vorzutragen, die zweite sollte von Castellammare aus sich gegen die *Marina Grande* im Norden der Insel richten, während die dritte Gruppe, das eigentliche Landungskorps mit der Hauptmasse, von Pozzuoli auslaufend, für die Landung im Westen der Insel bestimmt war. Dort befanden sich zwar drei Forts, die die Engländer auf mittelalterlichen Befestigungen errichtet hatten, *Punta Pino*, *Campetiello* und *Orico*, aber man wußte diese Stützpunkte von Truppen des Königlichen Malteser-Regiments besetzt, die als nicht sehr zuverlässig galten. Obwohl die Küste im Westen Anacapris steil und hafenlos ist, so ist sie doch nicht sehr hoch und läßt sich mit Leitern überwinden, und diese führte das Landungskorps in großen Mengen mit sich. Man spricht von vierzehnhundert Leitern. Darunter waren auch sämtliche Leitern der Laternenanzünder Neapels, die beschlagnahmt worden waren, so daß die Straßen während des Angriffs auf Capri wohl für mehrere Tage oder – besser gesagt – für mehrere Nächte im Dunkeln gelegen haben müssen.

Als dann am 4. Oktober die Schiffe General Lamarques gleichzeitig die Süd- und die Nordküste von Capri angriffen, und zwar mit sehr heftigem Feuer, so daß diese Scheinangriffe keinen Verdacht erwecken konnten, glaubte Hudson Lowe, daß hier die Hauptgefahr drohe, und setzte alles zur Verteidigung der beiden Marinen ein. Während man im englischen Hauptquartier glaubte, beide Angriffe abgeschlagen zu haben, da die Gegner von einer Landung Abstand nahmen, landete um drei Uhr nachmittags die Hauptmacht Lamarques in der Nähe des Forts *Orico*, und es gelang trotz anfänglicher scharfer Abwehr, die Küste mit den mitgeführten Leitern zu ersteigen und die Malteser aus ihren Stellungen zu werfen. Hudson Lowe mußte schleunigst sein Quartier in Anacapri verlassen. Man erzählt, daß ein Küchenjunge, der einen fetten Truthahn für die Abendmahlzeit des Gouverneurs einfangen wollte, von einer französischen Kugel niedergestreckt wurde und auch der arme Truthahn ein gleiches Schicksal erlitt. So setzte sich Hudson Lowe hungrigen Magens nach Capri ab und beorderte zwei Kompanien des königlich korsischen Regiments nach Anacapri. Sie trafen zu spät ein. Inzwischen hatten die Franzosen nämlich auch die Felsen nahe der Blauen Grotte, ›*Le Gradelle*‹ genannt, erstiegen und die Malteser auf dem Hochplateau von *Damecuta* in die Zange genommen, so daß sie sich nach dem *Monte Solaro* zu zurückziehen mußten. Bei diesen Kämpfen fiel der Kommandant des königlichen Malteserregiments, Major Hamill, ein Ire. Sein Degen wurde General Lamarque ausgehändigt. Die zwei zur Hilfe eilenden Kompanien des korsischen Regiments mußten den Rückzug nach dem *Monte Solaro* mitmachen und wurden von dem einzigen Verbindungsweg, auf dem sie gekommen waren, der antiken Treppe, abgeschnitten.

Lange konnten die Korsen und Malteser die Stellung am Nordhang des Berges nicht halten, da das Fort auf der Bergspitze nicht mit Artillerie bestückt war. Im Schutze der Nacht gelang es den Korsen über den sogenannten ›*Passatiello*‹, einen halsbrecherischen Pfad am Osthang des *Solaro*, nach Capri hinunterzusteigen und zu den restlichen Truppen Hudson Lowes zu stoßen. Die Soldaten des königlichen Malteserregiments überließ man dagegen ihrem Schicksal:

sie wurden gefangengenommen und nach Neapel überführt. Ursprünglich bestand die Garnison Capris nur aus dem korsischen Regiment unter dem Befehl des Hauptmanns Church und wurde erst später durch das Malteserregiment verstärkt, einen bunt zusammengewürfelten Haufen von Söldnern verschiedener Nationalität. Ihre Kampfmoral war gering. Die Korsen waren tapferer. Dabei mußten sie zum Teil gegen ihre Landsleute kämpfen, die unter Murat dienten. Wie später festgestellt wurde, standen sich in dieser Schlacht um Capri zwei korsische Brüder gegenüber!

Nun hatten die Franzosen ganz Anacapri in der Hand und konnten vom Rande der Felswand des *Solaro* mit ihren Geschützen nach Capri hinunterschießen. Dennoch war die Lage Hudson Lowes nicht verzweifelt. Seine Artillerie hatte die Höhen des *Castiglione* und des *Monte San Michele* besetzt. Es fehlte weder an Munition noch an Verpflegung, um eine Belagerung von vielen Wochen auszuhalten oder das Aufkreuzen einer englischen Flotte abzuwarten.

Die antike Treppe nach Anacapri war leicht durch Geschützfeuer zu bestreichen. Es gelang den Franzosen aber auf dieser Treppe in den darunterliegenden Landstrich von *Campo Pisco* hinabzusteigen und das ganze Tal der *Marina Grande* zu besetzen. Freilich, sie hätten nur mit großen Verlusten gegen den kurzen Mauerstreifen zwischen *Monte San Michele* und *Castiglione* vordringen können, und so blieb es bei einem Feuerwechsel, ohne daß ein Sturm auf die Stadt Capri stattgefunden hätte.

Schließlich kreuzte die erwartete sizilisch-englische Flotte auf, die aber nur einen schwachen Versuch machte, dem belagerten Capri Beistand zu leisten. Zur gleichen Zeit liefen von Massa Lubrense französische Kanonenboote aus, die die Verpflegungsschiffe des Expeditionskorps sicherten und zugleich Vorstöße gegen die feindliche Flotte im Süden der Insel machten. An der *Punta Campanella* stand schon König Murat, um das Kampfgeschehen übersehen zu können. Die englischen Schiffe kreuzten noch einige Zeit vor Capri und verschwanden dann. Man sprach von Verrat. In einem Manuskript des Priesters Farace, von dem wir noch hören werden, heißt es, König Murat habe dem Befehlshaber der gegnerischen Flotte von Massa Lubrense aus nächtlicherweise ein schönes Geschenk überreichen lassen.

Die Belagerung dauerte bis zum 16. Oktober; dann kapitulierte Hudson Lowe. Gerade am Tage der Kapitulation, als es zu spät war, erschien eine große englische Flotte mit Kriegs und Transportschiffen, auf denen das Eliteregiment Watteville eingeschifft war. Aber der Flottenkommandant konnte nur die inzwischen abgeschlossene Kapitulation feststellen, die es Lowe und der Besatzung erlaubte, unter ehrenvollen Bedingungen auf eigenen Fahrzeugen die Insel zu verlassen und nach Sizilien zu fahren.

Der Handstreich der franko-neapolitanischen Truppen auf Capri hat einen Capresen zu einem epischen Gedicht, *La presa di Capri* veranlaßt, das dem Francesco Alberino zugesprochen wird. Es sind zwei Fassungen bekannt: die Ausgabe von 1892, in Neapel erschienen, mit einer höchst abgeschmackten Vorrede eines gewissen Raffaello Flaminio, und ein handschriftliches Fragment, das in Einzelheiten von dem gedruckten Werk abweicht, aber besonders interessant durch die Kommentare ist, die man einem Antonio Farace zuschreiben muß. Wahrscheinlich ist nicht Alberino, sondern Antonio Farace der Verfasser der elf Gesänge der *Presa di Capri*. Alberino war ein Schreiner aus Anacapri von geringer Bildung und wurde im Jahre 1808 geboren, wäre also im Jahre 1892, als das Büchlein gedruckt wurde, vierundachtzig Jahre alt gewesen. Aus eigener Anschauung konnte er die Ereignisse gar nicht schildern. Die Verse müssen von einem Augenzeugen stammen. Douglas meinte, das Gedicht erinnere trotz vieler holpriger Stellen in seiner Anschaulichkeit an den englischen Dichter William Blake. Die Verfasserschaft des Antonio Farace wird noch dadurch erhärtet, daß der in der Schlacht um Capri gefallene Major Hamill im Hause des Gabriele Farace wohnte, der der Onkel von Antonio Farace war. Das handschriftliche Fragment enthält auch folgende Widmung:

»To the noble Family Hamill in sign of devotion and gratitude.« Und am Beginn einer Strophe heißt es: »Ich sehe den Mut meines Quartiermeisters.« Hamill war mit der Familie Farace befreundet. Die Kommentare zu dem handschriftlich erhaltenen Fragment geben viele Hinweise auf Capreser Örtlichkeiten, so auch in bezug auf die *Gradelle* nahe der Blauen Grotte. Es handelt sich um Stufen, die schon im Altertum in den Felsen gehauen worden waren, um einen Landzugang zur Blauen Grotte zu schaffen.

Die Gebeine des Majors Hamill ruhten ungefähr an der Stelle, wo er gefallen war. Später kamen sein Vetter und seine Base Catherine nach Capri und ließen die Gebeine Major Hamills – er war Ire und katholischer Konfession – mit kirchlichem Segen begraben und eine Gedenktafel an dem kleinen Platz vor der Pfarrkirche S. Sofia in Anacapri anbringen.

Das dem Alberino zugeschriebene Gedicht, das aber nicht von ihm stammt, hat Sir Lees Knowless, der Verfasser von *The British in Capri 1806-1808*, einem Buch, das die damaligen Kämpfe schildert (London 1918), ins Englische übersetzt. Die Übersetzung erschien in London im Jahre 1923.

Die Blaue Grotte und die Nachromantiker

Die Herrschaft König Murats dauerte nur bis zum Wiener Kongreß. Dann wurde das Königreich wieder Ferdinand IV. zugesprochen. Murat hatte anfangs gehofft, durch geschicktes Paktieren mit den Siegermächten von 1814, ähnlich wie Bernadotte in Schweden, sein Königreich behalten zu können, doch als Napoleon von Elba zurückkehrte, setzte er auf das falsche Pferd. Er verlor zwei Schlachten gegen die Österreicher, die für Ferdinand oder, besser gesagt, für Marie Karoline kämpften, und etwas später, bei dem abenteuerlichen Versuch, mit einem kleinen Korps von Korsen in Süditalien zu landen, wurde er am 13. Oktober 1815 im Vorhof des Castello Pizzo in Kalabrien erschossen.

Murat beseitigte zwar die feudalen Vorrechte der Barone, die Privilegien der Kirchen und schloß die Klöster – so auch die beiden Klöster auf Capri – dennoch genoß er nie große Sympathien, schon gar nicht auf Capri. Viele Besucher aus jener Zeit bestätigen, daß die Capresen mit der englischen Besatzung weit mehr zufrieden waren.

Ferdinand IV. kehrte nun aus Sizilien als Ferdinand I. mit dem Titel König beider Sizilien zurück – ungern, wie man sagt, denn er hatte sich in Sizilien in Lucia Migliaccio, die Fürstin von Portanna, verliebt, die er nach Marie Karolinens Tod auch heiratete. Jedenfalls begann mit seiner Rückkehr wieder die rückschrittlichste Restauration.

Mit der Eroberung Capris durch die Franzosen im Jahre 1808 hatte Capri gewissermaßen zum letzten Mal im Rampenlicht der Geschichte gestanden. Es sollte nun eine weit friedlichere Eroberung folgen, die mit der sogenannten Entdeckung der Blauen Grotte beginnt.

Es ist erwiesen, daß die Blaue Grotte auf Capri schon immer bekannt war, ebenso sicher ist aber, daß sich seit der Zeit des Tiberius niemand mehr so recht um die Grotte gekümmert hat. Um wiederentdeckt zu werden, brauchte sie ein romantisches Klima, die Naturbegeisterung, die mit Jean-Jacques Rousseau begann und mit der deutschen Romantik die höchste Blüte erreichte.

Und da wären wir bei Kopisch. Er ist heute nur noch eine Angelegenheit der Literaturgeschichte. Man weiß, er wurde 1799 in Breslau geboren, hat schnurrige Gedichte geschrieben, Dantes *Divina Commedia* übersetzt und mit viel Verständnis neapolitanische Volkslieder, darunter ein kleines Meisterwerk, den Tarantella-Gesang von einem Flunder-Männchen, dem ›*Guaracino*‹, und einer Sardelle. Er starb als Angestellter des königlich-preußischen Hofmarschallamtes mit dem Titel Professor ... und erfand einen patentierten Schnellofen. Eigentlich wollte er Maler werden, studierte an den Akademien von Prag, Wien und Dresden ... und brach sich die Hand beim Eislauf. Heilungsuchend reiste er nach Italien und entdeckte dort unter der herablassenden Gönnerschaft des Grafen August von Platen-Hallermünde sein Dichtertalent. Unter Mitwirkung des Malers Fries, des Fischers Angelo Ferraro und des Notars Pagano entdeckte er dann auch noch die Blaue Grotte. Ein obskurer Literat, Morgigni Novella, war wohl der Erste, der dem Fischer Ferraro die Entdeckung der Blauen Grotte zuschreiben wollte, und zwar schon 1822, also vier Jahre vor Kopischs Aufenthalt auf Capri. Da Kopisch nicht viel Aufhebens von seiner Entdeckung machte und lediglich einen Bericht in das Gästebuch des Hotels Pagano eintrug, war das Wissen um diese Entdeckung auf einen kleinen Kreis beschränkt. Später hieß es meist, zwei Engländer hätten die Grotte entdeckt, wie es noch in dem *Nouveau Guide du voyageur en Italie*, Mailand 1836, steht. Vielleicht rührt das daher, daß man in Neapel, und so auch auf Capri, Fremde im allgemeinen als ›inglesi‹ oder ›*francesi*‹ bezeichnete, ohne sich um das tatsächliche Heimatland zu kümmern. Übrigens haben selbst Freunde Kopischs wie Graf Platen und Waiblinger den Namen des Kopisch im Zusammenhang mit der Blauen Grotte nie genannt. Auch in der dänischen Originalausgabe von Andersens Roman *Improvisatoren* aus dem Jahre 1835 ist in bezug auf die Grotte von Engländern die Rede. Erst im Jahre 1838 veröffentlichte Kopisch seine *Entdeckung der Blauen Grotte* in dem von Alfred Reumont herausgegebenen Jahrbuch Italia. Weit lebendiger hat Kopisch die Entdeckung in zwei Briefen an seine Mutter geschildert, die allerdings erst 1894 in der Berliner Wochenzeitschrift *Der Bär* 20. Jahrgang, Nr. 33–36 veröffentlicht wurden.

Es ist durchaus glaubhaft, daß der Fischer Angelo Ferraro die Blaue Grotte schon vorher gekannt hat, wie ja auch der Notar Pagano davon wußte. Er konnte sie nur schwimmend erreicht haben. Bei der Auskundschaftung der Grotte durch Kopisch und seine Gefährten Fries und Pagano, ruderte Ferraro allerdings auf einer Kufe durch den engen Grotteneingang. Wohl deshalb, weil er die Pechfackeln zur Erleuchtung der Grotte mit sich führte. Das Klügste hat Norman Douglas auf die Frage gesagt, wer nun eigentlich die Grotte entdeckt habe: »Ferraro und seine Vorfahren mögen die Blaue Grotte wohl gekannt haben, doch sie entdeckten sie nur in dem Sinne, in dem man von den Rothäuten sagt, sie hätten die Niagarafälle entdeckt.« Der Ruhm, die Blaue Grotte entdeckt zu haben, wurde dem Fischer Ferraro erst von anderen aufgedrängt. So berichtet auch Dumas in seinem Roman *Speronare*, Paris 1855, von einer Begegnung mit dem »eigentlichen« Entdecker Ferraro.

Anfang Oktober 1828 landete auf Capri der Poet Wilhelm Waiblinger und blieb bis Anfang November. Er stieg in der Casa Pagano ab und erklärte Capri zu seiner Lieblingsinsel. Damals zählte er vierundzwanzig Jahre, hatte sich aber schon durch gelungene Reiseschilderungen aus Italien einen Namen gemacht. Auch launige Erzählungen und Gedichte schrieb er, von denen die besten allerdings erst nach seinem frühen Tode gedruckt wurden.

> *Möge kein Frühling mir verblühen,*
> *wo dein himmlischer Strand den Gast nicht aufnimmt,*
> *nicht den Gast; denn Vertrauter, Kind und Liebling*
> *bin ich dir. Mich erkennt Haus und Garten,*
> *Palm' und Feige, mich Fels und Fischerhütte,*
> *mich der Mensch, die Natur...*

singt er in seinem ›Letzten Lied aus Capri‹, das er auf dem Totenbett dichtete.

In seinen Briefen gibt er eine anschauliche Schilderung der Insel. Wir erfahren von dem guten Tisch bei Pagano, von den Krammetsvögeln und Wachteln und *frutti di mare*, und er ließ sich von seinen Tischgenossen erzählen, daß auf den *Faraglioni* guter Spargel wachse. Vielleicht hat er es falsch verstanden; denn es wird sich um den scharfblättrigen Spargel *(Asparagus acutifolius)* gehandelt haben, dessen zartgrünes Kraut auf Capri vielfach als Brautstrauß verwendet wird. Eine uralte Sitte, die in Griechenland heimisch war, so daß man an eine alte Tradition glauben könnte. Da dieser zartgrüne Schleier des Spargelkrautes später hart und stachelig wird, behaupten böse Zungen, das sei so recht ein Symbol der Ehe: erst zart und weich ... und dann hart und ziemlich stachelig.

Waiblingers Tischgenossen waren außer dem Inhaber des Hotels, Don Giuseppe Pagano, ein Pfarrer, ein Arzt und weitere Honoratioren der Insel, von denen er auch einiges über die Geschichte der Insel erfährt, was er auf seine Weise verarbeitet. So schreibt er in seinem dritten Brief aus Capri über die Blaue Grotte, »welche einige Deutsche entdeckt haben wollen. Wenn dies auch nicht eben der Fall ist, indem sie sich schon in dem verdienstvollen Büchlein über den Meerbusen von Neapel, ›Seno-Cratere‹ genannt, von Domenico Antonio Parrino 1700 vorfindet, so ist es doch gewiß, daß ihnen das Verdienst zukommt, die Aufmerksamkeit der Reisenden von neuem auf sie hingedeutet zu haben.« Seltsam, daß er Kopisch, mit dem er doch in Rom zusammengekommen war, nicht erwähnt. Und was den Parrino betrifft, dessen Buch in der ersten Auflage übrigens nicht 1700, sondern 1709 erschien, so hat er die Blaue Grotte gar nicht gekannt. Die Grotte, die er beschrieben hat, vermutlich nicht nach eigener Anschauung, sondern nach Capaccio, ist die schon erwähnte *Grotta oscura*.

Zur Veranschaulichung des lokalpolitischen Kolorits jener Zeit sei noch erwähnt, daß Waiblinger von den Insulanern nur Gutes über die Zeit der englischen Besetzung der Insel hörte. Er fand die Insel mit optischen Telegraphen gespickt, und es mangelte nicht an Befestigungen, Kanonen und Kriegsmaterial aller Art . . . nur Soldaten waren nicht da! Typisch für die Schlampigkeit der bourbonischen Verwaltung, die meist die Hauptsache vergaß.

Natürlich fehlt in Waiblingers Briefen auch nicht der Hinweis auf die Streitigkeiten zwischen Capresen und Anacapresen, doch meint er, daß die Insulaner im Ganzen ein gemütliches Völkchen seien. Er lobt ihren tolldreisten Mut, ihre Gewandtheit im Klettern und ihre Tüchtigkeit als Seeleute, was sie veranlasse, geringschätzig auf die Festlandsmatrosen, etwa die von Sorrent, herabzusehen.

Es ist eine glückliche Zeit für Waiblinger. Er ist einmal wieder seiner Nena entlaufen, mit der er zusammenlebt und die von ihm ein Kind erwartet. Scherzhaft nennt er sie ›*cornacchia*‹, die Krähe, die ihm mit ihrer Eifersucht – und sie hatte allen Grund dazu! – das Leben schwer macht. Dennoch kommt er nicht los von ihr.

Waiblinger streunt auf der Insel herum, freut sich diebisch, die lokalen Flüche und Kraftausdrücke, die er lernt, anbringen zu können. Auch bei Nennung der Örtlichkeiten der Insel merkt man, daß er, um mit Luther zu reden, dem Volk aufs Maul geschaut hat, und so tauchen Ortsnamen wie *Tracara, Macromagna, Fariglioni, Solaria, Damicuta* in mundartlicher Verballhornung auf. »Am meisten vergnüg ich mich aber mit alten Chronisten von Capri und Amalfi«, schreibt er in seinem siebten Brief aus Capri, was ihn nicht hindert, das *Castello Barbarossa*, das nach dem berüchtigten Korsaren Cheireddin Barbarossa so genannt wurde, vom Kaiser Friedrich Barbarossa erbauen zu lassen:

> *Ein andrer Kaiser ist's, der Held vom Norden,*
> *der Hohenstauf' ist mit dem roten Bart*
> *der Insel Herr, des Schlosses Gründer worden.*
> *Und wo der Waiblinger in freiren Tagen*
> *gethront, denkt oft ein Dichter dran, die Namen*
> *der Großen einst zu feiern, die ihn tragen.*

Vielleicht hat ihn vor allem die zufällig sich ergebende Möglichkeit gereizt, seinen Namen in die Verse miteinzuweben, eine für Waiblinger bezeichnende Koketterie, doch wiederholt er die irrtümliche Namensableitung auch in seinem *Märchen von der Blauen Grotte*: ». . . der jähe Felsen, den sich der hohenstaufische Friedrich zu einem Schloß erwählt.« Später wird noch einmal Hermann Lingg diesen saftigen historischen Lapsus wiederholen:

> *. . . dort drüben die Villa des Römertyrannen,*
> *ein wüster, zertrümmerter Steinkoloß,*
> *und hier fast wie aus deutschen Tannen*
> *ein hohenstaufisches Felsenschloß.*

Köstlich ist auch die gleiche Feststellung in einem Lexikon der Zeit, der Allgemeinen Encyclopädie der Wissenschaften und Künste, 15. Theil, Leipzig 1826, Seite 145-146 Capreae von W. Müller: »Anacapri mit einer Burg aus der Zeit Kaiser Barbarossas.«

Waiblinger war übrigens nie in der Blauen Grotte, was bei heftigen Herbststürmen auch schwierig ist. *Das Märchen von der Blauen Grotte* ist ein phantastisches Durcheinander um einen Prinzen Manfred, eine Manuela und einem Zuviel an Feen, Mohrenfürsten und feurigem Phosphorblau. Alles in allem eine unausgegorene Erzählung, aber kein Märchen.

Da sind seine Briefe und auch seine *Lieder aus Capri* weit wertvoller und verdienen der Vergessenheit entrissen zu werden:

> Mein Umgang, meine Freunde, sind die alten
> entblößten Felsen, der umrauschten Klippen
> schwermütige gigantische Gestalten.
> Denn wie die Insel fern vom festen Lande
> verlassen ruht, so knüpfen mich ans Leben
> nicht mehr beglückende beglückte Bande.

Es klingt wie eine Vorahnung von seinem baldigen Tod.

Oscar Wilde läßt einmal in seinem *Dorian Gray* sagen: »Mäßige Dichter faszinieren fast immer und sind unwiderstehlich. Sie leben die Gedichte, die sie nicht schreiben können; die anderen schreiben Gedichte, die zu leben sie sich nicht getrauen.« Es wäre ungefähr der Gegensatz zwischen Hölderlin und Waiblinger. Hölderlins Leben, das bewußte, bis zum Ausbruch des Wahnsinns, verlief in einer ängstlichen Bescheidenheit und hatte nichts vom Heldenglanz des Hyperion an sich; Waiblinger hingegen stürmte durch ein Leben voller Liebesaffären, Wein und Kampfbereitschaft, und es war nicht mangelnder Lebensmut, der ihn zerbrach, sondern die Lungenschwindsucht, die den Anforderungen dieses dionysisch berauschten Lebens nicht gewachsen war. Bekannt ist ja, daß Waiblinger in jungen Jahren sich des geisteskranken Hölderlin angenommen hat. Sein Roman, der *Phaethon*, ist nichts als eine Nachahmung des Hyperion.

Waiblingers kurzes Leben, wollte man es schildern, würde zu einem dickleibigen Roman. Er, den der Vater zum Pfarrer bestimmt hatte, der schon mit sechzehn Jahren ein

Drama, *Anna Bullen* schrieb, ganz von Shakespeare beeinflußt, der am Ende dem Pharisäertum des Tübinger Stifts entfloh, weil er, ganz anders als Mörike und die Freunde, mit denen er Blutsbrüderschaft schloß, ein Mensch von maßloser Triebhaftigkeit mit einem Hang zum Überschwenglichen war, gemäßigt nur durch einen scharfen Verstand. In der Freiheit, die ihm dann Italien bot zwischen Not und Glück, mußte ein Charakter wie er sich verbrauchen. Schon vom Tode gezeichnet erstieg er in Sizilien noch den Aetna, und was der starke Wein, den er genoß, die körperliche Erschöpfung und die Lungenschwindsucht nicht ganz schafften, das vollendeten die Ärzte der damaligen Zeit. Den neun Blutstürzen Waiblingers begegneten sie mit vierzehn Aderlässen. Und doch diktierte er in diesem Zustand noch sein *Letztes Lied aus Capri*, das Hölderlinsche Diktion hat:

> *Capri wird mir stets der Edelsteine*
> *wundervollster genannt, den Vater Ocean*
> *mit der Wogen Azur umfängt; kein Eiland*
> *sei ihm gleich, obs mit Weinlaub Bacchus kränze,*
> *obs im furchtbaren Fels der Vorwelt Schrecknis,*
> *den Gedanken der Einsamkeit und deine*
> *Werkstatt, Mutter Natur, im Schoße verberge,*
> *blütenerweckender Hauch des Westes oder*
> *Sturm das Haupt ihm umweht, obs Sitt' oder Unschuld*
> *stillen Fischern, ein Greul der Geschichte,*
> *künftigen Zeiten zum Graun geweiht: mein Eiland*
> *bist du ...*

Waiblinger starb am 17. Januar 1830, mit erhobenen Händen die Erlösung von seinem Leiden erflehend. Man begrub ihn in Rom bei der Pyramide des Cestius, wo auch drei andere Italienfahrer ruhen, die jung gestorben waren: Keats, Shelley und August v. Goethe, der unglückliche Sohn des großen Vaters.

Die Tagebücher des Grafen von Platen-Hallermünde erhellen über die Zeit seines dreiwöchigen Aufenthaltes auf

Capri wenig, was erwähnenswert wäre. Er war ein Jahr vor Waiblinger auf der Insel und traf dort mit Kopisch und dem Maler Rehbenitz zusammen. Die schöne Ekloge, die er auf der Insel verfaßte, *Die Fischer auf Capri*, bringt zum Schluß auch wieder den alten Irrtum, daß Julia, »die Tochter Augusts, hier süße Verbrechen beweinte«.

In seiner fragmentarischen *Geschichte des Königreichs Neapel*, die auf gute Quellen zurückgeht und recht ordentlich abgefaßt ist, bringt er auch die Episode der Eroberung Capris im Jahre 1441 nach den sogenannten ›*Diurnali*‹ des Herzogs von Monteleone.

Kurze Zeit nach Waiblinger besuchte auch der junge Felix Mendelssohn-Bartholdy die Insel auf einer etwas eiligen Reise von Pozzuoli über Ischia und schildert seine Eindrücke der Lieblingsschwester Fanny Hensel sowie der Rebekka Dirichlet in seinem Brief vom 28. Mai 1831.

Anderen Tags fuhren wir nach Capri. Das Ding hat schon was Morgenländisches an sich, mit der glühenden Hitze, die von weißen Felswänden abprallt, mit den Palmen und den runden Kuppeln der Kirchen, die wie Moscheen aussehen. Der Scirocco war brennend und machte mich zum rechten Genießen untauglich, denn in dieser Sommerhitze fünfhundertsiebenunddreißig Stufen hinauf und dann wieder hinunter zu steigen nach Anacapri hin, ist eine Pferdearbeit. Aber wahr ist es, daß das Meer sich ganz wunderbar schön ausnimmt von dem kahlen Felsen herunter und zwischen den tollen Zacken hindurch. Vor allem muß ich aber von der Blauen Grotte erzählen: denn die kennt nicht ein jeder, weil man nur bei stillem Wetter oder schwimmend hineinkann. Wo die Felsen ganz senkrecht ins Meer hineinstehen und vielleicht auch unter dem Wasser eben so hoch sind, wie darüber, da hat sich eine gewaltige Höhle gebildet, aber so, daß im ganzen Umkreis der Höhle die Felsen mit ihrer Breite auf dem Meere ruhen oder vielmehr unmittelbar hineinhängen und erst von da aus aufsteigen bis zur Wölbung der Höhle; das Meer füllt also den ganzen Boden der Höhle aus, und diese hat ihre Öffnung unter dem Wasser; nur ein kleines Stück der Öffnung ragt über dem Wasser hervor, und durch dies kleine Stück fährt man nun mit einem schmalen Kahn, auf dessen Boden man sich ausstrecken muß, hinein. Ist man einmal drin, so liegt die ganze ungeheure Höhle mit ihrer Wölbung über einem, und man kann frei wie unter einem Dome darin herumrudern. Das Sonnenlicht fällt aber nun auch durch die Öffnung unter dem Wasser hinein, wird durch das grüne Meerwasser gebrochen und gedämpft, und daher kommen die zaubrischen Erscheinungen. Die ganzen hohen Felsen sind himmelblau und grünlich im Dämmerlicht, etwa wie im Mondenschein; doch sieht man alle Ecken und Vertiefungen deutlich; das Meer aber ist durch und durch vom Sonnenlicht beleuchtet und erhellt, so daß der schwarze Kahn auf einer hellen glänzenden Fläche schwebt; die Farbe ist das blendendste Blau, das ich je gesehen habe, ohne Schatten, ohne Dunkelheiten, wie eine Scheibe des hellsten Milchglases; und wie die Sonne durchscheint, so sieht man auch ganz deutlich alles, was unter dem Wasser vorgeht, und das ganze Meer mit seinen Geschöpfen tut sich auf. Da sieht man an den Felsen die Korallen und Polypen sitzen, tief unten begegnen sich Fische aller Art und schwimmen an einander vorüber, die Felsen werden gegen das Wasser zu immer dunkler, und am Ende, wo sie dicht darüber hängen, sind sie schwarz, und man sieht weiter unter ihnen fort noch das helle Wasser mit Krebsen, Fischen und Gewürm darin. Dazu hallt es ganz wunderlich in der Grotte von jedem Ruderschlage wieder, und wie man an den Wänden umherfährt, so kommen neue Gestalten zum Vorschein. Ich wollte, Ihr könntet das sehen, denn es ist ganz sonderbar zauberhaft. Dreht man sich nach der Öffnung um, durch die man hereinkam, so scheint das Tageslicht rotgelb hindurch, dringt aber nicht weiter als ein paar Schritte davon, und so ist man ganz einsam auf dem Meere unter den Felsen mit seinem eigenen besonderen Sonnenlichte; es ist, als könne man einmal ein wenig unter Wasser leben.

Dieser frühen Schilderung der Blauen Grotte dürfte nur die Beschreibung vorangegangen sein, die Kopisch in das Fremdenbuch des Hotels Pagano eintrug.

Natürlich hängt das Blau der Grotte immer von der Tageszeit und auch vom Wetter ab, und so verschieden sind dann auch die Schilderungen in den hundertfünfundsechzig Jahren seit ihrer ›Entdeckung‹. Romanschriftsteller haben sich der Blauen Grotte bemächtigt und Liebespärchen dort, vom Sturm überrascht, übernachten lassen, von Andersens *Improvisator* bis zu Conrad Telmann *Auf der Sireneninsel* und anderen, und ein Herr P. E. Lorenz schrieb das Textbuch zu einer romantischen Oper in sieben Bildern und einem Intermezzo, Neapel 1902 ... eine Oper, die wohl nie aufgeführt worden ist. Furchheim, Petraccone, Douglas, Edwin Cerio, Friedlaender und Amedeo Maiuri haben die Grotte und ihre Geschichte erforscht und über den langen Gang gerätselt, der sich von der Grotte in den Berg hineinzieht, und von dem der gute Mac Kowen sogar fabelte, daß es ein geheimer Gang des Tiberius zur Villa von *Damecuta* war.

Auf Millionen von Ansichtspostkarten, blau in blau, ging die Grotta Azzurra in alle Welt, Tausende von Bildern wurden gemalt und Millionen Bildstreifen belichtet. Bei solchem Verschleiß von Geist und Papier, Farbe und Leinwand und Zelluloid sind der Ruhm und die blaue Farbe natürlich abgegriffen worden, und zu der Begeisterung von einst gesellte sich bei so viel mitverarbeitetem Kitsch auch die Blasiertheit oder man wurde schnoddrig wie jene Berlinerin, die meinte, die Grotte sei eben nicht so blau wie noch mal so blau.

Die blaue Faraglioni-Eidechse

Mit dem blauen Meer, dem blauen Himmel und der Blauen Grotte sind die blauen Wunder der Insel noch nicht erschöpft. In der Macchia von Capri, dieser anheimelnd duftenden Pflanzendecke von Büschen, Blumen und Krüppelbäumen, die es da und dort noch gibt, auf dem Tiberio, bei Tragara, an den Abhängen des Solaro, findet man hin und wieder zwischen Ginster, Wolfsmilch, Goldregen und baumwüchsiger Erika den rosmarinblättrigen Steinsamen (Lithospermum rosmarinifolium), dessen Blüten an das Blau des Enzians erinnern. Ignazio Cerio und Raffaello Bellini, die um die Jahrhundertwende die Flora von Capri systematisch einordneten und beschrieben, sahen in dieser Pflanze ein endemisches Gewächs der Insel, das sie ›Lithospermum rosmarinifolium Tenore‹ nannten nach dem neapolitanischen Naturforscher Michele Tenore, der wohl zuerst auf diese seltene Pflanze hingewiesen hat. Gewisse Gewächse, die als besonders typisch für Capri galten wie die sogenannte Capri-Winde (Convolvulus Cenorum), die zerbrechliche Glockenblume (Campanula fragilis), die Limonium-Art Statice cumana und eine Narzisse (Narcissus Ascheronsi) kommen allerdings auch anderswo vor und sind auf Capri größtenteils ausgestorben.

Doch um bei der blauen Farbe zu bleiben: es gibt auch blaue Eidechsen auf Capri. ›Geschwärzte Eidechsen‹, sagen die Zoologen, die damit auf die Vermehrung der dunklen Farbzellen anspielen. Doch ich kann mir nicht helfen, diese Eidechsen haben tiefblaue Bäuchlein!

Wer weiß, wann zuerst ein menschliches Auge die blaue Eidechse erblickt hat. Vielleicht schon, als Capri von den Griechen aus Euboia in Besitz genommen wurde. Damals mögen Fischer, die die riesigen Klippen an der Südspitze der Insel nach Krebsen absuchten, die blaubäuchigen Tiere gesehen haben. Und weil die alten Griechen den Eidechsen chthonischen Ursprung nachsagten, weihten sie auch diese Eidechsen dem Apollon. Denn die Euboier verehrten Apollon als Todesgott vor allen anderen Göttern.

Das blaue Farbkleid dieser Eidechse gibt ein Rätsel auf, das mit der Frage beginnt, warum diese kleinen Sonnen- und Lichtfreundinnen ihre blaue Tracht nur in der Abgeschiedenheit zweier Klippen tragen.

Die neuere Geschichte der blauen Eidechse beginnt mit dem Jahre 1870, als der Capreser Arzt und Naturforscher Ignazio Cerio den deutschen Zoologen Theodor Eimer auf die blauen Eidechsen des äußeren und mittleren Faraglione hinwies. Einheimische Kletterer hatten schon früher den über hundert Meter hohen äußeren Faraglione bezwungen, den sogenannten ›Scopulo‹, und dort Holz geschlagen, wiesen die Klippen doch früher Baumwuchs auf. Die kühnen Kletterer sahen bei dieser Gelegenheit auch die blauen Eidechsen, ohne jedoch viel Aufhebens davon zu machen: es ist so vieles blau auf Capri ... warum nicht auch die Eidechsen?

Die blaue Eidechse war also längst entdeckt, aber sie brauchte, um zoologisch anerkannt zu werden, einen hochoffiziellen Entdecker, der sie in die Nomenklatur der Lacertiden einreihte und dahinter das Gewicht seines akademisch verbrieften Namens setzte. Erst dann ging sie in die Naturgeschichte und in ... *Brehms Tierleben* ein.

Dieser offizielle Entdecker präsentiert sich in der Gestalt des Professors Doktor Theodor Eimer, damals Privatdozent an der Universität Würzburg, der 1872 zwei Exemplare der blaubäuchigen Tierchen den Mitgliedern der Physikalisch-Medizinischen Gesellschaft, also einem ganz erlauchten Auditorium, vorführte und später mehrere Abhandlungen darüber schrieb. Nach seiner Ansicht hatte sich die blaue Eidechse durch Auslese und Anpassung im Sinne der Darwinschen Lehre aus der häufig auf Capri vorkommenden Mauereidechse entwickelt. Eimers Ansicht blieb damals nicht unwidersprochen. Vor allem der Zoologe J. von Bedriaga erwies sich als grimmiger Widersacher, und andere Naturforscher wie Wallace, Giglioli, Lehrs und so weiter halfen eifrig mit, den Streit um die Farbe der Tiere auszuweiten. Theorie stand gegen Theorie, und die so plötzlich vor das Forum der Naturgeschichte zitierten Echsen wußten nun gar nicht, wem sie ihr Dasein und ihre blaue Farbe zu verdanken hatten.

Jahrzehntelang holte der Fischer Giuseppe Spadaro die blauen Eidechsen von den sonnendurchglühten Wänden der beiden Riesenklippen. Er und später seine Söhne belieferten ausgiebig (und nicht zu billig!) die Terrarien der Privatsammler und der Zoologischen Gärten. Es ist lustig zu lesen, wie die Forscher sich kurz nach der Entdeckung an Ignazio Cerio wandten und eifersüchtig darauf bedacht waren, als Einzige die blauen Eidechsen in die Hände zu bekommen. Der Sohn, Edwin Cerio, der selbst mit liebenswürdiger Ironie ein bunt illustriertes Märchen von den Faraglioni-Eidechsen geschrieben hat, zeigte mir noch einen Brief Eimers aus dem Jahre 1875 in welchem er Ignazio Cerio bat, »doch nichts gegenüber jenem Studenten aus Jena« verlauten zu lassen, der ein Bandit sei und ihm seine Forschungsergebnisse rauben wolle! Mit dem Banditen spielte er offensichtlich auf Bedriaga an.

Die auf Capri häufig vorkommende Mauereidechse (nach L. Müller jetzt meist *Lacerta sicula* genannt) hat einen weißen Bauch und einen grünlich bis braun mehr oder weniger gezeichneten Rücken. Im Körperbau zeigt sie gegenüber der Faraglioni-Eidechse keine auffallenden Abweichungen. Vielleicht aber hat letztere einen etwas spitzeren Kopf. Das Farbkleid der Faraglioni-Eidechse, blauschwarz mit einem Bronzeton auf dem Rücken und ultramarinblau auf der Unterseite, beruht auf einer morphologischen Umschichtung der Pigmentierung in den Farbzellen *(den ›Chromatophoren‹)*. Es hat hier eine Vermehrung der dunklen Farbzellen (Melanophoren) und eine Rückbildung der gelben mit roten Farbzellen vermischten *Lipophoren* stattgefunden. Zugleich erfolgte eine Auflockerung der über den *Melanophoren* liegenden *Guanophoren*, die in dichterer Schichtung die grüne Rückenfarbe der *Lacerta sicula sicula* hervorrufen, bei der *Lacerta sicula coerulea*, also der Faraglioni-Eidechse, aber durch die dünnere Schichtung der Guaninkörnchen eine blaue Strukturfarbe erzeugen. Die Eidechsen auf dem mittleren Faraglione (Lacerta sicula coerulescens) läßt nach Abel – wohl infolge der geringeren Rückenschwärzung – noch eine Rückenzeichnung erkennen. Sie ist auch weniger blau als ihre Verwandte auf dem äußeren Faraglione, dem *Scopulo*.

Warum weisen nun gerade die isoliert lebenden Inseleidechsen diese Mutation auf? Wo immer man geschwärzte oder blaue Eidechsen gefunden hat, sind es Inseln wie die *Galli*, *Linosa* und weitere Eilande der Balearen, der Pytiusen und Dalmatiens, so daß das blaue Farbkleid eng mit der Isolierung zusammenhängen muß. Konnten sich die Eidechsen bei einem leichteren Kampf um das Dasein als auf dem Festlande in ihrer ›splendid isolation‹ ein auffallenderes Farbkleid leisten und durch Zuchtwahl steigern? Die Eidechsen sind Augentiere. Der Zapfenreichtum ihrer Netzhaut ist sehr groß. Bekannt ist, daß die *Lacerta sicula* auf Capri, also die nichtgeschwärzte Mauereidechse, zur Zeit der Paarung blaue Kehlflecke zeigt, ein physiologischer Farbwechsel, der in besonderem Maße auch im Hochzeitskleid der Smaragdeidechse stattfindet.

Vermutlich haben noch andere Ursachen mitgewirkt, das

blaue Farbkleid der Faraglioni-Eidechse zu schaffen. So schließt Kramer, daß durch die Anreicherung der *Melanophoren* das schädliche Licht, das auf den schattenlosen Klippen besonders intensiv ist, für die sonnenhungrigen Tiere abgeschirmt wird. Nebenbei begünstigt das dunkle Farbkleid auch die Erwärmung der Eidechsen in kälteren Jahreszeiten. Einschränkend muß hier allerdings gesagt werden, daß die Eidechse von sich aus eine Tageseinteilung beobachtet und nach längerer Sonnenbestrahlung periodisch ihre Schlupfwinkel aufsucht.

Ernährungsbedingungen wie sie Eisentraut als Grund für die Schwärzung oder Verdüsterung von Inseleidechsen anführt, spielen aber wohl kaum eine Rolle. Ebensowenig kann von einer Farbanpassung an den Lebensraum der Eidechsen – hellgraue Kalkfelsen, grüner Pflanzenbewuchs – die Rede sein. Auf den hellen Felsen sind die Eidechsen leicht zu erkennen.

Mertens schätzt, daß die Mutation der blauen Faraglioni-Eidechse mehrere tausend Jahre in Anspruch genommen hat. Man könnte damit eine Mutmaßung des verstorbenen Geologen Immanuel Friedlaender verknüpfen, der in den blauen Eidechsen eine eigene Art sehen wollte, die sich auf Überresten des untergegangenen Kontinents *Tyrrhenis* erhalten habe, mit dem Capri, damals noch keine Insel, im Pliocän verbunden gewesen sei. Warum aber hielt sich dann die Art nicht auf der größeren Insel, das heißt, auf Capri selbst?

Man muß eher annehmen, daß die Faraglioni-Eidechse sich aus der *Lacerta sicula sicula* durch eine morphologische Veränderung der Farbzellen entwickelt hat. Diese Mutation ist durch die Isolierung besonders begünstigt worden. Und vielleicht wurde sie noch durch Anpassung an das ausgesprochene Meerklima der Faraglioni begünstigt. Weiterhin mag die Zuchtwahl eine Rolle gespielt haben.

Könnte das eine Erklärung sein, wie sich das Farbkleid der Eidechse verändert hat, so sind die physiologischen Rätsel doch nicht gelöst, und auf die Frage, warum das Reptil ein Farbkleid angenommen hat, das von dem seiner Artgenossen auf Capri verschieden ist, weiß man keine endgültige Antwort. Interessant wäre es, festzustellen, wann die beiden isoliert stehenden Faraglioni die Landverbindung zur Insel verloren haben. Wenn man vergleichsweise die Isolierung des äußeren auf zwanzigtausend Jahre veranschlagt, die hypothetische Zeit, die die Eidechse vielleicht gebraucht hat, um zu dem heutigen Farbkleid zu kommen, hätte der mittlere Faraglioni im Verhältnis länger mit der Insel verbunden sein müssen, weil die dortigen Eidechsen eine geringere Blaufärbung des Bäuchleins aufweisen und sich auch noch eine Rückenzeichnung erkennen läßt, die bei der Eidechse auf dem *Scopulo* völlig verschwunden ist.

Hundert Jahre sind seit der offiziellen Entdeckung der blauen Eidechse vergangen und viel ist über sie geschrieben worden; und doch wissen wir im Grunde recht wenig über die Lebensvorgänge, die sich in Jahrtausenden vollzogen haben. Nur ein kleines blaues Reptil ... aber dahinter doch das große Rätsel des Lebens.

Deutsch-Capri

Gegen Mitte des 19. Jahrhunderts waren die Reisen der Deutschen und auch der Engländer, deren Wanderlust alle anderen Völker Europas übertraf, noch immer Bildungsreisen. Es gab kaum Reisebüros. Thomas Cook, der 1841 zuerst verbilligte Eisenbahnfahrten für die Mitglieder eines Mäßigkeitsvereins veranstaltete, stand erst in den Anfängen. Man reiste noch als Einzelperson und nicht in Massen.

Zur Erschließung Capris und im weiteren Sinne Italiens mögen viele Bücher wie *Capri eine Einsiedelei* von Ferdinand Gregorovius beigetragen haben Diese Schrift des prachtvollen Ostpreußen aus Neidenburg, der sich später mit Stolz Ehrenbürger der Stadt Rom nennen konnte, entstand im Jahre 1853 auf Capri und wurde im Jahre 1856 von Brockhaus in Leipzig herausgegeben. Eine Folio-Ausgabe mit Bildern und Skizzen von K. Lindemann-Frommel erschien 1868 unter dem Titel *Die Insel Capri*. In der Ausgabe von 1863 war diese anmutige Schilderung der Insel schon den *Wanderjahren in Italien* einverleibt worden. Sicherlich hat auch die Beliebtheit von Scheffels romantischem Epos *Der Trompeter von Säckingen* zum Bekanntwerden der Insel beigetragen, obwohl sie eigentlich nur im Vorwort erwähnt wird. Dazu kommt natürlich die Reiseliteratur der damaligen Zeit, so Karl August Mayers *Neapel und die Neapolitaner oder Briefe aus*

Neapel in die Heimat (1840) sowie die Bücher des Dorpater Kulturhistorikers Victor Hehn: *Physiognomie der Italienischen Landschaft, Reisebilder aus Italien und Frankreich* und *Italien, Ansichten und Streiflichter*. Hehns Bücher galten noch lange als moderne Ergänzung zu Goethes *Italienischer Reise*. Er räumte mit vielen Vorurteilen über Italien und die Italiener auf, verleugnete aber nie den unheimlich gelehrten und pedantischen Professor aus dem hohen Norden, der manchmal ein Zuviel an Ratschlägen gab. Bei der Beurteilung der italienischen Küche offenbarte sich doch der mit Speck, Borscht, Kartoffeln und Kohl aufgewachsene Hyperboräer, der die Phantasie und die gewürzte Kultur der italienischen Küche – im Grunde auch die Wiege der französischen Kochkunst – nicht verstand. Weit verbreitet war gegen Ende des 19. Jahrhunderts ein Buch, das der Korrespondent der *Voßischen Zeitung*, Reinhold Schoener, schrieb: *Capri, Natur, Volkstum, Geschichte und Altertümer*, das 1892 herauskam. Auch Heinrich Nissens *Italienische Landeskunde* müßte man erwähnen, die vor allem die Historie und die Archäologie berücksichtigt, ähnlich wie Belochs *Campanien*, in dem die Insel eingehend beschrieben und auch schon mehrere Inschriften aufgezeichnet wurden. Von den großen Historikern der damaligen Zeit besuchte außer Gregorovius auch Theodor Mommsen die Insel.

Die Zahl der Literaten, die die Insel besucht haben, ist unabsehbar. Vom sogenannten ›Münchener Dichterkreis‹, Scheffel, Julius Grosse, Paul Heyse, Hermann Lingg, Geibel und Felix Dahn, waren alle auf Capri. Grosse, der 1856 auf der Insel weilte, schrieb *Das Mädchen auf Capri, ein italienisches Idyll* (1872). Alle diese Dichter sind heute vergessen wie ihre Werke, und man findet sie nur noch in Bibliographien verzeichnet. Die umfangreichste, wenn heute auch längst veraltete *Bibliographie der Insel Capri* stellte Friedrich Furchheim zusammen, deren zweite Auflage mitten im Ersten Weltkrieg, 1916 herauskam. Sie bringt sechshundertfünfzig Titel, hauptsächlich von deutschen Verfassern, verteilt auf Geschichte und Topographie, Flora und Fauna, Ikonographie, Blaue Grotte und Belletristik. Ihr schloß sich die Bibliographie des neapolitanischen Advokaten Biagio Doria an, die zum Teil auf Furchheims erster Auflage beruht und dennoch manches wichtige Werk vermissen läßt. Ergänzt haben diese Bibliographien Edwin Cerio und vor allem Norman Douglas, der, ein souveräner Kenner der Inselliteratur, in *Disiecta Membra* und *The lost literature of Capri* (heute im Sammelwerk *Capri*, Florenz 1930 vereint) vor allem auch der vielen englischen und französischen Schriftsteller gedachte, die über Capri geschrieben oder auf der Insel gelebt haben. In neuerer Zeit befaßte sich Claretta Cerio-Wiedermann in einer Dissertation, *Capri mit deutschen Augen*, ausführlicher mit der deutschen Capri-Literatur sowie Werner Helwig, von dem ein literarischer Leckerbissen über berühmte Besucher der Insel, denen er selbst begegnet ist, unter dem Titel ›Capri, Magische Insel‹ (Wiesbaden 1973) erschien. Seit Jahrzehnten ist ihm Capri eine zweite Heimat.

Gleichzeitig mit Joseph Victor von Scheffel war auch Paul Heyse auf Capri. Die beiden schlossen enge Freundschaft und verlebten sorglose Tage in Sorrent und Capri, die ihnen unvergeßlich blieben. Noch fünfundzwanzig Jahre später richtete Paul Heyse von Sorrent aus ein Gedicht an den Freund:

> *Lieber alter Freund, gedenkst Du*
> *unsrer sorrentiner Tage,*
> *da wir in der Rosa Magra,*
> *jener billigen, bescheidnen*
> *Künstlerherberg alten Stiles,*
> *traulich hausten Tür an Tür,*
> *Du von Capri erst gelandet . . .*

und Scheffel antwortete ein wenig wehmütig:

> *Alles nimmt ein End' hiernieden,*
> *auch das Reiten durch die Wälder,*

> *auch das Schäkern auf den Dächern*
> *und der Zauber und der Liebreiz*
> *junger Sorrentinerinnen.*
> *O Laurella, Luisella,*
> *Mariuccia und Rachela,*
> *schwer nun denk ich als Matronen,*
> *ohne ella, ohne uccia,*
> *eurer klassisch schönen Schar ...*

Mehr noch als Scheffel ist Paul Heyse der Vergessenheit anheimgefallen, obwohl er der erste deutsche Nobelpreisträger war. Capreser Hintergrund haben die Erzählung *Hochzeit auf Capri* und die zu Unrecht vergessene Novelle *L'Arrabbiata*. Das Lied vom Trompeter von Säckingen entzückte einst eine ganze Generation. Bis zum Jahre 1913 erlebte er zweihundertachtundneunzig Auflagen! Vergessen sind die Lieder des Katers Hiddigeigei und der Name des schnurrigen Katers selbst, der einst das Café Morgano schmückte, vergessen wie die Wirtin, Donna Lucia, eine viel porträtierte Capreser Schönheit, die in späteren Jahren allerdings mehr einer wandelnden Tonne glich. Als Italien 1915 in den sogenannten ›Strahlenden Maitagen‹ – ›le radiose giornate di Maggio‹ – sich gegen die ehemaligen Verbündeten des Dreibundes wandte, hatte man schamhaft die deutsche Aufschrift ›*Zum Kater Hiddigeigei*‹ mit Leinwand verdeckt. Heute ist dort eine Bar mit Neonlicht, Fernseher und fauchenden Espressomaschinen. In der Glanzzeit des Cafés war es der Treffpunkt aller deutschen Poeten und Maler.

Über das damalige Treiben der Deutschen auf Capri gibt Aufschluß auch der Scheffel-Biograph Johannes Proelss in seinem Buch *Deutsch-Capri in Kunst, Dichtung und Leben. Historischer Rückblick und poetische Blütenlese* (1901). Der Titel ›Deutsch-Capri‹ klingt ein wenig annexionsfreudig, als wäre Capri so etwas wie die Inseln der Marianen-Gruppe, die das Deutsche Reich um die Jahrhundertwende annektierte, aber der gute Proelss hat es sicher nicht so gemeint. Er war nicht nur wegen des damals bestehenden Dreibundes ein schwärmerischer Italienfreund, glaubte an eine ewige Verbrüderung der beiden Nationen. Ganz in diesem Geiste schilderte er eine Feier zum Geburtstag des Königs Umberto I., die die deutsche Künstlerschaft im Hotel Pagano veranstaltete:

Die Gallerie bei der Treppe war mit Lorbeer und Myrthen reich besetzt, dazwischen flogen kleine Engel, die extra gemalt worden waren. Sie hatten einen Blumenkranz mit der Inschrift VIVA UMBERTO! *Oben im Bogen an der Decke guckten Seraphimköpfchen hervor, zwischen ihnen prangte der italienische Stern. Die Treppennische unten war mit kostbaren orientalischen Stoffen behangen, in der Mitte stand die von deutschen Gästen gestiftete Büste des Königs umgeben von Blumen und Immergrün. Die Bilder an den Wänden waren mit Epheu umrahmt. Über den Türen schwebten italienische und deutsche Fahnen.*

Nur wenige Jahre nachdem Scheffel und Heyse ihre Freundschaft auf Capri besiegelt hatten, wurde eine neue geschlossen zwischen Ernst Haeckel, dem Verfasser der *Welträtsel*, und dem Maler und Dichter Hermann Allmers aus Rechtenfleth, die bis zum Tode des Marschendichters im Jahre 1902 währte. In einem Brief an Wilhelm Bölsche schildert Allmers, wie Haeckel, der spätere Prophet des Monismus, der Kunst gewonnen wurde:

In Paganos vortrefflicher Herberge auf Capri waren wir vier Wochen mit einigen Künstlern, und hier ging sein Gemüt auf in echter Heiterkeit, wie er sie selbst nur selten genossen hatte; denn hier schloß er sich an die Jünger der Kunst, die er, bisher nur mit Gelehrten seines Fachs umgehend, meistens absichtlich gemieden hatte. Und bald war kein anderer der Vermittler zwischen Haeckel und jenen als ich, der mit keinem lieber verkehrte als mit fröhlichen, gebildeten Künstlern.

Dazu Haeckel in einem Brief an Anna Sethe vom 27. August 1859 (nach einem nächtlichen Besuch der Blauen Grotte):

Wir waren übrigens so aufgeregt, daß wir noch lang hinein bis in die Nacht sangen und plauderten. Ersteres geschieht fast alle Abend, wobei Allmers mit seiner schönen, hellen, fein modulierten Tenorstimme der Chorführer und Vorsänger ist und meist zugleich mit der Gitarre begleitet. So ertönen denn alle unsere lieben deutschen Volkslieder, die schönen Burschen-, Jäger- und Vaterlandslieder usw., die Goetheschen Balladen und Romanzen allabendlich aus deutschen Kehlen auf der einsamen Tiberiusinsel im Mittelmeer, und kaum haben wir wohl in Deutschland ein dankbareres Publikum als hier, wo die Capresen und fremden Maler den ›biondi Tedeschi‹ einstimmig die Ehre des schönen Gesanges, der besten Lieder und wahren Poesie zuerkennen.

Nach dieser Begegnung mit der sangesfrohen Malergilde scheint sich Haeckel mit dem Gedanken getragen zu haben, selbst Maler zu werden ... wendete sich aber, nach Deutschland zurückgekehrt, doch wieder den Mikroskopen und seinen Radiolarien zu, deren phantastische Gebilde er übrigens mit großer Meisterschaft zeichnete.

Während die deutschen Besucher Capris im 19. Jahrhundert ihre Weltanschauung noch aus dem Weltbürgertum der Klassik oder den Idealvorstellungen der Romantik bezogen, tauchen dazwischen ganz andere Gestalten auf, besonders in der sogenannten Gründerzeit nach 1871, in der mit dem Wohlstand auch die sozialen Gegensätze wuchsen.

Schon früher stachen einige von den Hurrapatrioten ab. Selbst ein Scheffel prägte in bezug auf das Reich Bismarcks den Spruch:

> *Doch Gott behüts vor Klassenhaß*
> *und Rassenhaß und Massenhaß*
> *und derlei Teufelswerken.*

Und da war der Publizist Ernst Adolf Willkomm, der noch zum ›Jungen Deutschland‹ gehörte und sich als eingefleischter Republikaner mit dem neuen Deutschen Reich nicht abfinden konnte. Er war ein ausgesprochener Vielschreiber: seine gesammelten Werke würden hundert Bände überschreiten, wollte man sie drucken. Eine Beschreibung der Blauen Grotte aus dem Jahre 1846 (›Italienische Nächte‹ 1847) ist noch das Beste, was er der Nachwelt hinterlassen hat. Ähnlich ist es mit dem Hannoveraner Gustav Heinrich Rasch, der in seinem Buch *Von der Nordsee in die Sahara*, Berlin 1870, von einem Besuch der Blauen Grotte berichtete. Ein Achtundvierziger, der mit dem Revolutionär Karl Blind befreundet war und fünfzehn Monate in königlich-preußischen Festungen zugebracht hatte. Sein Traum war seltsamerweise nicht so sehr die Einigung seines Vaterlandes, sondern die Italiens: seine ganze Energie galt dem *Risorgimento*, wobei er sogar die Unterstützung des preußischen Gesandten in Turin, des Grafen Brassier, in Kauf nahm und bis zu Cavour, dem piemontesischen Bismarck durchdrang. Er wurde später von der deutschen Publizistik totgeschwiegen wegen seiner liberalen Gesinnung, vielleicht aber auch wegen einer Broschüre über Elsaß-Lothringen, die 1874 herauskam. Noch in den Dreißiger Jahren wurden seine Werke von der Preußischen Staatsbibliothek nicht ausgeliehen! Man hatte anscheinend eine Art von *damnatio memoriae* über ihn verhängt.

Als er kurz nach dem Einzug Garibaldis im Herbst 1860 in Neapel mit einer Empfehlung Cavours eintraf und den riesigen Jubel der Bevölkerung erlebte, machte er auch einen Abstecher von Sorrent nach Capri und berichtete, die Capresen wüßten nichts mehr von Tiberius, sie sprächen nur von dem neuen Imperator Garibaldi.

Er war ein ehrlicher Freund Italiens. Als er am 14. Februar 1878 in einer Klinik in Schöneberg starb, waren seine letzten Worte: ›Frei bis zur Adria!‹

Im Jahre 1882 besuchte der damals neunzehn Jahre alte Gerhart Hauptmann zusammen mit seinem Bruder Karl die Insel Capri und wohnte im Hotel Pagano, wurde aber von

Tiberiusbüste in der Villa San Michele
Die Blaue Grotte
Damecuta (Anacapri)

den deutschen Patrioten, die dort die Mehrzahl bildeten, seiner liberalen, sozial ausgerichteten Gesinnung wegen stark angefeindet. In *Das Abenteuer meiner Jugend* berichtet er darüber, auch von seiner zwiegeteilten Liebe zu Mallja, dem Töchterchen eines baltischen Professors, und zu der Capresin Mariuccia di Guarracino. Früh zeigte er sich eben als der, den Thomas Mann so liebevoll als backenkneifenden Mijnheer Peeperkorn geschildert hat. Das Erlebnis Capri fand damals in *Promethidenlos* seinen dichterischen Niederschlag:

> *Ein Eiland liegt gehüllt in blaue Wellen*
> *im Golf Neapels, schroffe Felsenwand*
> *umringt es gleich gewalt'genfesten Wällen,*
> *und Ziegeninsel, Capri, ist's genannt . . .*

Er hat später gelegentlich bessere Verse gemacht, und man kann es ihm nicht verdenken, daß er die ganze Auflage aus dem Buchhandel ziehen ließ. Als er zum zweiten Male im Jahre 1893 auf Capri erschien, war er schon ein anerkannter Dichter, der, zwischen Sudermanns *Frau Sorge* und Max Halbes *Freie Liebe*, *Vor Sonnenaufgang* und *Die Weber* zur Aufführung gebracht hatte. Nach vielen Jahren erschien in der Zeitschrift ›Die Neue Rundschau‹ (1924) *Die Blaue Blume*, eine formschöne Dichtung, die Promethidenlos vergessen läßt, in Erinnerung an seinen geliebten Bruder Karl:

> *Siehst du Caprea tief im Golfe liegen,*
> *die Sphinx, die unsrer Jugend nicht geschwiegen?*
> *Ich sah hinab ins Einst, wie er mich lehrte.*
> *Ich sah Caprea, wie, begreift ihr kaum,*
> *und als mein Blick nach Leuke wiederkehrte,*
> *ward alles schwer von unsrem Jugendtraum.*
> *O wie auf einmal uns am Herzen zehrte*
> *das Eiland, das da unten lag im Raum*
> *und an uns sog, als müßten wir von hinnen,*
> *dort nochmals unser Leben zu beginnen.*

. . . wobei wir Hauptmann das falsche Caprea verzeihen.

Um die Jahrhundertwende erschien – allerdings nur ein paar Nummern lang – die Zeitschrift ›TRA‹ (Tra il riso ed il pianto – Zwischen Lachen und Weinen) auf Büttenpapier gedruckt. Prominente Mitarbeiter waren außer dem Historiker Thomas Spencer Jerome, einem Freund von Norman Douglas, unter anderen auch Hermione von Preuschen, die Malerin, deren historisches Stilleben ›Mors imperator‹ 1888 wegen seiner symbolischen Bedeutung von der Berliner Kunstausstellung ausgeschlossen wurde. Sie war die Gattin des Romanschriftstellers Konrad Telmann (eigentlich Zitelmann), der, ein unheimlicher Vielschreiber, auch den Roman *Auf der Sireneninsel* geschrieben hat. Damals tauchte auch Hans Heinz Ewers auf. Seine *Alraune* wurde von allen Backfischen heimlich gelesen. Er schrieb *Mit meinen Augen – Fahrten durch die lateinische Welt*, Berlin 1909. Kein schlechtes Buch. Allerdings nahm er die Entdeckung der *Grotta Meravigliosa* auf Capri in Anspruch, die schon vorher entdeckt worden war. Deutsche Literaten scheinen in der Entdeckung von Grotten ein ausgesprochenes Pech zu haben. Ganz köstlich ist seine Schilderung des Münchner Malers August Weber, der eine besondere Methode erfunden hatte, seine Sinnsprüche in einem Gipsabdruckverfahren an allen Mauern Capris anzubringen und auch die Wände seiner Fremdenpension an der Marina Piccola damit zu schmücken.

Er wandelte sich allmählich zu einer mythologischen Figur auf Capri, und auch Edwin Cerio widmete ihm später in glänzender Prosa ein Kapitel in *Aria di Capri*. Weber war im Grunde ein glücklicher Mensch mit dem himmelblauen Caprischwips, den er sich auf der Insel geholt hatte. Ein neuer Diogenes, fand er zwischen Sinn und Unsinn manche Wahrheit, so, wenn er in Selbstironie von sich selber singt:

> *Die Muse hat mich nie geküßt,*
> *weil sie doch eine Jungfrau ist.*

Seine Enkelin, Claretta Cerio-Wiedermann, schrieb über ihn eine kurze Biographie, der ich folgendes entnehme:

Sohn einer wohlhabenden Münchner Familie, enterbte ihn sein Vater, als August die Absicht aussprach, Maler zu werden. Da er ohnehin Geld immer nur als störend empfunden hatte, berührte ihn die väterliche Maßnahme nicht, und zu Fuß machte er sich nach Italien auf. In Neapel angekommen, gewahrte er Capris Silhouette am Horizont, und sofort war ihm klar, daß er diese Insel näher kennenlernen müsse. Jeder andere Mensch hätte sich nach den Fahrzeiten des kleinen Dampfers erkundigt, der die Fremden täglich nach Capri bringt; Weber hingegen wählte seiner Natur gemäß den umständlichsten Weg. Er erstand ein kleines Ruderboot, packte seine Habseligkeiten hinein und ruderte geradewegs auf sein Ziel los. Da er als echter Bayer nichts vom Meer und seinen Tücken wußte, erwies sich diese Seereise bald als ein sehr riskantes Unternehmen: zuerst bedrohten Delphine mit ihren übermütigen Sprüngen das kleine Boot, dann erhob sich ein starker Wind, und Weber verfiel dem würdelosen Zustand der Seekrankheit . . .

Nachdem dieser bayerische Odysseus, viel zu erschöpft, um noch zu rudern, einige Tage in dem kleinen Kahn auf den Wellen hin und her getrieben war, wurde er von der Insel aus gesichtet. Sein Gehabe erschien der Inselpolizei verdächtig, man fuhr ihm entgegen und sperrte ihn ein. Bald erkannte man jedoch, daß der vermeintliche Spion nur ein harmloser Sonderling war, und er wurde wieder freigelassen.

August Weber verliebte sich dann in die bildhübsche Tochter eines wohlhabenden Fischers, Raffaela. Er mußte sieben Jahre um sie freien, denn ihr Vater wollte von dem fremden Habenichts nichts wissen. Eines Tages gab er aber nach, und August Weber konnte seine Raffaela heimführen, eine Fremdenpension und eine Familie gründen. Er hatte einen Sohn und zwei Töchter, die wieder bildhübsch waren.

Immer wieder stellt man die seltsame Anziehungskraft der Insel fest. Besucher, die nur einen Tagesausflug nach Capri machen wollten, blieben dann für ihr ganzes Leben oder kehrten auf die Insel zurück, um hier zu sterben. So war es mit August Weber, Henry Wreford, Joseph Bourgeois, Norman Douglas und dessen Freund Thomas Spencer Jerome, um nur einige Namen zu nennen.

Ein anderer prominenter Besucher der Insel war jedoch gefeit gegen diese Anziehungskraft. Da er aus einem Binnenland mitten im Herzen Europas stammte, geboren in der goldenen Stadt Prag, scheint er überhaupt etwas gegen Inseln gehabt zu haben, der melancholische Dichter Rainer Maria Rilke. Er fand um die Insel zu viel Wasser und auf ihr zu viel Berge auf gedrängtem Raum!

Leopold von Schlözer hat in einem schmalen Büchlein, *Rainer Maria Rilke auf Capri, Gespräche* (das erst 1932 in Dresden gedruckt wurde) die Hauptphasen dieses Aufenthalts festgehalten, wobei Capri, wie bei so vielen Capribüchern, nur die himmelblaue Kulisse zu den Gesprächen aus dem Frühjahr 1907 bildet. Immerhin kommt darin eine, wenn auch in Rilkescher Symbolik geläuterte Schilderung der Prozession zu Ehren des heiligen Constantius vor. Sonst dominieren die Gespräche, wobei nicht immer genau zu entnehmen ist, ob die wohlabgewogenen Worte der Dichter selbst oder Herr Leopold von Schlözer von sich gibt. Rilke ist für ihn der Dichter schlechthin ... und er selber sein Prophet. Irgendwo im Hintergrund geistert der gute Eckermann als Vorbild.

Schlözer, der trotz der Gegenwart des kosmisch-übersinnlichen Dichters Anwandlungen von Rassenüberheblichkeit und waffenklirrendem Patriotismus hat, macht die Italiener zu einem »unmännlichen Mischvolk«, und nur der Dichter greift abschwächend ein und nennt die Italiener »liebenswürdige Spitzbuben« und meint, sie seien besser als ihr Ruf. Sonst durchziehen die Gespräche aber düstere Ahnungen vom Zerfall der Formen. Die Vermassung der Kultur steht als drohende Wolke am Horizont. Der typische Reisende der Zeit wird angeprangert, der Snob, der auf Capri deutsches

Bier verlangt, die Lustige Witwe pfeift und Italien im Hetztempo durchreist. Zur Abwechslung und wenig konsequent wird dann dem Italiener wieder ein Gefühl der Superiorität zugebilligt, aber nur, um am Ende festzustellen, daß die Deutschen das bessere Vaterland haben, und das fatale »*wrong or right, my country*«, taucht auf. Doch ganz wohl ist dem Dichter und seinem Propheten dabei nicht: »Heute kommt mit dröhnendem Schritt die immer breiter anschwellende Masse daher, Tatsachen herrschen.« Man fühlt die frisch-fröhliche Zeit der Realpolitik mit Panzerkreuzern und so. Und Schlözer, sich des großen Weimarer Kollegen Rilkes erinnernd, zitiert: »Zur Nation euch zu bilden, ihr hofft es, Deutsche, vergebens...« fügt aber gleich einschränkend hinzu, daß Deutschland – man schreibt das Jahr 1907 – auf den Kampfplatz der Welt getreten sei... waffenstark. Und so reden und reden die beiden auf Capri, einmal in der Villa Diskopulos, einmal an der Marina Piccola, einmal auf dem Monte Solaro über die Zeit, die heraufdämmert und deren Zeichen sie nicht recht verstehen. Als feine Ästheten bedauern sie den Zerfall der Kultur, die Formlosigkeit der Zeit, die nicht einmal einen richtigen Don Juan, geschweige denn einen Faust gebiert... höchstens einen Prinz Kuckuck .... unter Anspielung auf den erotischen Schlüsselroman von Otto Julius Bierbaum. So ganz klar ist nicht, was der Dichter und sein Prophet wollen; aber vielleicht spiegelt sich in diesem innerlichen Zwiespalt der Seelenzustand, der Europa in den Ersten Weltkrieg hineinschlittern ließ.

Ein ganz anders gearteter Vertreter dieses Deutschlands vor 1914 war Theodor Däubler. Werner Helwig, ein ausgezeichneter Kenner des Lebens und Werkes Theodor Däublers, wird außer den da und dort in Zeitschriften erschienenen Erinnerungen in einem neuen Buche bald noch mehr Aufschlüsse über den Dichter geben. Dennoch soll ein kurzer Rückblick auf Däubler, der längere Zeit auf Capri weilte, auch in diesem Buche nicht fehlen.

In der Brust dieses urweltlich anmutenden Dichters, der 1876 in Triest als Sohn eines Schwaben geboren wurde und zweisprachig aufwuchs, wohnten eine nordische und eine mittelmeerländische Seele. Sein massiger Körperbau wuchs, durch die Krankheit entstellt, die ihm 1934 den Tod brachte, ins Unförmige. Sehr treffend hat Edwin Cerio in ›L'Ora di Capri‹ Däublers äußere Erscheinung geschildert: »Beleibt mit lockig herabhängendem Haar und wallendem Barte, konnte Däubler mit einer jener Statuen von Flußgöttern verwechselt werden, wie man sie auf den Sockeln monumentaler Brunnen hingestreckt sieht.«

Den Plan zu seinem epischen Gedicht *Das Nordlicht* faßte Däubler vor dem Ersten Weltkrieg in Neapel. Im ersten Teil des Gedichts geht das Ich den Weg von Venedig südwärts nach Neapel. Schon vorher verfaßte er aber das Intermezzo *Pan*. »Als ich ihn schöpfte«, schreibt er in seiner Selbstdeutung zu dem Gedicht, »dachte ich an Friedrich Nietzsche und brachte ihm, ohne seinen Namen in dieser Einhüllung nennen zu können, eine Hymne dar«.

Das Nordlicht mit seinen über dreitausend Versen und seiner schwer deutbaren Synthese von Christentum und Antike und seiner ebenso gewaltigen wie eigenwilligen Sprache erschien 1910. Heute kommt es uns wie eine apokalyptische Ahnung vor, wurde das Gedicht doch in den fetten Jahren einer überreifen Zivilisation geboren, die zwischen Behagen und technischem Fortschritt völkerverbindenden Handel trieb und mit ungeheuren Rüstungen den Mord von Millionen Menschen vorbereitete. Bekannt wurde das Gedicht erst richtig, als sich die Völker Europas schon zerfleischten. Freilich, es blieb immer nur das Buch einer Gemeinde und gewann nie ein breites Publikum. Sein Ästhetizismus ähnelte dem Carl Spittelers und dessen *Olympischem Frühling*, wenn auch weit mehr in eine neue christlich-antike Orphik verstrickt. Däublers Sonnenmythos, den er verkündete, »Pflicht der Sonne gegenüber«, ist bei allem Pathos doch ein künstliches Gebilde gemessen am wahren Mythos, der nichts Erdachtes oder Erfundenes, sondern etwas Gewachsenes ist.

Der Strom deutscher Italienfahrer, dem früher Künstler und Literaten und reisende Volksschullehrer eine eigene Note gaben, war jetzt stark durchsetzt von der reichgewordenen deutschen Bourgeoisie, die zwischen 1898 und 1906 ein Dampfer des Norddeutschen Lloyd von Neapel nach Capri brachte. Die Capreser Kinder standen zum Abschied an der Hafenmole und sangen auf Deutsch »Muß i denn, muß i denn zum Städtle hinaus«.

Nicht, daß dann große Namen auf Capri gefehlt hätten. So lebte hier der Bakteriologe Behring, kam der Vulkanologe Immanuel Friedlaender öfter von Neapel herüber, der in dieser Stadt auf dem hochgelegenen Vomero eine seismographische Station besaß. Sein Aufenthalt auf Capri fand in einem trockenen aber gut geschriebenen Buch seinen Niederschlag. Es erschien 1938 in italienischer Übersetzung, da sich für den Juden Friedlaender damals kein Verleger in Deutschland fand. Auch der Architekt Carl Weichardt weilte noch um die Jahrhundertwende auf der Insel. Hatte er schon vorher anschauliche Rekonstruktionen der Ruinen Pompejis versucht, ein umfangreiches Werk, das noch unter den Augen von August Mau und Friedrich von Duhn entstand, so versuchte er auch, die römischen Bauten auf Capri bildlich wiederentstehen zu lassen. Heute, da die Ruinen von Amedeo Maiuri vollständig ausgegraben sind, wollen die Rekonstruktionen allerdings zu phantastisch erscheinen.

Oft kamen auch Matrosen deutscher Schulschiffe, so der *Hertha* und der *Vineta* nach Capri, meist junge Kadetten, oder die Besatzung der sogenannten deutschen Mittelmeerflotte, bestehend aus dem Panzerkreuzer *Goeben* und einem älteren kleinen Kreuzer. Prächtige Kerle! Doch wenn man sie reden hörte, dann sprachen sie nur vom ›Kriegsfall‹, als gäbe es nichts anderes, als auf diesen Krieg zu warten. Er kam nur zu bald, damals, als in Europa die Lichter ausgingen.

Der sogenannte Krupp-Skandal

Kurz nach der Jahrhundertwende, als man in Deutschland noch immer an die herrlichen Zeiten glaubte, denen Wilhelm II. uns entgegenführen wollte, gab es auf Capri die sogenannte *Krupp-Affäre*. Ausgelöst wurde sie durch den Versuch eines damals sehr bekannten Journalisten, seine und seiner Zeitung Finanzen durch Krupp sanieren zu lassen. Friedrich Alfred Krupp galt als freigiebig und war auch auf Capri sehr großzügig mit seinem Geld umgegangen. Der Journalist, dessen Namen man immer diskret verschwiegen hat, hieß Edoardo Scarfoglio. Er gab die größte Tageszeitung Neapels, *Il Mattino*, heraus, und er war der unumschränkte Zeitungs-Boß der Stadt, ein Mann jenseits vom Guten und Bösen. Schriftstellerisch begabt wie kein anderer, huldigte er nur zwei Kulten: der stilistischen Form . . . und dem Geld. Seine Prosa war so einmalig wie seine Geldgier. Jedes Mittel war ihm recht in seinem Streben nach Macht und Gewinn. Aggressiv und skrupellos, gewandt und bestechlich, wie er war, beherrschte er die öffentlichen Institutionen seiner Stadt und war von seinen Gegnern gefürchtet. Als einmal von Rom aus eine Untersuchung gewisser Methoden veranlaßt worden war, die stark an die Camorra, die Urzelle allen modernen Gangstertums, erinnerten, wußte Scarfoglio alles so glänzend zu drehen, daß aus dem behördlichen Ankläger ein Angeklagter wurde.

Damals weilte Friedrich Alfred Krupp, der Enkel des Gründers der berühmten Gußstahlfabrik, zur Erholung öfter auf Capri. Eine Passion hatte ihn gepackt, die ihn nicht mehr los ließ: die Tiefseeforschung. Er rüstete ein Forschungsschiff, die ›Maia‹, aus, mit der er die ersten Fahrten unternahm. Im Jahre 1902 ersetzte er das Schiff durch die noch besser ausgerüstete ›Puritan‹. Von ausgezeichneten Naturwissenschaftlern wie Anton Dohrn und Salvatore Lo Bianco beraten, trug Krupp zu vielen Entdeckungen und zu einer besseren Kenntnis der Biologie der Tiefseefauna im Golfe von Neapel bei. Über die Forschungsergebnisse gibt es viele Veröffentlichungen, so vor allem in den Mitteilungen der Deutschen Zoologischen Station in Neapel, die ihr Entstehen Kaiser Wilhelm II. verdankt.

Kehrte Krupp von seinen Meerfahrten zurück, pflegte er seine Mitarbeiter und Freunde oft zu üppigen Mahlzeiten einzuladen. Ich kannte noch Mitglieder des Krupp-Stammtisches ›Fra Felice‹, die sich in einer Höhle zusammenfanden. Die Höhle lag an der Felsenstraße, die Krupp mit großen Kosten für Capri hatte bauen lassen. Die Mitglieder trugen weiße Kutten, die der ehemaligen Mönche der *Certosa*, und Krupp schenkte jedem der Stammtischbrüder eine goldene Kapseluhr mit der Abbildung in Email des Stammtisch-Patrons *Fra Felice*. Bei diesen geselligen Zusammenkünften, an denen auch einfache Capresen teilnahmen, wurde gut gegessen und getrunken. Krupp selber war, wie die Beteiligten bestätigt haben, in allem sehr mäßig. Das Gerücht, daß in dieser Höhle des *Fra Felice* Orgien stattgefunden hätten, war eine spätere Erfindung Böswilliger.

Es war im Frühjahr 1902, als Edoardo Scarfoglio nach Capri kam, mit dem festen Vorsatz, eine Zuwendung zu erhalten, wie er diese Anleihe *à fond perdu* wohl genannt haben mag. Zu seinem Pech war Krupp gar nicht anwesend, und Scarfoglio wurde von Krupps Privatsekretär, Herrn Marotz, empfangen. Der Herausgeber von *Il Mattino* machte nicht viel Umstände, sagte klipp und klar, daß er gegen eine saftige Subvention das Lob des Kanonenkönigs singen werde. Als Marotz sich weigerte, dieses Ansinnen an Krupp weiterzugeben, wurde Scarfoglio sauer und spielte auf die Gerüchte an, die im Umlauf waren oder von denen er sagte, daß sie im Umlauf wären. Man wisse doch von Orgien und Männergesellschaften, die auf eine homosexuelle Neigung Krupps hindeuteten. Das war dann Herrn Marotz, dem korrekten Sekretär des Kanonenkönigs, zu viel: aufs äußerste empört schmiß er Scarfoglio hinaus.

Kochend vor Wut über diesen Mißerfolg, veröffentlichte Scarfoglio in seiner Zeitung einen Artikel mit der Überschrift *Il Capitone*, was in neapolitanischer Mundart zwar Aal bedeutet, aber einen recht vulgären Nebensinn hat. Der Artikel enthielt alles, was Klatsch und Mißgunst über Krupp zu berichten wußten und was die Rachsucht des Journalisten an boshafter Ironie beisteuerte.

Capri galt, seit ein gewisser Graf Fersen sich auf Capri die Villa Lysis gebaut und einen römischen Zeitungsjungen zu seinem Antinous promoviert hatte, als das Dorado der Homosexuellen, obwohl sich die Insel darin wenig von anderen Fremdenorten mit exklusivem Publikum unterschied. Noch in neuerer Zeit schrieb Roger Peyrefitte ein Buch über den Grafen Fersen, *L'exilé de Capri*, Paris 1959, vielleicht auch nur, um seine eigene Veranlagung darin zu spiegeln. Dieser Ruf Capris machte natürlich die Verdächtigungen gegenüber Krupp noch glaubbarer.

Das kleine sozialistische Kampfblatt *Propaganda* nahm den Artikel Scarfoglios zum Anlaß, nun auch gegen die ›Ausbeuter‹ der Arbeiterschaft zu hetzen. Und von da war der Weg vom *Avanti*, dem Hauptblatt der italienischen Sozialisten, zum *Vorwärts* in Berlin nicht mehr weit.

Laut Edwin Cerio erreichte die Kunde von den ›Enthüllungen‹ des *Vorwärts*, Krupp während der *Kieler Woche* im Kaiserlichen Jachtklub. Die Kruppsche Jacht ›Germania‹ hatte wieder einmal die ›Meteor‹ Seiner Majestät besiegt. Die Nachricht war für Krupp ein schwerer Schlag. Lüge und Verleumdung sind eine klebrige Sache und haften an der reinsten Weste. *Semper aliquid haeret* sagten mit Recht die Römer. Natürlich war die Affäre dem *Vorwärts* ein willkommener Anlaß, im Zeichen der Rüstungs- und Marinevorlagen im Reichstag gegen die Schwerindustrie und die Industriebarone zu hetzen, als deren Prototyp Krupp herausgestellt wurde. Dabei war Friedrich Alfred Krupp alles andere als ein harter Unternehmer. In diesem Zusammenhang sei an die Episode erinnert, die sich noch vor dem Ersten Weltkrieg ereignete: Als englische Arbeiterführer die Kruppwerke in Essen besichtigten, sagten sie, staunend über die sozialen Einrichtungen, zu ihren deutschen Kollegen: »Ja, warum agitiert ihr eigentlich?«

Krupp starb wenige Monate nach der ›Enthüllung‹ am 22. November 1902 an einem kranken Herzen, was seine politischen Gegner nicht abhielt, ihm auch Selbstmord anzudichten, ganz als ob er sich schuldig gefühlt hätte. Wie wenig das wahr ist und wie vornehm Krupps Gesinnung war, zeigt ein Brief, den er drei Monate vor seinem Tod, am 5. August an Dr. Ignazio Cerio richtete.

Die Übersetzung des in französischer Sprache abgefaßten Handschreibens, dessen Ablichtung ich Frau Claretta Cerio verdanke, lautet:

Mein lieber und geehrter Doktor!

Ihr liebenswürdiger Brief vom 29. Juli hat mich sehr bewegt. Ich danke Ihnen aufrichtig für die guten Worte und für die Zeichen Ihrer Sympathie und Freundschaft, die mir das Herz erleichtern. Sie, der Sie wissen, wie glücklich ich auf Capri war, meiner zweiten Heimat, und wie ich mich selber mit Stolz als Caprese fühlte, werden meinen Kummer verstehen.

Ich werde nie vergessen, was Sie und Ihre Söhne für mich gewesen sind. Sie haben mich vom ersten Augenblick an als Freund behandelt, ohne daß ich je gefühlt hätte ein maledetto forestiero *(ein verdammter Ausländer) zu sein.*

Das für mich so traurige Ereignis hat vielleicht das eine Gute, daß es mich meinen wirklichen Freunden auf Capri noch näher bringt.

Es wird mein glücklichster Tag sein, wenn ich wieder zu Ihnen zurückkehren kann, nachdem die traurige Affäre eine zufriedenstellende Lösung gefunden hat.

Stets Ihr ergebener F. A. Krupp.

Gorki und Lenin auf Capri

Nach der russischen Revolution von 1905 gingen viele Intellektuelle außer Land, nach Paris, nach London und in die Schweiz. Auch Capri hatte von 1906 bis 1913 eine Kolonie russischer Emigranten, die sich um den Dichter Maxim Gorki gruppierte. Zeitweilig stieß auch ein gewisser Wladimir Iljitsch Uljanow dazu, der später unter dem Namen Lenin in die Weltgeschichte einging.

Schon vorher waren russische Schriftsteller und Künstler nach Capri gekommen, der Maler Aiwazowskj, Dimitry Sergejowitsch Mereschkowski, Akim Wolynski, Borborykin Mordoschew und Basil Nemirowitsch Dantschenko, der einen Roman mit Capreser Hintergrund schrieb.

Nicht vergessen sei dabei der große russische Dichter Turgenjew, der 1871 – er weilte damals in Deutschland – seinem Freunde Gregor Danilewski in Petersburg folgendes schrieb:

Aus Deinem eben angekommenen Brief erfahre ich, daß Du ungefähr einen Monat in Neapel zugebracht hast. Du hast die Ausgrabungen von Pompeji besucht, nahmst Dir aber nicht die Zeit, Capri einen Besuch abzustatten. Schämst Du Dich nicht? Neapel ist schön, Pompeji interessant, besonders für Dich, weil die Geschichte Dein Element ist. Aber Capri ist ein Wunder. Ja, ein Wunder! Und nicht, weil es die wundervolle Blaue Grotte besitzt, sondern weil diese Insel verzaubert ist, ein Tempel der Göttin Natur, die Inkarnation der Schönheit. Ich war dreimal auf Capri für längere Zeit, und ich sage Dir: der Eindruck davon wird mir bleiben bis zum Tode. Wieso hast Du nicht von der Gelegenheit Gebrauch gemacht, diese Insel zu sehen? Ich verstehe es nicht. So seid ihr Russen eben alle, imstande ungerührt auch an der Venus vorbeizugehen, wenn sie sich euch nicht im modernen Gewande zeigt. Wisse aber, daß in kurzer Zeit, dessen bin ich sicher, die neue Generation der russischen Intellektuellen zur Insel Capri wallfahren wird, und, wer weiß, vielleicht werden wir dort eine starke russische Kolonie von Malern und Schriftstellern sehen.

Eine Liebeserklärung an Capri und prophetische Worte, die sich tatsächlich nach einer Generation bewahrheiteten. Dann begab es sich, daß im Café ›Zum Kater Hiddigeigei‹ plötzlich Gestalten in Russenblusen erschienen, die sich unter die deutschen Gäste mischten. Sie verstanden sich damals übrigens ausgezeichnet, um so mehr als die meist unpolitischen Deutschen eine Revolution für etwas hielten, was nur »weit hinten in der Türkei« geschehen konnte. Wenn sie mit den Russen diskutierten und die Sprachkenntnisse das zuließen, begriffen sie nur, daß die mit den geistigen Waffen des dialektischen Materialismus ausgerüsteten Revolutionäre die Welt umkrempeln wollten. Das war ohne Belang für die Deutschen: man hatte doch das beste Heer der Welt, und das Vaterland war nie in Gefahr. Um Ordnung zu schaffen, genügten ein Leutnant und zehn Mann.

Als Maxim Gorki 1906 nach Capri kam, begleitete ihn eine Schauspielerin der Stanislawski-Bühne, Andrejewa, die mit bürgerlichem Namen Maria Fjodorowna hieß. Man will wissen – und wenn es wahr ist, dann Ehre und Bewunderung für die große Schauspielerin – daß sie sich, um Gorki, der im Gefängnis saß, das Leben zu retten, dem Großfürsten Wladimir hingegeben habe. Es war der blutige 9. Januar 1905 (der 22. nach dem neuen Kalender) vorausgegangen, als die Arbeiterschaft von St. Petersburg, noch auf Väterchen Zar vertrauend, unter Führung des Popen Gapon zum Winterpalais zog. (Der fromme Pope stellte sich später allerdings als verräterische Kanaille heraus.) Es waren hundertvierzigtausend, die in friedlicher Demonstration Kirchenfahnen und die Bilder des Zarenpaars mit sich führten. Aber Großfürst Wladimir ließ die Arbeiter niedersäbeln und zusammenschießen. Tausend Tote und fünftausend Verletzte hatten der Großfürst und die hinter ihm stehende Gewaltherrschaft auf dem Gewissen.

Damals erschien im Berliner Tageblatt vom 28. Januar 1905 ein Aufruf: *Rettet Gorki!* unterschrieben von Ernst von Wildenbruch, Dr. Theodor Barth, dem Bürgermeister der Stadt Berlin, Dr. Reicke, Friedrich Dernburg, Paul Lindau, Max Liebermann und dem Vorsitzenden der Berliner Presse, Karl Vollrath, nebst vielen anderen Persönlichkeiten. Und nicht nur Berlin, die ganze Welt war empört über Gorkis Verhaftung. »Gorki gehört nicht nur Rußland, sondern der ganzen Welt«, schrieb Anatole France.

Gorki gelang es am Ende, aus Rußland zu entkommen. Über Schweden, Deutschland und Frankreich reiste er mit der Andrejewa nach New York, wo er vielen Anfeindungen ausgesetzt wurde, nicht zuletzt wegen der ›wilden Ehe‹ mit der Andrejewa. Die Hotels verweigerten ihnen die Unterkunft. Eine mutige Amerikanerin, Prestonia Martin, nahm das Paar allen heuchlerischen Puritanern zum Trotz in ihrem Landhaus auf. Doch bald verließen die beiden das ungastliche Land, das Gorki später treffend in *Die Stadt des gelben Teufels* und *Das Königreich der Langeweile* geschildert hat.

Auf Capri hielt die Andrejewa Cercle in der russischen Kolonie, die rasch anwuchs, und wachte eifersüchtig über Gorki. Die ›rote Villa‹ am Abhang des *Monte San Michele*, die früher der Bakteriologe Behring bewohnte, sah eine große Anzahl von russischen Prominenten: Iwan Bunin, Fiodor Schaljapin, Michail Kozjubinski, Felix Dzershinski, Anatol Lunatscharski und Lenins spätere Widersacher, Alexinski und Bogdanow. Zweimal war Lenin auf Capri, 1908 und

1910. Eine Fotografie aus dieser Zeit zeigt Lenin, einen steifen Hut auf die Glatze gestülpt, gegen Bogdanow Schach spielend. Man weiß nicht, wer die Partie gewonnen hat, auf der politischen Bühne war Bogdanow später jedenfalls der Verlierer.

Es war eine sehr kampfreiche Zeit für Lenin, der ständig auf Reisen und Kongressen agitierte. Und es fehlte nicht an Streitigkeiten zwischen den verschiedenen Richtungen, von den Auseinandersetzungen mit den Menschewiki ganz zu schweigen. Bogdanow und seine Gefolgsleute trennten sich endgültig von den Bolschewiki und gründeten auf Capri eine eigene Parteischule der *Otsowisten* (der Abgerufenen). Sie nannten sich so, weil sie die Abberufung ihrer Duma-Abgeordneten forderten. Gorki unterstützte diese Parteischule! Es gab eben doch mehr Differenzen, als die spätere linientreue Geschichtsschreibung zugab, die auch Lenins privates Leben einer parteiamtlichen Läuterung unterzog und seine Liaison mit der attraktiven Ines Armand in Paris – es war doch die einzige und von der Krupskaia geduldet – als platonisch hinstellte.

Lenin bewegte sich viel unter dem Fischervolk Capris. Da er der Landessprache nicht mächtig war, konnte er sich nur mit Gesten verständlich machen, und wenn die Verständigung gar nicht klappen wollte, löste er die Situation durch ein unwiderstehliches Lachen, in das auch die Umstehenden einfielen, ob sie wollten oder nicht. Dieses befreiende Lachen des großen Volkstribuns wird von den Zeitgenossen oft gerühmt und wirft ein sympathisches Licht auf die Gestalt des Mannes, den man meist nur als todernsten, fanatischen Reformer des großen Russischen Volkes sieht. Er konnte lachen, und von ganzem Herzen. Auch Gorki schrieb von dem charmanten, offenen Lachen Lenins.

Lenin unterzog sich mit großer Hingabe der Kunst des Angelns, nicht immer zur Zufriedenheit seines Lehrmeisters Spadaro, da er die Angel immer zu früh herauszog, ehe der Fisch richtig angebissen hatte. Doch versuchte er es immer und immer wieder. Vielleicht dachte er, obwohl Atheist, daß auch der Fischer Petrus erst dieses Handwerk erlernte, bevor er sich auf das Angeln von Seelen verlegte.

Gorkis literarische Produktion während seines Aufenthaltes auf Capri war sehr groß. Er schloß den großen Roman *Die Mutter* ab und schrieb *Der Spitzel, Die Beichte, Ein Sommer, Das Städtchen Okurow, Matwej Koshemjakin* sowie die Schauspiele *Die Letzten* und *Wassa Shelesnowa*. Dazu *Das Italienische Märchen* und *Das Russische Märchen*. Auch die autobiographische Trilogie *Meine Kindheit* ward auf Capri begonnen.

Ein ganzer Kerl, ein prächtiger Russe, dieser Gorki, ›Der Bittere‹, wie er sich nannte; denn er hieß eigentlich Alexei Maximowitsch Peschkow, in seinen Gedanken so breit und wuchtig wie die Wolga, die sich durch seine Vaterstadt Nishni Nowgorod wälzt, einer wie jener Sibirier Alexei Semjonow, der ihn 1912 auf Capri besuchte und von dem Gorki sagte:

Vor vierzig Jahren traf ich auf den endlosen verworrenen Straßen Rußlands Leute, die ihm ähnelten. Es waren Menschen, die sich vom Boden, von der Familie, von der armseligen Wirtschaft, die ihre Kräfte nutzlos verzehrte, losgerissen hatten: es waren hartnäckige Sucher einer unumstößlichen, beständigen Wahrheit, Menschen, die ihre Sehnsucht von einem Ende des Landes zum anderen jagte.

Im Jahre 1913 ging Gorki, nachdem zur Dreihundertjahrfeier des Hauses Romanow eine Amnestie erlassen wurde, nach Rußland zurück. Die russische Kolonie löste sich so kurz vor Ausbruch des Ersten Weltkrieges auf.

Einen aus der damaligen Kolonie habe ich noch gekannt: Paul Wigdorcik. Er ließ sich als Zahnarzt in Neapel nieder. Nach der Revolution von 1905 war er zum Tod verurteilt worden. Unter dem Galgen stehend, wurde er in letzter Minute begnadigt, d. h., die Todesstrafe wurde ihm erlassen. Seitdem, wenn er einem Patienten einen Zahn zog, machte er immer eine quälende Geste, als würge ihn etwas oder als wolle er den Hals aus einer Schlinge ziehen. Nach Ende des

Ersten Weltkrieges reiste er nach Rußland, um seine früheren Kampfgenossen zu besuchen. Er kam ziemlich in sich gekehrt zurück und sprach nie mehr davon. Vielleicht war aus dem einstigen revolutionären Saulus ein Paulus geworden, der lieber der morbiden Bourgeoisie die nicht weniger morbiden Zähne zog als sich wieder auf das zeitweise doch sehr gefährliche Parkett der Weltrevolution zu begeben.

Von Norman Douglas zur schönen Carmelina

Was die Erforschung der Insel in allen Aspekten, Geschichte, Archäologie, Geologie, Botanik und Zoologie anbelangt, so ist hier vor allem eines Mannes zu gedenken, der dank seiner umfassenden humanistischen Bildung, einem ungeheuren Wissen, verbunden mit Originalität ein unübertreffbarer Historiker der Insel geworden wäre, hätte er seine glänzenden Essays zu einem abgerundeten Werk verarbeitet. Bescheiden nannte er diese Aufsätze ›Material zu einer Beschreibung der Insel‹. Es gab davon nur Privatdrucke, alle nur in geringer Auflagenhöhe von hundert bis zweihundertfünfzig Exemplaren, die zwischen 1904 und 1915 erschienen sind. Erst später, im Jahre 1930, faßte er sie in einem Buch zusammen, das in Florenz gedruckt wurde, und zwar auch nur in 525 Exemplaren!

Norman Douglas entstammte dem berühmten Geschlecht der schottischen Douglas, hielt aber nichts von seinem Adel. Sein Vater war John Sholto Douglas, der 15. Laird auf Tilquihillie, seine Mutter eine Baronesse v. Pöllnitz. Geboren wurde er auf Schloß Falkenhorst in Vorarlberg. Als Kind sprach er erst Deutsch und lernte das Englische später. Man schickte ihn auf eine fashionable school in England, doch fand er sich in diesem allzu konservativ-konventionellen Klima nicht zurecht, so daß man ihn auf das Gymnasium in

Karlsruhe brachte. Später schlug er die diplomatische Laufbahn ein, überwarf sich aber bald mit dem britischen Botschafter in St. Petersburg, quittierte den Dienst und bezog die Villa Maya auf dem Posillipo bei Neapel, nachdem er vorher in Vorarlberg die Hälfte seines väterlichen Erbteils zu Geld gemacht hatte. Er heiratete eine Irin, Elsa Fitz-Gibbon, und machte, kaum in die Villa Maya eingezogen, eine Hochzeitsreise nach Indien. Seine Frau schenkte ihm zwei Söhne, und nun schien ihm ein beschauliches Familienleben gesichert. Doch eines Tages verließ Douglas die Villa Maya und fuhr nach Capri – allein.

Douglas war ein Riese von Gestalt und Kraft und hatte eine unerschütterliche Gesundheit. Ich sehe ihn noch vor mir sitzen mit seiner hohen, durchfurchten Stirn, gelassen seine Tabakspfeife anzündend, vor ihm ein Fiasco mit Wein. Er trank gern und kannte sich aus in den Weinsorten. Er hatte sie in seinem Leben alle durchgekostet, vom Chablis Crû Vaudesir und Château Lafitte bis zum fülligen Gattinara und süffigen Dolceacqua, den man im Cenobio dei Dogi in Camogli trinken muß. Den Capriwein schätzte er nicht sehr, da er damals mit wenigen Ausnahmen mit Ischiawein zusammengepantscht wurde. Bis zu seinem Lebensende war der Wein sein Freund. Harold Acton meinte einmal, daß Douglas in seiner körperlichen und geistigen Kraft mehr ein Mann des achtzehnten als des zwanzigsten Jahrhunderts war.

Übrigens war Douglas schon vor seiner Flucht aus der Villa Maya auf Capri gewesen. Bereits als Zwanzigjährigen hatte ihn das Südweh gepackt, und er betrat am 26. März 1888 zum ersten Mal die Insel.

Seine schriftstellerische Laufbahn fing mit lauter Mißerfolgen an. Von seiner Novellensammlung, ›Unprofessional Tales‹, 1901 erschienen, wurden ganze acht Exemplare verkauft, und ähnlich war es mit ›Siren Land‹, einem seiner besten Bücher. Da das Buch keine Käufer fand, ließ der Verleger die Auflage einstampfen. Als dann die Reisebeschreibung ›Old Calabria‹ gedruckt wurde (im Prestel-Verlag wieder erschienen 1969 unter dem Titel ›Reisen in Südalien‹) und trotz der kleinen Auflage Aufsehen erregte und sich so etwas wie eine Douglasgemeinde in England bildete, hielt man nach früheren Veröffentlichungen des Schriftstellers Ausschau, und so brachte sein Verleger eine neue Auflage von ›Siren Land‹ heraus, die er als die alte Originalausgabe tarnte und mit allen Druckfehlern der ersten eingestampften Ausgabe auf den Buchmarkt brachte.

Douglas hat, wenn man bedenkt, daß er dreiundachtzig Jahre alt wurde, nicht viele Bücher geschrieben; aber was er anfaßte, wurde unter seinen Händen ein kleines Meisterwerk, ob er als Achtzehnjähriger über ›Die Variation im Gefieder der Krähen‹, über die Kriechtiere im Großherzogtum Baden oder später über die Vögel und Tiere der Griechischen Anthologie, über Kaiser Tiberius, über das Leben der gottseligen Nonne Serafina, über die Blaue Grotte oder Sarazenen und Korsaren schrieb. Er verfaßte auch Novellen und ›South Wind‹, zum Teil ein Schlüsselroman, witzig und gewandt; aber seine Stärke war der Essay.

Er war ein Meister der Kürze, des Lapidaren und verstand Schriftsteller nicht, die immer mehr sagen wollten, als sie zu sagen hatten. Deshalb war ihm im Grunde auch D. H. Lawrence zuwider, der sich einfach nicht kurz fassen konnte. Als Douglas in der Schriftleitung der ›English Review‹ arbeitete, mußte er die Beiträge von Lawrence immer auf das richtige Maß zusammenstreichen. Später überwarf er sich dann völlig mit Lawrence. Bei einer Begegnung mit Lawrence und dessen Frau in Florenz, führte Douglas einen Zechbruder von sich ein, einen gewissen Maurice Magnus, der behauptete, seine Mutter sei eine uneheliche Tochter Wilhelm I. Ein abenteuerlicher Geselle, der in der Fremdenlegion gedient und darüber ein Buch geschrieben hatte. Er pumpte erst Douglas an, und da dieser kein Geld hatte, denn sein Vermögen war ihm längst zwischen den Fingern zerronnen, wandte er sich an Lawrence, der es ihm bei seinem angeborenen Geiz ziemlich widerwillig gab. Magnus fuhr damit nach Malta, machte weiter Schulden und vergiftete sich am Ende, als die Polizei ihn suchte. Man übergab Lawrence den Nachlaß des Magnus, da er sein Darlehen nachweisen konnte. Der Nachlaß bestand im wesentlichen aus Papieren, darunter das Manuskript mit den Erinnerungen aus seiner Legionärszeit. Lawrence gab sie unter dem Titel ›Erinnerung eines Soldaten der Fremdenlegion‹ heraus, um so sein Darlehen wieder hereinzubekommen, und schrieb dazu eine Einleitung, die von wenig nobler Gesinnung zeugte, was Douglas veranlaßte, eine Streitschrift ›Aufruf zu besseren Manieren‹ zu verfassen. Douglas, der Aristokrat, war eben von ganz anderer Art als Lawrence, der Sohn eines Grubenarbeiters aus der Gegend von Nottingham. »Er war nicht gewillt, irgend jemandem etwas verdanken zu müssen«, sagte Douglas von Mr. Eames in ›South Wind‹ und charakterisierte sich damit selbst. Auch einen anderen Erfolgsautor hatte Douglas angegriffen, Joseph Conrad, der eigentlich Pole war und dem er vorwarf, sich allzu schnell in die heuchlerische englische Moral eingefühlt zu haben.

In ›Looking Back‹ erzählt Douglas von seinen Lebenserinnerungen. Fünfzig Jahre lang hatte er die Visitenkarten aller Leute, mit denen er bekannt geworden war, in eine japanische Vase, eine sogenannte ›brûle parfum‹ geworfen und langte nun blindlings hinein, um die einzelnen Karten und mit ihnen die Erinnerungen herauszufingern. Er fand immer epigrammatisch kurze Charakterisierungen:

Gilbert v. Clavel, ein verkrüppelter junger Schweizer von aggressivem und offensivem Betragen, kränklich mit einer schrecklich krötigen Stimme, der ›scarteluzzo‹ (bucklige Zwerg) von Positano. Wer erinnert sich seiner nicht? R.I.P.

Über Axel Munthe ist er am kürzesten: »Wir sind uns 1897 begegnet.« Aus. Mehr schien ihm zu viel.

›Looking Back‹ erschien 1933. Wenige Jahre später mußte

Douglas Italien verlassen. Er lebte dann in Frankreich, von wo ihn der Zweite Weltkrieg vertrieb. In einer abenteuerlichen Flucht gelang es ihm, Lissabon zu erreichen und von da nach England zu reisen. Als der Krieg zu Ende war, kehrte er nach Capri zurück und wohnte im Hause eines Freundes. Noch sieben Jahre lang genoß er die Insel, immer noch schreibend und dem Weine zugetan und erwartete in der Villa Tuoro als der weinfrohe Heide, der er war, heiter den Tod.

Er liegt unter den Zypressen des protestantischen Friedhofes begraben. Auf seinem schlichten Grabstein stehen drei Worte aus einer Ode des Horaz:

> *Omnes eodem cogimur ...*
> *Den einen Weg geht alles. Jedem wird,*
> *ob früh, ob spät, geschüttet aus der Urne*
> *das letzte Los, und jener Nachen trägt*
> *zur ewigen Verbannung dich hinweg.*

Axel Munthe, den Norman Douglas in seinen Lebenserinnerungen so kurz abgetan hat, ist dennoch aus Capri nicht wegzudenken. Sein autobiographischer Roman ›Das Buch von San Michele‹ hat in den dreißiger Jahren Capri in der ganzen Welt noch bekannter gemacht, als es schon war, obwohl nur ein paar Kapitel von Capri handeln.

Munthe, der sich in England naturalisieren ließ, schrieb das Buch in englischer Sprache unter dem Titel ›The Story of San Michele‹. Es erschien 1929 und hatte einen Riesenerfolg. In viele Sprachen übersetzt, erschien es 1931 auch in deutscher Sprache. Vorher mußte Munthe allerdings eine üble Hetzbroschüre gegen die Deutschen, ›Red Cross and Iron Cross‹ öffentlich widerrufen.

Andere Werke Munthes wie ›Memories and vagaries‹ (darin das schöne Kapitel über die Hunde auf Capri) und ›Letters of a mourning city‹ sind weniger bekannt. In diesen ›Briefen aus einer sterbenden Stadt‹ beschrieb Munthe, von

Lappland nach dem choleraverseuchten Neapel geeilt, diese große Choleraepidemie in einem geradezu gruseligen Furioso, was er später auch in seinem Buch von San Michele wiederholte, etwas gedämpfter mit wohlabgestimmter Selbstgefälligkeit. Auch über den Kaiser Tiberius hat er geschrieben. Allerdings machte er aus dem großen Kaiser so etwas wie einen abgeklärten Philosophen, legte antike Zeugnisse willkürlich aus und fabelte, ganz aus dem Blauen geholt, Juvenal habe von einem ruhigen Alter des Tiberius, umgeben von gelehrten Freunden und Astronomen gesprochen ... was in keiner der Satiren des Juvenal zu finden ist.

Ich habe Axel Munthe so um 1920 herum kennengelernt und sehe ihn noch jetzt vor mir. Sehr groß, sehr schlank, eine Brille mit dickwandigen Gläsern im asketischen Gesicht, sah er aus wie ein Zwillingsbruder des ›Mister G.‹, des als großer Tennisspieler bekannten König Gustav V. von Schweden, den man damals allgemein so nannte. Als Dr. Munthe einmal einen großen Hund sah, der meinem Schwager Arnold Wenner gehörte – es war eine Kreuzung zwischen deutschem Schäferhund und dänischer Dogge – beugte er sich zu ihm hinab und küßte ihn auf die Schnauze. Er wollte den Hund kaufen, doch mein Schwager schenkte ihm den Hund. Im letzten Kapitel des ›Buches von San Michele‹ fand Munthe rührende Worte für Wolf, wie er ihn weiter nannte.

In Munthe mischte sich ein gewisses aufschneiderisches Gehabe mit mystischem Franziskanertum. Edwin Cerio meinte allerdings einmal: »Wenn man an ihm kratzt, kommt immer wieder der Gote zum Vorschein.« Rührend war seine Tierliebe. Mit Hundegebell und Böllerschüssen kämpfte er gegen die Vogeljäger. Auf Anacapri schuf er ein kleines Vogelparadies, ein ›Sanktuarium der Vögel‹, wie er es nannte. Einen kranken Metzger, der zu ihm kam, um von seinem Leiden erlöst zu werden, behandelte er erst, als dieser ihm schwor, nie mehr einen Vogel zu töten.

Auf Capri haben sich früh Engländer und Amerikaner niedergelassen, die vielfach über die Insel geschrieben haben, so der Amerikaner Thomas Spencer Jerome, dessen Thema hauptsächlich Tiberius war. Er war ein Freund des Douglas.

Um die Jahrhundertwende verfaßte Harold Trower einen Reiseführer, ›Guide to Capri‹ (1898), dem ein paar Jahre später, 1906 ›The Book of Capri‹ folgte, ein aus allen möglichen anderen Werken zusammengebrautes Ragout aus Geschichte und Archäologie und anderem.

Trower war britischer Konsular-Agent auf Capri und von recht insularer Überheblichkeit. Wenn von irgendeiner nutzlosen Sache gesprochen wurde, pflegte er zu sagen: »Das ist etwas für Italiener; ich bin schließlich ein Engländer!«

Man weiß, und Richard Aldington hat es in seiner Biographie ›Pinorama, personal recollections of Norman Douglas etc.‹ London 1954, bestätigt, daß Douglas Harold Trower in ›South Wind‹ unter dem Namen Freddy Parker auftreten ließ. Er hat ihn so charakterisiert:

Mr. Frederick Parker verbrachte einen großen Teil seiner Zeit damit, unter einem Mäntelchen von ungestümer guter Laune eine wirklich bemerkenswerte Verbindung von Böswilligkeit und Dummheit zu verstecken.

Mr. Harold Trower B. A. war es, der den auf Seite 143 erwähnten lateinischen Zweizeiler eines Anonymus reichlich schlecht ins Englische übersetzte und dem Publius Papinius Statius zuschrieb, was seitdem von anderen Autoren immer lustig abgeschrieben worden ist.

Ein Grabstein auf dem protestantischen Friedhof von Capri, der die sterblichen Reste von Mrs. und Mr. Harold Trower B. A. birgt, ist von einer Sonnenuhr gekrönt, die aber nicht geht, weil man sie sinnigerweise nach Norden ausgerichtet hat. Auf das B. A. (bachelor of arts) des Oxford College, hatte dieser Stockbrite immer großen Wert gelegt. Sein Tod war tragisch. Im Jahre 1940, als Italien in den Krieg eintrat, lebte er, dreiundachtzig Jahre alt, allein auf Capri.

Auf Anordnung der faschistischen Regierung sollte er wie alle anderen »feindlichen« Ausländer interniert werden. Man brachte ihn krank nach Neapel, doch die Polizei wußte mit dem kranken Mann nichts anzufangen und schickte ihn nach Capri zurück. Bei einer kalten Tramontana, mitten im Winter, reiste er mit einer Bronchitis ab, kam mit einer Lungenentzündung in Capri an und starb kurz darauf, einsam und ohne Freunde.

Interessanter sind die Berichte, die Henry Wreford als Berichterstatter in über vierzig Jahren bis 1892 an die *Times* schickte. Er heiratete eine Capresin, und es leben noch Nachkommen von ihm auf der Insel. Der Kunsthistoriker Carl Justi schrieb über ihn in einem Brief aus Capri vom 15. September 1867: »Er ist ein schon ältlicher Herr und hat ein ruhiges, Vertrauen und Behagen erweckendes Wesen und köstlichen selbstgemachten Capriwein. Mr. Wreford hat vieles für die Einrichtungen von Volksschulen auf Capri getan. Kürzlich war ein Examen, bei dem er als Patron und Ehrenexaminator eingeladen war. Seine Zimmer sind voll von Kuriositäten der Natur und des Altertums der Insel, Andenken von Künstlern usw., darunter Bildnisse und Autographen Garibaldis.« In der Bibliothek von San Martino in Neapel soll sich nach Furchheims Angaben eine Anzahl von Dokumenten befinden, die Wreford hinterlegt hat. Weitere ungedruckte Manuskripte befanden sich im Besitz der Familie Lembo. Ich selber habe mit einer reizenden Urenkelin Wrefords mehrere Inschriften in der Villa Cesina aufgenommen, die einem Nachkommen Wrefords gehört.

Ein Original auf Capri war John Clay Mac Kowen, der aus New Orleans stammte und es im amerikanischen Sezessionskrieg unter General Lee bis zum Obersten gebracht hatte. In jungen Jahren hat er in Deutschland Medizin studiert und seinen Doktor gemacht. Nach dem für die Südstaaten unglücklichen Ausgang des Bürgerkrieges hatte er, angewidert vom Treiben der Sieger, seine Plantage verkauft und war nach Europa gezogen, wollte nichts wissen von den ›Carpet Baggers‹, die zur politischen Entlausung der Südstaatler eingeschleust wurden, und den sogenannten ›Gepanzerten Eid‹ wollte er schon gar nicht leisten. Um das Jahr 1877 kam er nach Capri und blieb auf der Insel bis kurz vor seinem Tode im Jahre 1902, der tragisch genug war. Im Alter von neunundfünfzig Jahren trieb es ihn zurück in die alte Heimat. In einer Hafenbar von New Orleans geriet er mit einem Gast in Streit. Der zog nach kurzem Wortwechsel seinen Colt und erschoß Mac Kowen.

Mac Kowens Capri-Buch erschien 1884 mit vielen originellen Betrachtungen über Geschichte, Topographie und Geologie der Insel. Reinhold Schoener hat viel von ihm abgeschrieben. Nach Mac Kowens Tod wurde eine Kiste mit Manuskripten nach Amerika geschickt, über deren Verbleib nichts mehr zu ermitteln ist. In Mac Kowens Casa Rossa in Anacapri, praktisch ein ausgebauter mittelalterlicher Turm, sind noch viele Altertümer, Statuen und Inschriften. Seit dem Tode Marescas, eines Enkels von Mac Kowen, der in diesen Räumen einen Nachtklub eröffnet hatte, geriet die Villa in Zerfall, was sehr bedauerlich ist wegen der dort befindlichen Inschriften.

Zur Zeit Mac Kowens entstanden auch noch andere museal herausgeputzte Villen, mit Altertümern, Statuenfragmenten, Inschriften, Vasen und Sammlungen von antikem Marmor angefüllt. So baute der Maler Charles Caryl Coleman, ein Amerikaner, das ehemalige Gästehaus der Madre Serafina in die Villa Narcissus um. Ähnlich war es mit dem Fortino an der Marina Grande, das erst der Maler Haan besaß und das dann auch in den Besitz Mac Kowens überging, und ein Gleiches tat Axel Munthe mit der so überaus bekannten Villa von San Michele. Freilich stammen hier die meisten aufgestellten Schaustücke gar nicht aus Capri, sondern wurden vom Festland herübergebracht.

Ein tragisches Schicksal soll nicht vergessen werden: Im

Oktober 1897 landete Oscar Wilde auf Capri ... nachdem er seine Zuchthausstrafe in Reading verbüßt hatte.

Er hatte wohl die Absicht, auf Capri in einem freigewählten Exil zu leben. In der Tat war schon Anfang des Jahres 1897 sein Freund Lord Alfred Douglas nach Capri gekommen und hatte außerhalb des Städtchens in der Via Pastena ein Haus gemietet. Um so seltsamer ist es, daß Oscar Wilde, als er die Insel betrat, nicht still, ohne Aufsehen zu erregen, bei diesem seinem jungen Freund Zuflucht suchte, sondern ins Luxus-Hotel Quisisana ging, wo damals hauptsächlich Engländer abstiegen. War es als Affront gedacht gegen die Gesellschaft, die ihn einst überschwenglich gefeiert hatte und dann aus ihren Reihen ausstieß, oder dachte er dank seines Geistes und seines Charmes an ein Comeback?

Ach, der Ästhet Oscar Fingall O'Flahertie Wills, der sich Oscar Wilde nannte, der gefeierte Dichter, der Dandy von einst, war nur noch ein Schatten mit hängenden Wangen und selbst in der Kleidung vernachlässigt.

Als er am Abend in den Speisesaal des Hotels Quisisana trat, um an einem Tisch Platz zu nehmen, erhoben sich die anwesenden englischen Gäste. Nicht um ihn zu feiern. Sie waren entschlossen, aus Protest gegen den Zuchthäusler das Hotel zu verlassen. Und Oscar Wilde mußte abreisen.

Später in Paris, wo er dem Trunk und dem Elend verfiel, sagte der Dichter, der im Zuchthaus das ergreifende Bekenntnisbuch *De Profundis* und die unsterbliche Zuchthausballade geschrieben hatte, zurückdenkend an Capri: »Sie haben mir das Brot verweigert.«

Von den Franzosen gibt es kein Capribuch in dem Sinne, wie es Norman Douglas, Mac Kowen, Trower und andere veröffentlicht haben. Eine Ausnahme bildet ein Aufsatz Maxime Du Camps, der in der *Revue des Deux Mondes* im Jahre 1862 (tome 41, S. 868-907) erschien. Auf diesen neununddreißig Seiten gibt Du Camp ein recht anschauliches Bild von der Insel, und wenn er auch nicht viel Neues bringt, so verdient doch seine Erzählung von einem Soldaten Napoleon I., daß man sie der Vergessenheit entreißt.

Auf seinen Streifzügen durch Capri ließ sich Du Camp fast immer von einem Invaliden der Großen Armee begleiten. Sein Name war Joseph Bourgeois. Er wurde bei Lützen so schwer verwundet, daß man ihn als Toten liegen ließ. Die Lützowschen Jäger hatten ihm Säbelhiebe auf den Schädel und das Schlüsselbein verpaßt. Er nannte es später im Jargon der Großen Armee »cette petite aventure!«, dieses kleine Abenteuer! Und er lachte darüber. In Bastia auf Korsika als Sohn eines Franzosen geboren, machte er die Feldzüge seines vergötterten Kaisers von 1812 und 1813 mit, wobei er an Wilna eine besonders schlechte Erinnerung hatte. Als Sergeant der Garde folgte er Napoleon nach der Insel Elba und blieb dort, um während der hundert Tage Madame und die Prinzessin Pauline zu bewachen. Nach der Abdankung Napoleons lebte Bourgeois eine Zeitlang auf Korsika, hielt es aber nicht sehr lange aus und reiste nach Neapel, um einen Verwandten zu besuchen, der unter König Murat gedient hatte, und kam so auch einmal nach Capri. Es sollte nur ein Tagesausflug sein . . . doch Bourgeois blieb für den Rest seines Lebens, fünfzig Jahre lang, auf der Insel, ein Schicksal so vieler Capribesucher, die nur kurze Zeit bleiben wollten und dann, von der Insel unwiderstehlich angezogen, sie nicht mehr verließen.

Die Insel gefiel Bourgeois, und der weiße Capriwein war nach seinem Geschmack und nicht minder die Capresinnen. Er heiratete und war zur Zeit Du Camps schon seit sechsundvierzig Jahren ansässig. Man gab ihm Ehrenämter in der Gemeinde. Er wurde Friedensrichter, zweimal Bürgermeister und erhielt das Patent eines Hauptmanns der Nationalgarde. Einmal reklamierte er bei dem zuständigen Ministerium in Neapel, das war noch zur Zeit der bourbonischen Mißwirtschaft. Er wollte hundertdreißig Dukaten ersetzt haben, die er dienstlich ausgegeben hatte. Da stellten die

Beamten des Ministeriums fest, daß Bourgeois Franzose war und kein Anrecht hatte, Friedensrichter, Bürgermeister und Hauptmann der Nationalgarde zu sein. Bourgeois blieb aber unbehelligt auf Capri als die Respektsperson, die er in den Augen der Insulaner war. Groß wie eine Pappel und stark wie eine Eiche – so Du Camp – schritt er erhobenen Hauptes durch die Straßen Capris. Nach der Wachteljagd und der Bestellung seines Gartens pflegte der rüstige Siebziger am Abend Tarantella zu tanzen ... nur so, zur Erholung! Sein Traum war es eigentlich, noch einmal einen Feldzug mitzumachen. Hörte er von der Ankunft von Landsleuten, so hing er seine Medaille von St. Helena ins Knopfloch, um sich als Franzose und Anhänger des großen Korsen zu erkennen zu geben. Er hatte nach Verlust seiner Gemeindeämter auf dem Tiberio ein kleines Restaurant eröffnet, das er Restaurant de Monsieur Bourgeois nannte, in der Hoffnung, daß der Besucherstrom zu den Tiberius-Ruinen zunehme. Er nahm aber ab, und Bourgeois darbte am Ende trotz der Gloire der napoleonischen Feldzüge und der gewissenhaft erfüllten Ämter.

Die italienische Capri-Literatur ist natürlich sehr umfangreich und würde ein langes Verzeichnis füllen. Sie reicht von der ersten Beschreibung der Insel, die Fabio Giordano etwa im letzten Viertel des 16. Jahrhunderts gegeben hat – damals noch in lateinischer Sprache – bis zu den Werken Edwin Cerios. Für die Archäologie ist besonders Amedeo Maiuri hervorzuheben, der die römischen Ruinen auf dem *Tiberio*, in *Damecuta* und *Palazzo a mare* endgültig ausgegraben hat. Um die Geologie haben sich Raffaello Bellini, um die Vorgeschichte Ugo Rellini verdient gemacht. Befruchtend auf andere wirkte auch Dr. Ignazio Cerio, der Vater Edwin Cerios. Er tat viel für die Erhaltung der Capreser Eigenart und hat die botanischen und zoologischen Studien gefördert.

Was seitdem in der italienischen Literatur mit Capreser

Hintergrund erschienen ist, kann man, wenn man von Edwin Cerios Werken absieht, die hier noch zur Sprache kommen, auf wenige Namen beschränken. Nino Salvaneschi, der später erblindete und so viel Seelenvolles geschrieben hat wie ›Il libro dell'anima‹, war im Jahre 1919 auf Capri und verfaßte den reichlich phantastischen Roman ›Sirenide‹. Leider nicht sein bestes Werk. Vor einem Jahrzehnt habe ich ihn noch auf Capri gesehen.

Die Lyrikerin Ada Negri kam erst als reife Frau nach Capri. Das war im Jahre 1923. Sie erlebte aber hier im Dreiklang von Fels, Meer und Himmel einen Liederfrühling und schrieb die ›Canti dell' Isola‹, Gedichte, die in ihrer zarten Melancholie denen des ›Libro di Mara‹ gleichwertig zur Seite stehen.

> *Kommst du nach Capri, zu der Sonneninsel,*
> *wirst du dich als den Halbgott wiederfinden,*
> *der du einst warst ...*

schrieb sie in einem Edwin Cerio gewidmeten Gedicht. Die ›Canti dell'Isola‹ waren eine einzige Liebeserklärung an Capri ... und an Edwin Cerio, gedämpft von etwas wehmutsvoller Entsagung.

Die Volksschullehrerin aus Lodi bei Mailand, geboren 1870, gestorben 1945, lebte nicht, wie man nach ihrer Lyrik vermuten könnte, in einem elfenbeinernen Turm. Ihr Herz schlug früh für die Armen und Unterdrückten, und was sie erstrebte, war soziale Gerechtigkeit für alle und eine Welt der Brüderlichkeit.

Die Italiener haben Capri nach den Deutschen und den Engländern entdeckt. Ihre Besucherzahl wuchs erst nach dem Ersten Weltkrieg und nahm seitdem immer mehr zu. Und mehr als früher sind die Vertreter der italienischen Intelligenz, der Kunst, der Literatur auf der Insel gewesen oder haben sich dort niedergelassen wie Curzio Malaparte, in seiner Glanzzeit nach dem Zweiten Weltkrieg das ›enfant terrible‹ der italienischen Literatur. Er baute sich an der zerklüfteten Ostküste Capris ein Haus – wieder ein rotes Haus – das er dann sterbend den Rotchinesen vermachte, vielleicht nicht so sehr aus rotchinesischer Gesinnung heraus, sondern nur, um posthum noch die Bürger zu erschrecken. Wer ihn kannte, muß sagen, daß er nicht so laut war wie das, was er schrieb. Er suchte oft die Stille und konnte auch zuhören. Ein Kerl, der so gesund schien wie eine Eiche und doch schon das furchtbare Krebsleiden in sich trug. Auch das Wasser von Lourdes konnte ihm nicht mehr helfen, das er, der Spötter, sich zuletzt kommen ließ.

Seltsam, daß es eigentlich kein Volkslied auf Capri gibt, auch nicht auf Ischia und Procida, den beiden anderen Inseln des Golfes. Giovanni Artieri, der Verfasser von Werken wie ›Napoli Nobilissima‹, ›Funiculi, Funiculà‹ und ›Penultima Napoli‹, in denen auch manches Schöne und Ergötzliche über Capri steht, schrieb einmal, daß die Musen des Volksliedes, der ›canzonetta‹, nur bis Sorrent gekommen wären. Anscheinend seien sie des Schwimmens unkundig. Di Giacomo und die anderen Poeten des neapolitanischen ›stil nuovo‹ hatten für die Inseln nichts übrig, und wenn da und dort ein paar Lieder entstanden wie Ernesto Murolos ›Marina Piccola‹ oder Augusto Cesareos ›Luna Caprese‹ oder gar eines von der Blauen Grotte, das ein Könner wie Di Capua anscheinend mit wenig Lust vertonte, so waren das poetische Eintagsfliegen, die schon matt und taub waren, als sie zu summen anfingen. Manfredi Fasulo, der verdiente Sorrentiner Heimatforscher, hielt 1905 einen Vortrag (der auch gedruckt wurde): ›Capri in den Gesängen italienischer und ausländischer Dichter‹ und erwähnte darin gerade zwei ›Volkslieder‹, von denen das eine nie eines war und vergessen ist und das andere, ›Custantina‹ von G. B. de Curtis, kaum noch gespielt wird. In meiner Jugend sang es und spielte es oft noch ein Trio, das durch die Osterien von Neapel wanderte, mit dem Refrain:

> *Ah, Custantina bella,*
>   *Custanza io nun te tengo.*
> *A Capre io nun ce vengo:*
>   *Me perdo nanz' a te.*

Ein deutscher Professor, Dr. Heinrich Zschalig, hat einmal den Versuch unternommen, uns ›echte Volkspoesie‹ aus Capri vorzuzaubern: ›Volksdichtungen aus Capri, erstmalig aufgezeichnet und veröffentlicht‹ (Die Grenzboten, Berlin 1911, Nr. 49 und 50). Man weiß aber nicht recht, was von diesen ›Volksdichtungen‹ auf die Phantasie des Herrn Professor und was auf die der ›Bella Carmelina‹ zurückgeht.

Wie wir aus dem Vorwort zu diesem Werk entnehmen, ließ er sich alles von einer Capreser Tarantella-Tänzerin, genannt ›La Bella Carmelina‹, erzählen:

Zum eigentlichen Märchenland wurde mir Capri aber erst bei meinem längeren Verweilen (Februar bis Mai 1910) durch die kluge Scheherezade, die den meisten Capribesuchern bekannte Tarantella-Tänzerin Carmelina, der ich die Mehrzahl der von mir gesammelten Volksdichtungen verdanke.

Carmelina war ein aufgewecktes Naturkind, und ich habe sie selber noch gekannt, als sie schon nicht mehr jung und auch nicht mehr so ganz schön war. Fragte man sie nach dem deutschen Professor, dann huschte immer ein Lächeln über ihre vollen Lippen. Es hatte ihr halt Spaß gemacht, ihm alles mögliche zu erzählen, denn sie erzählte gern und lebhaft, besonders, wenn sie ein paar Glas Wein getrunken hatte. »Ob er viel hinzugedichtet hatte?« fragte ich sie einmal auf eine der Erzählungen anspielend. »Sicher«, meinte sie, »das ist doch seine Sache.«

Sie liebte die Deutschen. Einmal – das war im Jahre 1920 – zeigte sie mir einen dreifarbenen Bierzipfel, den ihr ein junger ›Dottore‹ vor dem Krieg geschenkt hatte. Er war gleich bei Kriegsbeginn irgendwo in Belgien gefallen. In den Jahren vor dem Krieg, meinte sie, seien die Deutschen, wenigstens die meisten von ihnen, ganz anders geworden. In ihrem Gehabe sei etwas Herausforderndes gewesen, etwas Kompromißloses. Sie sprachen vom Kriege, als begönne damit die ersehnte Weltherrschaft.

La Bella Carmelina überlebte am Ende sich selbst. Ihr Erdenwallen war schon ein Mythos geworden, sie selber nur noch ein Schatten, der durch das Haus unterhalb der Ruinen des Tiberius-Palastes geisterte. Sie, die den Besuchern der Ruinen so oft den Sturz der zum Tode Verurteilten vom hohen Felsen des Tiberio geschildert hatte, verübte Selbstmord. In einem Anfall geistiger Verwirrung stürzte sie sich aus dem Fenster ihres Hauses, das Tamburin in der Hand.

Die Maler

Die kleine Felseninsel ist viele tausend Mal auf Leinwand und Papier gebannt worden, doch gab es auf Capri nie eine Malerschule wie etwa, um nur zwei Beispiele zu nennen, die von Olevano oder Worpswede. Wenn man von der später aufgekommenen Malerindustrie absieht, die zu einem gewissen Klischee wurde, gab es immer nur einzelne Maler, die, aus der einen oder anderen Kunstrichtung stammend, auf die Insel gekommen sind und hier vereinzelt Schüler oder Nachahmer gefunden haben.

Die ersten Maler tauchten in der zweiten Hälfte des 18. Jahrhunderts auf. Chatelet zeichnete den *Salto di Tiberio* bizarr-romantisch und schuf auf einem anderen Bild von der *Marina Grande* kulissenhaft einen geradezu dolomitisch anmutenden *Monte Solaro*, beide Stiche veröffentlicht in dem Monumentalwerk des Abbé J. C. Richard de Saint-Non, ›Voyage de Naples et de Sicile‹, Paris 1783.

Von der sogenannten ›Scuola di Posillipo‹ kamen zeitweilig einige Vertreter nach Capri. Vorläufer dieser Schule war vor allem der mit Goethe befreundete Philipp Hackert neben den Malern Kniep und Tischbein. Hackert hat schöne, ja, manchmal zu schöne Veduten gemalt mit kalligraphischer Genauigkeit. Den Höhepunkt erreichte die ›Scuola di Posillipo‹ mit dem Neapolitaner Giacinto Gigante und dem Holländer Anton Snunk van Pitloo. Bei van Pitloo wird die Beleuchtung der Landschaft, das einfallende Licht, der Sonnenuntergang, ein drohendes Gewitter, zur lyrischen Gemütsbewegung. Es ist schade, daß er auf Capri nur einen seltsamen Kupferstich geschaffen hat, Capri von Cetrella aus gesehen mit einem verzeichneten Monte San Michele und seltsamen spindeldürren Faraglioni. Er starb 1837 an der Cholera in Neapel, siebenundvierzig Jahre alt. An dieser Stelle ist Karl Blechen zu erwähnen, der unter anderem eine schöne Ansicht von Capri gegen den Monte Solaro malte. Die ›Scuola di Posillipo‹ zählte noch andere gute Maler in ihren Reihen, von denen einige wie Carelli Capreser Landschaften gemalt haben. Auch Palizzi, Morelli und Smargiassi sind da noch zu nennen. Auch Oswald Achenbach hat schöne Bilder von der Insel gemalt. Schon ein Jahrzehnt später klang diese Malerschule mit lendenlahmen Epigonen aus.

Der aus La Chaux-de-Fonds stammende Schweizer Louis Léopold Robert malte im Jahre 1830 den Südstrand mit den *Faraglioni*, also ein Jahr vor der großen Gemäldeausstellung in Paris, die Heinrich Heine beschrieben hat. Heine zollte Robert damals großes Lob, dessen Stärke die Schilderung italienischen Volkslebens war. Auf seinem Capri-Bild ist die romantische Landschaft der Hintergrund zu der Gruppe von Leuten im Kahn, den der Schiffer in Capreser Tracht dem Strand zurudert. Robert endete 1838 in Venedig durch Selbstmord, weil seine Neigung zur Prinzessin Charlotte Bonaparte unerwidert geblieben war.

Auch die Historienmalerei hat sich der Insel als Kulisse bedient. Félix Josephe Barrias malte 1851 ›Die Verbannten des Tiberius‹. Fünfzig Jahre vorher hatte L. J. Desprez in einer skizzenhaften Tuschezeichnung die Szene dargestellt, wie Tiberius die zum Tode Verurteilten ins Meer stürzen ließ, während am Strande, frei nach Sueton, die Matrosen die Opfer mit Riemen und Stangen endgültig totschlugen.

Ein sehr plastisches Bild von J. Coignet, die Insel vom *Monte Tiberio* aus gesehen, ist noch mehr durch den ausgezeichneten Stich von G. Engelmann bekannt. Coignet schuf auch noch Genrebilder mit Capreser Hintergrund, genau wie sein Landsmann J. J. Henner, dem weitere Franzosen wie Hamon, Edouard Sain und Jean Benner folgten. Sain schuf ein bekanntes Tarantella-Bild, und Benner ist durch viele Genrebilder aus dem Capreser Volksleben bekannt, wobei er hauptsächlich idealisierte junge Frauen darstellte. Sein Sohn, Manny Benner, setzte, nun schon naturalistischer, diese Tradition fort, so sein Bild von den Zampognari, den Dudelsackpfeifern, die zur Weihnachtszeit aus den Abruzzen in die Städte kommen und vor den Heiligenbildern ihre getragenen Weisen aufspielen.

Von den deutschen Malern ist einer der ersten der schon genannte Philipp Hackert, der eine Capreser Landschaft, gesehen vom Hause des Gouverneurs, malte, die dann 1790 sein Bruder Georg in Kupfer gestochen hat. Ein Bild von der *Marina Piccola* malte Ernst Fries, der ›Mitentdecker‹ der Blauen Grotte, der schon fünf Jahre nach diesem Abenteuer starb. Das Bild kam in die Gemäldegalerie zu Karlsruhe. Von einem jüngeren Bruder des Fries, Bernhard, haben wir Ansichten aus Capri und ein Bild von der Blauen Grotte, um 1838 gemalt. Beide Brüder waren Schüler Rottmanns.

Friedrich Preller, ein Schützling Goethes, war im Jahre 1830 zum ersten Mal auf Capri. Er besuchte mit einem Stipendium des Großherzogs Karl August von Weimar die Malerakademien von Antwerpen, Mailand und Rom und wandte sich in Rom unter dem Einfluß von J. A. Koch der heroischen Landschaft zu. Während seines ersten Inselaufenthaltes entwarf er sieben Gemälde zur Odyssee in Tempera, die alle Capreser Hintergrund haben. Im Auftrage des Großherzogs schuf er, beginnend im Jahre 1863, die großen Gemälde des Odyssee-Zyklus in Wachsfarbe auf Zementtafeln für das Museum in Weimar. »Es ist für den Kenner Capris ein einziger Genuß in diesen Bildern die Spiegelung zu verfolgen, welche die Szenerie der Insel gefunden hat«, meinte damals Proelss. Nach Preller hat auch Gustave Doré, der geniale Illustrator, Motive aus Capri für seinen Bilderzyklus von Dantes Hölle (1861) benutzt.

Über das Capri des *fin de siècle*, so, wie es leibte und lebte, gibt es keine bessere bildliche Darstellung als die des Hamburgers Wilhelm Christian Allers, eines Virtuosen des Zeichenstiftes, in Deutschland am meisten bekannt als Bismarckzeichner: ›Unser Bismarck‹. Diese Folge von Zeichnungen begründete seinen Ruhm und seine Popularität um so mehr, als die Sympathie der überwiegenden Mehrheit des deutschen Bürgertums dem entlassenen Kanzler in Friedrichsruh galt. Zu den besten seiner vielen Bildfolgen gehört ›La Bella Napoli‹, Stuttgart 1893, das auch Capri-Szenen enthält, und vor allem ›Capri‹, München 1892, in Großfolio mit dreiundfünfzig Faksimiledrucken und neun Aquarellgravüren. In meisterhafter Weise schildert er das Leben und Treiben der Deutschen, den Stammtisch im Café Zum Kater Hiddigeigei mit der damals noch ansehnlichen Wirtin, Donna Lucia Morgano, und ihrem nicht minder deutschfreundlichen Gatten, Don Nicola, die dann später Allers Retterin sein sollte. Auch die Insulaner selbst rückt Allers ins Blickfeld seiner Betrachtungen unter Bevorzugung der jugendlichen Schönen der Insel und der Lausbuben, der sogenannten ›scugnizzi‹.

Allers kam 1892 nach Capri. Er hat seine Ankunft selber gezeichnet. Wie damals üblich, trugen ihm die Frauen das Gepäck. Er selber mit Malermütze, auf der Nase ein Pincenez mit Band, Stehkragen, Schärpe und Bierzipfel, ein genialer Zeichner und zugleich ein unverfälschter Vertreter des damaligen fetten Bürgertums.

Er ließ sich auf Capri nieder. Sein Haus wurde Mittelpunkt von ›Klein-Deutschland‹. Was Namen hatte, verkehrte bei ihm, und neben den Genüssen, die die Insel bot, Früchten und Capriwein, gab es Hamburger Hausmannskost, und zwischen Aalsuppe und Bier wurde auf eigener Kegelbahn gekegelt. Von Zeit zu Zeit ließ Allers ein Schwein schlachten, und dann gab es für alle Freunde und wer sonst mitkam, ein Schlachtfest, wozu Allers gewissermaßen als Einladung die schwarz-weiß-rote Fahne hissen ließ.

Hören wir Herrn Ewald von Wald-Zedtwitz, der die Einleitung zu Allers *Capri* schrieb, schon weil sich hier der Stil der Zeit spiegelt:

Da, wo sich die schönsten aller Eichen zu einem schattigen Walde vereinen, sich die Rebe am üppigsten rankt, die Feigen am süßesten reifen, wo Rosen, dunkelroter Baldrian, weiße Winden und blaue Lilien dem Gestein entsprossen, da wird sich C. W. Allers, der Künstler, welcher uns mit seinem Meisterstift die Bilder aus Capri schenkte, sein Tusculum errichten. Ein capresisches Bauernhaus wird er sich zur Wohn- und Kunststätte ausbauen und in der alten Ruine, deren Reste wir auf dem Bilde sehen, wird für des Leibes Notdurft und Nahrung gesorgt werden, denn hier sollen die Küche und der Weinkeller, angefüllt mit selbstgebautem und gekeltertem Rebensaft Platz finden. Eine wunderbare Stelle für ein Künstlerheim. Welche Ateliersszenen werden sich hier entwickeln! Freund Allers liebt es, in lustiger Gesellschaft zu schaffen. Wie einst Rubens bei Gesang und Becherklang malte, so auch Allers: man muß gesehen haben, wie er auf Capri seine Bilder schuf.

Umgeben von einem Dutzend zerlumpter Ragazzen, die mit schwärmerischer Liebe an ihm hängen, die sich darum prügeln, wer ihm Handlangerdienste leisten, ihm Modell stehen soll, sitzt er so gemütlich auf seinem Malerstuhle, den Stift in der Hand und beginnt mit unglaublicher Schnelligkeit und nie versagender Sicherheit, seine Modelle mit dem Blei zu fesseln ...

»Halt, Situation!« ruft er plötzlich. Alles steht, und eins, zwei, drei ist das Bild in den Hauptzügen entworfen. Wohl selten hat ein Künstler so unmittelbar, so unvorbereitet geschaffen wie Allers, und gerade darin liegt der Hauptreiz seiner Werke.

Als Maler hat Allers auf Capri nichts Bedeutendes geschaffen. Seine Palette hatte schwache Farben. Es fehlte die Tiefe. Alles wirkt flächig, posterartig.

Allzulange konnte Allers sein Tusculum auf Capri nicht genießen, denn eines Tages nahm ihn Donna Lucia beiseite und flüsterte ihm ins Ohr, daß sie seine Flucht vorbereitet habe. Ein Segelboot mit ihm treu ergebenen Fischern bemannt, werde ihn von der *Marina Piccola* zum Festland hinüberbringen. Donna Lucia war die Schutzheilige aller Gestrauchelten auf Capri und Allers weder ihr erster noch ihr letzter Fall. Allers folgte ihrem Rat und ließ alles zurück, was er besaß.

Die Carabinieri, die am nächsten Morgen in aller Frühe zu Allers Villa kamen, mußten unverrichteter Sache abziehen. Niemand weiß genau, was man Allers damals vorgeworfen hat; denn Donna Lucia war verschwiegen. Eine mißlungene Erpressung, die einen Racheakt zur Folge hatte? Es ist nur eine Mutmaßung, daß Allers, der sich allzuviel mit ›scugnizzi‹ und ›ragazzine‹ umgeben hat, dabei gewisse Bestimmungen des italienischen Strafgesetzbuches außer Acht ließ. Seine Flucht ins Ausland gelang. Allers, der bei Kriegsausbruch nach Deutschland zurückkehrte, starb im Jahre 1915 in Karlsruhe.

Vielleicht sollte man auch Karl Wilhelm Diefenbachs gedenken, des ›Kohlrabiapostels‹, wie man ihn früher in München genannt hat. In einem Haus nahe der Aussichtsterrasse bei der Drahtseilstation hatte er sich ein riesiges Atelier eingerichtet, waren doch viele seiner Bilder von kolossalen Ausmaßen. Außen war sein Haus mit dem damals weitbekannten Schattenfries ›Per aspera ad astra‹ bemalt, den er in Zusammenarbeit mit seinem Schüler Hugo Höppner schuf. Dieser, später als Meister Fidus ein bekannter Maler des Jugendstils, der alles Südländische als verderbt und minderwertig haßte, hat später die Urheberschaft für den Fries allein in Anspruch genommen. Diefenbach verstand seine Gemälde als Allegorien, als Ausdruck seiner Gedanken und seiner Weltanschauung, so z. B. auf dem Bild ›Du sollst nicht töten!‹, wo Gottvater abwehrend im Geweih eines Hirsches erscheint. Zugleich ein Bekenntnis des Vegetariers Diefenbach. Man verfolgte ihn in Deutschland wegen seiner von den Bürgern abweichenden Ansichten und fand es empörend, daß er seine Kinder in Höllriegelskreuth im Isartal auf seinem Grundstück als Nackedeis herumlaufen ließ. Man nahm ihm die Kinder sogar für einige Zeit weg! Dennoch hat man dem Manne Unrecht getan. Heute würde man nur den Kopf schütteln über die Aufregung, die seine Nacktkultur verursachte. Er war ein lauterer Charakter, ein Mann, der sich seinerzeit zum ersten Friedenskongreß in Wien Mark Twain und Bertha von Suttner, der Verfasserin von ›Die Waffen nieder!‹, als deutscher Delegierter vorstellte. Ob er im Auftrag der Friedensbewegung in Deutschland handelte, ist fraglich; denn sowohl Bertha von Suttner als auch Mark Twain waren etwas erstaunt, als er sich ihnen beigesellte. Doch was tut es zur Sache? Seine Absicht war gut. Hätte man nur mehr auf solche Leute gehört. Diefenbach starb im Jahre 1913 auf Capri. Einige seiner Gemälde sind heute Eigentum des italienischen Staates und können in einem Saal der Certosa besichtigt werden.

Der rasch zunehmende Fremdenstrom führte mit der Zeit zu einer Kommerzialisierung der Malkunst auf der Insel. Die Ateliers verwandelten sich in Kaufläden. Man malte ein gängiges Motiv im Dutzend, die *Faraglioni*, die beiden Marinen, den sogenannten Sirenenfelsen (die Loreley des Odysseus!), den Fischer Spadaro, La Bella Carmelina, Donna Lucia, die Blaue Grotte und die Grüne Grotte.

Aus der Zahl der Maler um die Jahrhundertwende ragt vor allem Achille Leto heraus, ein besessener Künstler von großer Begabung, der seine Werke nur ungern verkaufte und auch arm gestorben ist. Man wußte lange nicht einmal, wo sein Armengrab lag, so, wie es auch mit dem einst berühmten Geiger Giuseppe Vannicola geschehen ist, einem der letzten Bohemiens, der arm und elend auf Capri starb, er, den Lionello Balestrieri als Modell des Geigers für seine berühmte und damals weitverbreitete Radierung ›Beethoven‹ genommen hatte.

Erst als ein Teil des Armenfriedhofes eingeebnet werden sollte, erinnerte sich der einzige Schüler Letos, Michele Farace, der Grabstätte. Edwin Cerio, damals Bürgermeister von Capri, erließ den Aufruf zu einer Sammlung und wandte sich an die Palermitaner Zeitung ›L'Ora‹, die ebenfalls eine Spendenliste für den Sizilianer Leto auslegte. Die Spenden brachten einen reichen Ertrag, so daß man dem vielleicht besten Landschaftsmaler Capris aus jener Zeit eine würdige Grabstätte bereiten konnte. Die Suche nach den Überresten Vannicolas war weniger glücklich. Man wußte nicht recht, wo sein Grab lag.

Edwin Cerio hat der Malerei auf Capri mehrere Monographien gewidmet: ›Aspetti Pittoreschi, Visione rapida di Capri, La Casa nel paesaggio di Capri‹ und vor allem das in englischer Sprache erschienene Werk ›Voices of Capri‹, das, vorzüglich illustriert, kurz vor seinem Tode 1959 gedruckt wurde. Darin finden sich neben den hier bereits erwähnten Künstlern noch die Namen von vielen anderen wie Lovatti, Siviero, Favai, Hans Paule und Skandinavier wie Joseph Stäck, I. C. Dahl, Prinz Eugen von Schweden, Görbitz und Carl Palme.

Nach dem Ersten Weltkrieg war Carlo Siviero mit seiner farbigen Palette so etwas wie ›der Maler Capris‹. Neben ihm hat Gennaro Favai mit seinen Rötelzeichnungen sehr schön die schlichte Architektur des Inselstils wiedergegeben, meist in eine bizarre Landschaft gestellt, die an Formen des Jugendstils erinnerte.

In den Jahren der faschistischen Herrschaft, als das Regime versuchte, Intellektuelle mit akademischen Titeln und kulturellen Stiftungen zu ködern, verhielt sich Siviero ablehnend und wurde deshalb auch totgeschwiegen. Siviero blieb unabhängig, dem Futurismus abgewandt, den der Faschismus zu einer Art kultureller Religion erhob. Er wollte kein anderer sein als ein Maler, der die Kunst seiner Vorgänger im 19. Jahrhundert, die Boldini, Costa, Morelli, Palizzi und Altamura in seine Zeit und seine farbiger gewordene Kunst übersetzte. Er schrieb einmal:

»Ich sage euch, unser Capri war für meine Seele eine Schmiede meines Charakters, meiner Malernatur und meines Geschmackes.« Und weiter: »Ich habe spät verstanden, daß man sich ins ozeanische Licht tauchen muß, um trunken zu sein, jedoch ohne sich von dem unwägbaren Farbenspiel verführen zu lassen. Capri muß man erleben und sich davon nähren als Kraftquelle.«

Einen Versuch, Capri als künstlerisches Erlebnis zu begreifen und dieses Erlebnis ins Abstrakte zu übersetzen, wenn man seine Farbsymphonien überhaupt abstrakt nennen kann, machte Raffaello Castello. Castello, der 1905 auf Capri geboren wurde, war mit vier Jahren verwaist und mußte schon als Knabe einem Broterwerb nachgehen. Mit zwölf Jahren handhabte er bereits die schweren Riemen der Fischerboote, war mit den Fischern tagelang auf See, wenn sie die Netze auslegten. Damals war er ein geschickter Taucher, was ihn wohl später das Augenlicht gekostet hat. Er ging durch viele Berufe, und sein Leben war hart. Er war handwerklich geschickt in allem, was er anfaßte, und von großer Intelligenz, und ehrgeizig, mehr zu werden, bildete er sich in Abendkursen weiter. Früh war in ihm auch die Leidenschaft zu zeichnen erwacht. Es gelang ihm dann auf die Akademie der Schönen Künste in Warschau zu kommen, wo sich schon erste Erfolge zeigten. Über Düsseldorf und Amsterdam führte sein Weg nach Paris, wo Mondrian ihn mit der Gruppe Abstraction-Création bekannt machte. Doch findet Castello seinen eigenen Stil. Man sagte ihm nach, daß er das, was er in den Kunstzentren aufnahm, mittelmeerländisch verarbeitete.

Nach langen Wanderjahren kehrte Castello, vom Erfolg gekrönt, auf seine Heimatinsel zurück. Seine Kunst zog viele an. Er war mit Malaparte, mit Roger Vaillant, mit Artieri, mit der Sagan befreundet, vor allem auch mit Giuseppe Ungaretti, dem großen italienischen Lyriker, der seinerzeit mehr als Quasimodo den Nobelpreis für Literatur verdient hätte. Man begeisterte sich nicht nur für Castello, den Maler, sondern auch für die außerordentliche Persönlichkeit des Künstlers, die durch sein in allen Fasern ursprüngliches Wesen geprägt war.

Castello erlebte wenige Jahre vor seinem Tode noch einen Höhepunkt an Ansehen und Würdigung auf der Ausstellung, die 1968 in München stattfand, »der Stadt«, wie Ungaretti in dem Vorwort zum Ausstellungskatalog schrieb, »die er sich, für Beatrice (seine deutsche Frau) und ihr Töchterlein auserwählt hatte.« Und weiter bemerkt dazu Ungaretti:

Diese Malerei überträgt in nordische Luft in ein elektrisch nächtliches Gewebe von Farben die Wunder der Feuerwerke, die die Natur in den Grotten von Capri spielerisch zu erfinden beliebt. Sie entsteigen dem Grün oder dem Blau klarsten Wassers, seltenes flüchtiges Gestein unter den Kalkgewölben, deren Härte von gewaltigen Zähnen zermalmt wird. Aus jenen magischen Stätten hat Castello in den nordischen Stätten des Nachdenkens und der Analyse seine höchst inspirierten, leichten und scharfen Abstraktionen von heute gewonnen. Leicht, als seien es aufgewickelte Strahlen des Regenbogens, als seien es aufgewickelte Seidenfäden zu einem Stoff für die Sofas der Huris. Sind sie nicht ein ganz klein wenig Sarazenen, diese Capresen?

Höchstes Glück und tiefstes Unglück. Castello erblindete noch vor seinem Tode, wie man vermutet als Folge der Tauchleidenschaft seiner Jugend, als es für ihn immer wieder ein Erlebnis war, über sich den blauen Silberspiegel des Meeres zu sehen.

Unter den Capreser Malern unserer Zeit ist auch eine Vertreterin naiver Malkunst, Carmelita Celentano, zu finden, deren Mann Totengräber auf Capri ist, sowie der Märchen-Surrealist Boccetta, der mehr Beachtung verdiente als die sonstige Malerindustrie der Insel, die weniger vom Ruhm als vom Banausentum zahlungskräftiger Feriengäste lebt.

Und nicht zuletzt sei eine weitere bekannte Capreser Malerin genannt, Laetitia Cerio-Holt, eine Tochter Edwin Cerios, die mit ihren perspektivisch verkürzten Strichzeichnungen einen eigenen Capreser Stil entwickelt hat, der gerade das Plastische und Zweckmäßige der Capribauweise offenbart. Die weiche Farbgebung ihrer Stilleben und Landschaften, vielfach in gebrochenem Licht, sind in ihrer Durchsichtigkeit ein weiterer Versuch, die Wunder dieser Insel malerisch und mit der Seele zu begreifen.

Edwin Cerio

Als ich im Mai 1926 auf dem alten asthmatischen Dampfer *Principessa Mafalda* Capri verließ, lag es in weiter Zukunft, ob ich je wieder käme, war ich doch im Begriff, nach Südamerika auszuwandern, *per fare l'America*, wie die Capresen zu sagen pflegten. Es folgten lange Jahre der Fremde, des Abenteuers, des Glücks und der Not . . . Das Abendland machte den zweiten Versuch, sich restlos zu zerstören.

Erst siebenundzwanzig Jahre später, am letzten Septembertag des Jahres 1953, landete ich mit dem Motorschiff *Linda* wieder auf Capri bei strahlendem Sonnenschein. Claretta, die Frau meines unvergessenen Freundes Edwin Cerio, erwartete mich auf der Piazza mit Silvia, der Tochter, und mein erster Gang war zum Hause Edwins an der Via Tragara. Nach Kriegsende hatten wir brieflich wieder die Fäden geknüpft, die unsere Freundschaft erneuern sollten.

Und dann fuhr ich Jahr für Jahr wieder nach Capri, und immer war Mittelpunkt meines Aufenthaltes Edwins *buen retiro* Lo Studio. In abendlichen Gesprächen mit ihm und seiner Frau – sie selbst Capresin von Geburt und Kennerin der Literatur und der Geschichte der Insel, verbanden wir Vergangenheit und Gegenwart. Die Jahre als die alten Capresen noch lebten. Ignazio Cerio und Axel Munthe, die Maler Sinibaldi und Arturo Cerio, Gilbert v. Clavel, den die Kinderlähmung zum Zwerg gemacht hatte, was man über seinem geistreichen Kopf vergaß, Adolf von Hatzfeld und Salvaneschi, denen am Ende das Augenlicht versagt blieb und die dennoch das Licht Capris mit der Seele tranken, Friedrich Kleber, der Direktor der Deutschen Schule in Neapel, der immer ein Drama schreiben wollte und dem der Tod dann doch die Feder aus der müden Hand nahm, und Norman Douglas, der erst 1952 gestorben war. Doch die Gegenwart hatte wieder neue Gestalten auf die Insel geführt: den Astrophysiker Professor Kiepenheuer, der Capris Sonne von Cetrella auf dem Monte Solaro aus beobachtete, und sein schwedischer Konkurrent, Professor Yngve Öhman, der mit ihm damals von der Casa Orlandi aus wetteiferte, während er jetzt ein eigenes Haus für seine Forschungen auf Anacapri besitzt.

Und nicht vergessen sei Werner Helwig, der zeitweise vom Genfer See herüberkommend sein Haus auf Capri bewohnt. Globetrotter und Romanschriftsteller, hat er die Inselliteratur um manches Werk bereichert, so vor allem mit *Capri, lieblicher Unfug der Götter* (1959) und dem Capri-Roman *Das Wagnis* (1947), einem der wenigen Capri-Romane mit echter Capri-Atmosphäre.

Im Jahre 1919 hatte ich Edwin Cerio kennengelernt, ich selber damals kaum zwanzig Jahre alt, er schon ein gereifter Mann, eine faszinierende Persönlichkeit, schon rein äußerlich mit seinem geistvollen Gesicht, den strahlend blauen Augen und dem blonden Spitzbart, den er trug. Er forderte mich damals gleich auf, von meinen noch unbeholfenen schriftstellerischen Versuchen in beiden Sprachen, der italienischen und der deutschen wissend, an den von ihm herausgegebenen Blättern, *L'Isola* und *Le Pagine dell'Isola* mitzuarbeiten.

Cerio kam damals aus den Industriestädten Norditaliens in seine Heimat Capri zurück, »dalla città terragne del fumo e del ferro« (aus den irdischen Städten des Rauchs und des Eisens), wie Ada Negri sang. Edwin wurde als Sohn des Arztes und vielseitigen Gelehrten Ignazio Cerio und einer irischen Mutter geboren. Obwohl frühe Versuche schon auf seine schriftstellerische Begabung hinwiesen, warf er sich erst der Technik in die Arme und studierte Schiffsbau. Das ist ja ein traditioneller Beruf der Capresen seit den Zeiten der Anjou.

Von Friedrich Alfred Krupp gefördert, der die außerordentliche Begabung des jungen Ingenieurs erkannte, führte Edwin Cerios Weg nach Essen, nach Kiel und von da durch die meisten Staaten Südamerikas. Er entwarf Kriegsschiffe für die rivalisierenden Kriegsmarinen von Brasilien, Chile und Argentinien und Jachten für Millionäre und gekrönte Häupter, so auch für den König Paramindr Maha Tschulakonkorn von Siam, wie man Thailand damals noch nannte, und zwischen kleinen Revolutionen und großen Staatsintrigen studierte er vor allem die Menschen. Doch wo Cerio auch war, ob er in seinen Poncho gehüllt über die Anden ritt, in der Tropenschönheit Brasiliens, an den Ufern des Stillen Ozeans, auf einem Flußdampfer des Rio Paraná, immer stand als Fernziel die Heimatinsel vor seinem geistigen Auge.

Und als er sich in den zwanziger Jahren nach dem Ersten Weltkrieg endgültig auf Capri niederließ, hatte er den Kopf voller Bücher und Pläne. Er wurde Bürgermeister von Capri, wirkte mehrere Jahre segensreich für die Insel, wenn auch nicht ohne Anfeindung der Insulaner selbst, die seiner Dynamik nicht gewachsen waren. »Gesù«, rief damals einer der Stadtväter des Inselstädtchens aus, »das ist kein Sindaco, das ist ein Vulkan in ständiger Tätigkeit!«

Edwin Cerio hat – seine Veröffentlichungen über den Schiffsbau mit inbegriffen – über fünfzig Bücher und Monographien geschrieben, über den Baustil, über die Gärten, über Flora und Fauna, über die Grotten und die Geschichte der Insel. Sein erstes Buch, *Aria di Capri* (Capreser Luft), 1927 erschienen, war gleich ein Erfolg. Ein Jahr später erschien eine englische Ausgabe und 1936 eine erweiterte zweite italienische Auflage in zwei Bänden.

Cerio ist insofern eine Sondererscheinung in der italienischen Literatur, als er Humor hat. In Italien wird das Florett der Polemik und der politischen oder gesellschaftlichen Satire mit Leichtigkeit geführt, wogegen der Humor im angelsächsischen und deutschen Sinne eigentlich fehlt. Vielleicht ist Cerios humoristische Ader ein Erbteil seiner irischen Mutter. Unübertrefflich ist er in der Darstellung grilliger, verschrobener Menschen. Capri bot ihm da geradezu ein Musterbeispiel solcher Exemplare des *homo sapiens*. Ihnen widmete er die Kapitel in seinem azurblauen Freilichtpanoptikum *Aria di Capri*. Da ist der Sonnenfetischist Oscar Westergard, der Kolossalgemäldemaler Diefenbach nebst seiner Nachahmer als Nazarener, Miradois und Bludoir, der fast mythologische Fischer Spadaro, ohne den kein Winkel von Capri fotografiert wurde, und August Weber, der an keiner Hauswand vorbeigehen konnte, ohne sie mit seinen Inschriften in selbsterfundener Gußtechnik zu verzieren. Dazu der Graf Fersen, Vorbild und Gönner aller Epheben der Insel, und viele andere, die auf Capri Schiffbruch erlitten. In ihrer Heimat waren sie brave Philister oder aufrechte Bürger, die die Insel nur für einen Tag besuchen wollten und dann für ihr ganzes Leben hängen blieben und sich im geistigen und sinnlichen Klima der Insel zu phantastischen Kohlköpfen weiser Narrheit und himmelblauen Unsinns auswuchsen.

Doch Cerio ist kein Sittenrichter, kein Vertreter von Juvenals »facit indignatio versum«. Er liebt die Gestalten, die er in sein Narrenhaus entrückt, wie ein Naturforscher, der selbst den abstrusesten Lebewesen eine sympathische Seite abgewinnt. Ohne zu moralisieren verfolgt er die wunderliche Metamorphose des Capri-Menschen, des *homo caprensis*. Ja, nicht nur diesem gilt seine Aufmerksamkeit, auch die Pflanzenwelt der Insel hat er in seinem Buch *Flora Privata di Capri*, einem seiner besten Werke, geschildert. Blumen und seltsame Gewächse erhalten darin gar wundersame menschliche Züge.

Manchmal saß ihm auch der Schalk im Nacken. So erfand er einen *Capriverschönerungsverein*, weil ihm das deutsche Wortungetüm so drollig vorkam. Er hätte noch posthum seine Freude daran gehabt; denn ein dreister Plagiator englischer Zunge, dessen Namen wir der Vergessenheit überantworten wollen, übernahm in seinem Buch über Neapel neben vielen Stellen aus Cerios *The Masque of Capri* auch den Capriverschönerungsverein, den es nie gegeben hat.

Außer den genannten Werken seien noch hervorgehoben: *Manicomio tascabile* (Tollhaus in Taschenformat), 1933, in gewissem Sinne eine Fortsetzung von *Aria di Capri*, ferner *L'approdo* (1930), ein psychologisch sehr guter Roman, und *Capri nel Seicento* (1934), eine Studie über die Zeit des Barock auf Capri. Im Jahre 1938 erschien der Roman *Il Miracolo del baccalà* (Das Wunder des Stockfisches), in dem zwischen wunderlichen Blüten der christlichen Seefahrt, streitbaren Bischöfen und frommen Nonnen das Mädchen Brunetta auftaucht, so frisch und lebendig, als sei sie eben aus der duftenden Macchia am Monte Solaro in das Städtchen Capri hintergestiegen. Sehr witzig sind die beiden Romane *Zucchero e Amore* (1937) und *Conserve e affini*. Der eine bringt die Schilderung kleinbürgerlichen Lebens rund um den Vesuv, der andere die Geschichte eines Konserven-Industriellen.

Eines der umfassendsten Bücher Cerios ist *L'Ora di Capri* (1950), von dem auch verkürzte deutsche und englische Fassungen erschienen sind. Noch einmal läßt Cerio auf der Bühne von Capri, »dem kleinen Welttheater«, alle die Personen vorbeiziehen, die Capri berühmt, berüchtigt und liebenswert gemacht haben, dieselbe Bühne, die unser Freund am 24. Januar 1960 für immer verlassen hat, kurz vor Erreichen seines fünfundachtzigsten Lebensjahres.

Wir sahen ihn noch im September 1959, schon sehr leidend, aber noch immer rastlos schaffend. Sein letzter Roman,

Preludio, der wie *L'approdo* autobiographische Züge trägt, war fast beendet. Er spielt in der Zeit, als er, ein junger Schiffsbauingenieur, im Auftrage Krupps Südamerika durchstreifte. Ihm lag auch sehr seine Stiftung, die Kultur- und Studiengesellschaft ›Centro Caprense di vita e studi Ignazio Cerio‹ am Herzen, deren Weiterleben er sichern wollte.

So kam es zum letzten Lebewohl. Er winkte mir und meiner Frau – die ich auch auf Capri kennengelernt habe – mit erhobener Hand nach. Seine klugen blauen Augen schauten freundlich und gütig, immer Haltung bewahrend, trotz seines Leidens, als der weltoffene Grandseigneur einer Zeit, die mit ihm schwindet.

Epilog

Von jeher haben Inseln die Phantasie der Menschen entzündet. Zagenden Fußes betraten sie das fremde Eiland, nie wissend, ob gieriges Raubvolk sie erwartete oder ob friedfertige Menschen ihnen entgegenkämen. In der lebhaften Einbildungskraft der Seefahrer entstanden so die Inseln der Seligen, der entrückten Heroen, die Liebesinsel der Aphrodite, die rauchende Werkstatt des Hephaistos und die Inseln der Unholde und des Verderbens. Einer dieser Seefahrer, Odysseus, erlebte das alles in der Frühzeit unserer Menschheit: die gastlichen Phaiaken, Nausikaa, das holde Urbild aller Inseljungfrauen, die Zauberin Kirke, die blinde Wut des Polyphemos und den betörenden Gesang der Sirenen.

Solch eine Insel war in Vorzeiten auch Capri, und wenn auch die Sage vom Teleboern die einzige ist, die uns aus der Frühzeit überliefert wurde, so gaben der Aufenthalt römischer Cäsaren, vor allem der des Tiberius, und so manche schwer deutbare Inschrift der Phantasie vielerlei Nahrung; die Naturwunder, vor allem die zahlreichen Grotten, taten ein übriges. So entstand das Bild einer Insel, die Eckart Peterich einmal treffend »lichtstark und geheimnisdunkel« nannte.

Hinzu kommt, daß auf einer Insel, wo jeder jeden kennt, der Kreislauf des Lebens deutlicher sichtbar wird. Das Menschengeschehen vollzieht sich hier zusammengedrängt wie auf einer Bühne, deren großartige Kulisse Fels und Abgrund, Grotte und zerfallenes Kaiserschloß bilden. Der enge Raum, auf dem sich alles abspielt, wird den Bewohnern Lebenskelch und Urne zugleich. Zu den Insulanern gesellen sich die Fremden – oft Schiffbrüchige des Lebens, die hier zwischen Fels und Meer zuweilen einen heiteren Lebensfrieden fanden. Einen Teil meines Lebens – vielleicht den besten – habe ich selbst auf dieser Bühne verbracht, und dieses Buch ist ein Teil meines Dankes an sie und die Menschen, die mir dort begegneten. Vor meinen Augen steht die Stunde, in der ich die Insel zum ersten Male betrat und ihr riesiger Felsen sich wie ein dunkler Schatten vom hellen Abendhimmel abhob. Ich wußte damals noch nicht, wie schicksalhaft sich mein Leben mit dieser Felseninsel verknüpfen würde. Schwebten mir in den Tagen meiner Jugend die Gestalten der Vorzeit vor dem geistigen Auge, so begleiteten mich in den letzten Jahren der Wiederkehr immer mehr die Schatten der Menschen, die mit mir auf der Insel gelebt haben: die Eltern, die Geschwister, die Freunde, die Gefährten meiner Jugend und die vielen anderen, die der Tod hinwegraffte: Don Giobbe Ruocco und Eugenio Aprea, die unermüdlichen Heimatforscher, und der große Archäologe Amedeo Maiuri, der die Kaiservillen ausgegraben hat.

Heute werden die Ausgrabungen kaum mehr besucht. Die Fremden lärmen auf der Piazza oder unten an der Marina Piccola, in der ›blauen Badewanne‹, während in der Villa von San Michele der Fremdenstrom nicht abreißt und der Kitsch mit Andenken, Aschenbechern, Strohhüten, Schals und Öldrucken blüht. Unweit der so attraktiven Villa Axel Munthes geht die ›Casa Rossa‹, die Villa Mac Kowens, dem Verfall entgegen. Die Inschriften, darunter die Königin der Capreser Inschriften mit den Namen der Bewohner aus griechischer Vergangenheit, verwittern und lösen sich von den Wänden. Gras und Unkraut wuchern im Atrium der Villa. Wie vergessen stehen die Marmorbilder, und geschlossenen Auges träumt Hypnos in dieser Verlassenheit, der Gott des Schlafes und Bruder des Todes.

Vieles hat sich geändert auf Capri. Der graue Fels der Insel hat sich seit den zwanziger Jahren weit mehr mit Grün überzogen, als dies vielleicht je zuvor der Fall war, nicht zuletzt dank der Aufforstungen, die Norman Douglas, Axel Munthe, Arnold Wenner, Giorgio und Edwin Cerio und viele andere vorgenommen haben. Trotzdem ist es um den Naturschutz noch immer schlecht bestellt auf Capri. Man müßte versuchen, die letzten grünen Pflanzendecken der Macchia mit ihren vielen seltenen Sträuchern und Blumen zu retten. Auch in der Architektur sollte man die Eigenart der Inseltradition stärker wahren. Der von Edwin Cerio geforderte Baustil, der Capri früher den griechischen Inseln so verwandt erscheinen ließ, findet kaum noch Beachtung. Der Massentourismus mit seinen einebnenden Begleiterscheinungen wird immer bestimmender. Vorbei sind die beschaulichen Jahre, als lediglich zur Sommerszeit ein paar *carrozzelle*, die man von Sorrent holte, den Fahrverkehr zwischen Capri und Anacapri und den beiden Marinen bestritten, da, wo heute mit größter Lautstärke die Autohupe herrscht.

Für Freunde der Insel gäbe es noch ein weites Betätigungsfeld! Eine der Lieblingsideen Edwin Cerios war es, den weitläufigen Bau der Certosa zu einem internationalen Kulturzentrum zu machen. Auch wäre in diesem ehemaligen Kloster genügend Platz vorhanden, um eine Sammlung vorgeschichtlicher und antiker Funde unterzubringen, die heute nur zum Teil im Centro Caprense (Palazzo Cerio) gezeigt werden oder in Villen verborgen sind, zu denen die Besucher der Insel keinen Zutritt haben. Es handelt sich um Statuen, Vasen, Inschriften, antike Gebrauchsgegenstände und Proben der vielen von den Römern verwendeten Marmorarten, die von weither aus Afrika, Griechenland und Kleinasien geholt worden waren. Darüber hinaus gibt es naturwissenschaftliche Sammlungen, die es verdienten ausgestellt zu werden, auch mag der Boden der Insel noch manches bergen. So ist es durchaus möglich, daß auf dem Grund der Blauen Grotte weitere Marmorstatuen liegen. Vielleicht lohnte es sich auch, die Grotta Oscura, die im Jahre 1808 durch einen Erdrutsch verschüttet wurde, wieder zugänglich zu machen. Sie wurde noch 1701 von Addison beschrieben und hatte eine Ausdehnung von hundert Yard, wie Addison schätzte, war also dreimal länger als die Blaue Grotte. Die Wände der Grotta Oscura bestanden aus durchlässigem Gestein mit Tropfsteinbildungen. Vor dem Jahre 1808 war diese Grotte von den Besuchern als besonders merkwürdig hervorgehoben worden.

Es gab für mich in den letzten zwanzig Jahren öfter ein Wiedersehen mit der Insel, und fast immer war es die freundliche Gestalt Edwin Cerios, die meinen Aufenthalt hilfreich und anregend bestimmte. So sei dieses Buch zugleich ein Dank an ihn, der schon in meiner Jugend entscheidend dazu beigetragen hat, daß ich mich für die Geschichte der Insel begeisterte.

Ebensoviel Dank gebührt Werner Helwig, der ein halb vergessenes Manuskript, das den Kern dieses Buches bildet, in der Bibliothek des Centro Caprense entdeckte und der den entscheidenden Anstoß dazu gab, daß es gedruckt wurde.

Die Jahre fliehen. Als ich zuletzt die Pinien und Zypressen der Unghia Marina wiedersah, die ich mit Arnold Wenner, dem Manne meiner Schwester, im Jahr 1919 gepflanzt hatte und die jetzt so groß sind, daß sie das Haus überragen, zählte ich in Gedanken die Jahresringe der Bäume – es sind fünfzig und noch einige mehr. – Und so wie wohl ein Grieche vor mehr als zweitausend Jahren von Capri Abschied nahm, doch auf eine Wiederkehr hoffend, will auch ich es tun.

Καπρέαι χαῖρε

Bibliographie

Zur Bibliographie der Antike

(Die Ziffern in Klammern verweisen auf den betreffenden Autor der antiken Bibliographie. Die dahinterstehenden Buchstaben geben Buch, Kapitel oder Vers an)

Die geschichtlichen Quellen über Capri fließen spärlich und wären noch spärlicher, hätten nicht Augustus und Tiberius auf der Insel gewohnt. Unter Tiberius, der von 26 n. Chr. bis kurz vor seinem Tode in Misenum, 37 n. Chr., auf der Insel lebte, war Capri kaiserliche Residenz und somit Mittelpunkt des Römischen Weltreiches.

Schon Cassius Dio (5a), der Anfang des 3. Jahrhunderts seine *Römische Geschichte* schrieb, bemerkte ganz richtig, daß die Insel ihre Berühmtheit allein dem Aufenthalte des Tiberius verdanke.

Fast alle schriftlichen Überlieferungen beginnen im Zeitalter des Augustus, mit einer Ausnahme: Hekataios (9) erwähnt ein halbes Jahrtausend vorher die Insel Kaprie. Man weiß, das betreffende Fragment bei Stephanos von Byzanz (31) ist verdächtig, doch hat Hekataios wahrscheinlich nicht Kaprie Insel Italiens, sondern Insel der Ausoner geschrieben, wie das bei einem anderen Orte Kampaniens, nämlich bei dem Fragment über Nola, erhalten blieb. Zur Zeit des Stephanos von Byzanz war Ausonia keine Landschaftsbezeichnung mehr, sondern nur noch ein poetischer Name für Italien, so daß für Ausonia beliebig Italia gesetzt werden konnte. Für Hekataios war Italia hingegen nur das spätere Bruttium, während er die Ausoner im Gebiete des heutigen Kampaniens wohnen ließ. Einen Gesamtnamen für Italien kannte Hekataios noch nicht. Deshalb überwiegen ethnographische Formen wie Tyrsenoi, Ausones, Oinotroi usw.

Stephanos von Byzanz (31) hat auch den Namen des Possendichters Blaisos überliefert, der aus Capri stammte und um die Mitte des 3. Jahrhunderts v. Chr. gelebt hat. Noch vier Jahrhunderte später zitierte Athenaios (2) einen Vers von Blaisos. Die Erinnerung an diesen Dichter war selbst zur Zeit des Kaisers Iustinian nicht erloschen, wie die Erwähnung bei Stephanos, Lydos und in den Glossen des Hesychios zeigt.

Aus den fünf Jahrhunderten nach Hekataios verlautet nichts über Capri. Erst Vergil (35) und Strabon (32) erwähnen die Insel wieder, angeregt durch die Tatsache, daß Augustus die Insel erworben und mit Villen und Gärten geschmückt hat.

Aber gerade die Erwähnung der Insel in der *Aeneis* Vergils und in der *Geographie* Strabons läßt uns noch weiter zurückliegende Quellen über Capri annehmen. Wenn Strabon (32e) davon spricht, daß es auf der Insel lange vor seiner Zeit zwei kleine Städte gegeben habe, dann muß ihm die Kunde aus älterem Schrifttum geflossen sein. Man vermutet, daß Strabon in diesem Falle aus dem verlorengegangenen Werk des Artemidoros geschöpft hat. Ebenso muß die Kunde von einem König Capreus und Vergils Sage von den Teleboern auf ältere Mythographen zurückgehen.

Die Teleboersage ist der einzige auf Capri lokalisierte Mythos, der einen greifbaren geschichtlichen Kern hat. Unser Gewährsmann ist Vergil. Im siebenten Gesang der *Aeneis*, bei Aufzählung der Kriegerscharen, die sich aus allen Teilen Italiens zum Kampfe gegen Aeneas rüsten, gedenkt er auch des Oibalos (35):

Du auch enteile nicht ungerühmt meinem Gesange, Oibalos,
den, wie es heißt, der Telon erzeugt mit der Nymphe Sebethis
als er, schon alt, der Teleboer Reich auf Capri beherrschte.
Doch nicht genügten dem Sohn die Gefilde des Vaters. Schon damals
weithin beherrscht' er das Volk der Sarraster, die Ufer des Sarnus,
Rufrae und Batulum auch, die Gefilde Celemnas und jene,
die hoch von oben beschaut das apfelreiche Abella.
Ganz nach teutonischer Art wirbeln sie mächtige Keulen,
während die Rinde des Korkbaums Schutz ihrem Haupte verleiht.

Bei Beginn dieser Aufzählung (Vers 646) sagt Vergil:

»Uns ließ versunkene Sage kaum verwehenden Hauch vernehmen«, was das Sagenhafte seiner Schilderung andeutet. Vielleicht hat er die Sage von dem griechischen Grammatiker Konon übernommen, der zur Zeit des Augustus lebte und ein Buch über Mythen, besonders in bezug auf die griechischen Kolonien geschrieben hat. So zitiert der Servius Auctus (27) aus einem verlorengegangenen Buch Konons die Stelle über die Herkunft der Sarrastischen Stämme, die Oibalos von Capri aus unterworfen hat. Konon mag also wohl eine Quelle des Vergil gewesen sein. Doch auch das verlorengegangene Werk Catos, die *Origines*, können Vergil als Vorlage gedient haben.

Alle anderen Autoren, die im Zusammenhange mit Capri von den Teleboern sprechen, hängen von Vergil ab: Silius Italicus (29), Statius (30c), Tacitus (34c), Servius (26b, c) und der antike Scholiast Iuvenals (24a). Der Vatikanische Mythograph II (18b) und der Verfasser des Sermo de Transito Sancti Constantii (39b) haben wiederum alles wörtlich aus dem Servius übernommen, doch bringt der Sermo dazu eine lokale Nachricht, nämlich daß das Grab des Königs Telon zu seiner Zeit, also Ende des 12. Jahrhunderts, noch gezeigt wurde.

Vom Mythos des Königs Capreus weiß nur der Servius auctus etwas, ohne eine Quelle anzugeben, und von diesem hat der Verfasser des Sermo wieder alles wortgetreu abgeschrieben. (27 und 39a)

Kunde vom Aufenthalt des Augustus und des Tiberius geben vor allem Tacitus und Sueton (34 und 33). Ihnen folgen mit Abstand Josephos (10), Cassius Dio (5), Plinius d. Ältere (20), Plutarch (22) und Marcus Aurelius (1). Der sogenannte Hegesippus (8) hängt natürlich von Josephos ab, und Ausonius sowie Aurelius Victor (4 und 3) folgen Tacitus. Kaiser Iulian Apostata, der romantische Reformer des Heidentums (12), erzählt die bekannte Gruselgeschichte des Sueton (33g), nämlich daß Kaiser Tiberius einem Fischer das Gesicht mit einem Seekrebs grausam verstümmeln ließ. Der moralisierende Querkopf nahm diese Episode zum Anlaß, den großen Kaiser nach dem Vorbilde des Sueton zu verleumden. Iuvenal erwähnt den berühmten Brief des Tiberius an den Senat, der zum Sturze des Seianus führte (14a), wovon dann Cassius Dio noch ausführlicher berichtet (5d). Iuvenal hat außer Sueton sicher noch eine andere Quelle gehabt. Vielleicht das 5. Buch der Annalen des Tacitus, von dem ja nur ein Bruchstück erhalten ist, oder Cluvius Rufus, aus dem auch Iosephos geschöpft hat. Der antike Scholiast Iuvenals (24b) hat die Werke Suetons mit Sicherheit gekannt, da er von der Apragopolis weiß.

Cassius Dio berichtet von der Ermordung der Crispina und der Lucilla, die beide als Gefangene auf Capri gehalten wurden (5d) und die der Kaiser Commodus dann hinrichten ließ. Bei Lampridius (15) ist in diesem Zusammenhang nur von der Schwester des Kaisers, Lucilla, nicht aber von dessen Frau Crispina die Rede.

Was über die antike Topographie den Texten zu entnehmen ist, beschränkt sich auf Angaben des Tacitus und des Sueton. Es ist fraglich, ob Sueton je auf Capri gewesen ist. Immerhin erwähnt er ein Landhaus des Augustus auf Capri (33a), das dieser mit allerlei Raritäten, so einer Sammlung von Riesenknochen ungeheurer See- und Landtiere ausstattete. Man erfährt überdies von der alten Steineiche (33b), von der Ephebenstiftung, von der Faulenzerstadt Apragopolis (33c), von des Tiberius Vorliebe für Nymphaeen (33f), von dem Felsen für die Hinrichtung (33h) und der Villa der Io (33i). Auch den Leuchtturm erwähnt er (33l), den schon vor ihm Statius (30c) wegen seines hellen Leuchtfeuers in einer dichterischen Metapher »einen Nebenbuhler des nachtwandelnden Mondes« nannte.

Tacitus (34) bringt auch wenig Lokales. Er lobt das milde Klima, erwähnt die Teleboer frei nach Vergil, die Hafenlosigkeit der Insel und die zwölf mit Namen bezeichneten Villen ... leider ohne die Namen selbst zu nennen (34c). Mit diesen zwölf Villen hat er Philologen, Archäologen und Ciceroni ein weites Feld der Mutmaßungen überlassen.

Strabon (32) gibt noch das Rätsel von den zwei kleinen Städten auf (32e) und Plinius d. Ältere (20b) lobt eine eßbare Schneckenart der Insel.

Eine größere Anzahl von Autoren erwähnt Capri überhaupt nur als geographischen Begriff, so Hekataios, das Itinerarium Antonini (eine antike Wegkarte), Iulius Honorius, Mela, Ovid, Ptolemaios, Seneca, Martianus Capella und der unbekannte Geograph aus Ravenna, dessen Zeugnis ohnehin zweifelhaft ist. Wahrscheinlich bezieht sich die Stelle im Martyrologium Hieronymianum nicht auf Capri, sondern auf Capraria oder sogar auf Capua. (Hierzu der Thesaurus Linguae Latinae, Onomasticum C, Vol. II, S. 171, 51

Capraria = Cabrera, sowie die letzte Ausgabe der Acta Sanctorum Novembris II, Ed. Delehaye-Quentin 1931.)

Fabio Giordano (1539-1594), der erste Geschichtsschreiber der Neuzeit, der sich mit der Insel befaßte, zählt noch einige andere Autoren des Altertums auf, die in ihren Schriften Capri erwähnt haben sollen. So z. B. einen Eustachius als Scholiast Lykophrons im Zusammenhang mit der Besitznahme Capris durch die Teleboer. Aber es gibt keinen Scholiasten der Alexandra des Lykophrons, der Eustachius hieße. Lykophron wurde vor allem von Isacius Tzetzes kommentiert. (Fabio Giordano, de Capreis insula, bei Douglas, Materials S. 58-59). Unbekannt sind ferner die von Giordano zitierten Autoren Astrus und Diliarchos.

Ein Text (7) weist ins frühchristliche Capri. Es ist der Brief, den der Papst Gregor der Große an den Sorrentiner Bischof Johannes gerichtet hat. Wir erfahren aus ihm, daß es zu dieser Zeit, Ende des 6. Jahrhunderts, auf Capri ein Kloster des heiligen Stephanus gab, dem der Abt Savinus vorstand. In der Klosterkirche wurden die Reliquien der heiligen Agathe verehrt.

Man hat viel darüber geschrieben, ob Capri jemals Eigentum des Klosters Montecassino war. Es wird dabei immer auf die Schenkung des römischen Patriziers Tertullus hingewiesen. In den Regesten des Petrus Diaconus (38) heißt es wie folgt:
Auch schenke ich ebendenselben Vätern (des heiligen Benedikt) für alle Zeit die Insel Capri, die auf neapolitanischem Gebiete liegt.
Der Patrizier Tertullus, der angeblich Capri den Benediktinern des Klosters Montecassino schenkte, soll aus dem Geschlecht der Anicier, seine Frau aus dem der Octavier stammen. Seinen Sohn Placidus übergab er dem heiligen Benedikt von Nursia zur Erziehung. Vielleicht ist es derselbe Tertullus, der Inhabe eines Platzes im Flavischen Amphitheater zu Rom war (Corpus Inscriptionum Latinarum VI 32208).

Es ist müßig, zu untersuchen, ob die Urkunde echt war oder, wie so manche dieser frühen Schenkungen, gefälscht; denn die Mönche von Montecassino haben de facto die Insel nie besessen. Das erhellt schon aus dem Brief Papst Gregor des Großen, den wir zitierten. Es gab auf Capri lediglich ein Benediktinerkloster, das vom Bischof von Sorrent abhing. (Hierzu auch Erich Caspar, Peter Diaconus und die Montecassiner Fälschungen, S. 231, Berlin 1909.)

Bibliographie der Antike

1 ANTONINUS, Marcus Aurelius, der Philosoph auf dem Thron, ›der Wahrhaftige‹, wie Hadrian ihn nannte. Geboren in Rom im Jahre 121. Nach dem vorzeitigen Tod seines Vaters, Annius Verus, wurde er im Hause seines Großvaters erzogen. Er gewann früh die Gunst des Hadrian, der ihn zum Nachfolger des Antoninus Pius bestimmte. Im Jahre 161 wurde er von diesem zum Mitregenten ernannt. Trotz der humanen und philosophischen Einstellung des Kaisers war seine Amtszeit angefüllt mit Grenzkriegen. Unter ihm gab es auch eine Christenverfolgung in Lyon. Er starb am 17. 3. 180 n. Chr. in Vindobona (Wien).
Selbstbetrachtungen, XII, 27, 19 Ed. Farguharson, Oxford 1944

2 ATHENAIOS von Naukratis lebte in der zweiten Hälfte des 2. Jahrhunderts n. Chr. in Alexandreia und Rom. Er stammte aus Naukratis, einer Stadt, die die Milesier um 550 v. Chr. am bolbitischen Arm des Nildeltas gegründet haben. Von seinen Schriften blieb nur das ›Gelehrtengastmahl‹ erhalten. Als Rahmenerzählung verspritzt eine Gesellschaft von neunundzwanzig Gelehrten, darunter der Arzt Galenos und der Jurist Ulpianus, viel Gehirnschmalz über alles Mögliche, über Austern, die Kochkunst, über Götter und Poeten und was sonst fleucht und kreucht. Ein antikes Konversationslexikon mit einer Fülle von Zitaten, die vor allem auch Einblick in verlorene Werke der mittleren und der neuen Komödie und der Tarentinischen Posse geben. Die fünfzehn Bücher dieses Werkes können nicht vor dem Tode des Kaisers Commodus im Jahre 192 n. Chr. erschienen sein.
Gelehrtengastmahl XI, 487 C, Ed.² Kaibel 1962-1965 (Neudruck von 1890)

3 AURELIUS VICTOR (Sextus Aurelius Victor Afer). Spätrömischer Historiker niedriger Herkunft aus der Provinz Afrika. Er lebte unter den Kaisern Constantius, Iulianus Apostata und Theodosius I. Über sein Wirken, das in die zweite Hälfte des 4. Jahrhunderts fällt, haben wir nur spärliche Nachrichten. Nach Ammianus war er unter Iulianus Statthalter in Pannonien und unter Theodosius Stadtpräfekt von Rom.

*Geschichtlicher Abriß von Augustus Octavianus bis zum zehnten Konsulat des Constantius und dem dritten des Iulianus,*2,2, Ed. Pichlmayr 1911

4 AUSONIUS, Decius Magnus, geboren zu Burdigala (Bordeaux) um 310, gestorben nach dem Jahre 393 unter Kaiser Honorius. Wurde von Kaiser Valentinianus zur Erziehung des Thronfolgers Gratianus nach Trier berufen. Begleitete diesen auf seinen Feldzügen gegen die Alemannen und war später Statthalter in Gallien, Italien, Illyrien und Afrika. Im Jahre 379 erhielt er das Konsulat. Nach der Ermordung des Gratianus (383) zog er sich vom politischen Leben zurück und lebte auf seinen Gütern an der Garonne. War mehr Epikureer als Christ; antike Mythologie und Trinitätsglauben (so in dem Rätselgedicht über die Dreizahl) gehen bei ihm wild durcheinander. Bekannt ist er als erster Sänger der Mosel, des Moselweines und des unverdorbenen Schwabenmädchens Bissula, einer Beutegermanin, der er seine Liebe schenkte.

Von den zwölf Caesaren des Suetonius Tranquillus (siehe 33) Ed. Peiper 1886 (Neudruck 1967) *a* Monastica IIII, 3; *b* Tetrastica 3

5 CASSIUS DIO, Cocceianus Cassius, geboren zu Nikaia in Bithynien im Jahre 155 n. Chr., aus senatorischem Geschlecht. Trat 186-190 in Rom als Redner auf, erhielt hohe Ämter und bekleidete zweimal (218 und 229) das Konsulat. Nacheinander verwaltete er Afrika, Dalmatien und Pannonien und starb 235 in seiner Vaterstadt. Zweiundzwanzig Jahre lang, und schon in hohem Alter, arbeitete er an seiner Römischen Geschichte, die er in griechischer Sprache schrieb. Von diesem Werk, das ursprünglich aus achtzig Büchern bestand, sind nur die Bücher 37-54 vollständig erhalten. Die übrigen lassen sich teilweise aus Bruchstücken, Palimpsesten und Auszügen späterer Schriftsteller ergänzen. Die Bücher 60-77 besitzen wir nur im Auszug des Joannes Xiphilinos (11. Jahrhundert).

Römische Geschichte Ed. Melber-Dindorf 1890/1928, *a* 52, 43; *b* 57, 12; *c* 58, 5; *d* 72, 4

6 CLAUDIANUS, Claudius, stammte aus Alexandreia und kam 395 nach Rom. Mehrere Jahre hielt er sich in Mailand bei seinem Gönner, dem Vandalen Stilicho, auf und bekleidete öffent-

liche Ämter, so auch das Tribunat. Stilicho ehrte ihn durch ein Denkmal in Rom auf dem Trajansforum. Auch in Neapel wurde ihm unter den Kaisern Honorius und Arcadius ein Standbild errichtet. Er starb in Alexandreia, vermutlich nach dem Sturze Stilichos im Jahre 408. Dem Christentum blieb er innerlich fremd. Bevor er nach Rom kam, dichtete er nur in griechischer Sprache. Er wurde dann der eleganteste und phantasievollste lateinische Dichter dieser Spätzeit.
a An Eutropius 2, 10. 61 *b Panegyrikus zum vierten Konsulat des Honorius*, 8, 314, Ed. Koch 1893

7 GREGORIUS MAGNUS (Sanctus Gregorius Papa). Der große und streitbare Papst, geboren um 540 in Rom, gestorben am 12. März 606. Stammte aus dem patrizischen Geschlecht der Anicier. Ursprünglich zum Rechtsgelehrten bestimmt, war er 572 Stadtpräfekt, stiftete dann aber mit dem ererbten Vermögen des Vaters sieben Klöster und trat selber in ein Kloster ein, das er im väterlichen Palast am Clivus Scauri errichtete. Von 579-585 war er päpstlicher Nuntius in Konstantinopel. Im Jahre 590 wurde er zum Papst gewählt. Er erwies sich als geschickter Politiker, hob das Ansehen des Heiligen Stuhles gewaltig und war richtungweisend für die weitere Entwicklung der Kirche des Abendlandes. Antike Bildung verachtete er. Trotz seines langen Aufenthaltes in Konstantinopel lernte er kein Griechisch!
Epistulae (Briefe) Ad Joannem Episcopum Surrentinum (an den Sorrentiner Bischof Johannes) 1, 54, Ed. Migne III.

8 HEGESIPPUS. Eigentlich kein Autor, sondern eine philologische Verdrehung. Unter diesem Namen läuft eine freie lateinische Bearbeitung des ›Jüdischen Krieges‹ von Iosephos in 5 Büchern, die im 4. Jahrhundert verfaßt wurde. Hegesippus (oder Egesippus) ist die verderbte Form von Iosepos, wie die älteren Handschriften diesen Namen schreiben. Das Werk ist unter den Schriften des heiligen Ambrosius überliefert und wurde in mehreren alten Handschriften ihm zugeschrieben. Seine Verfasserschaft ist aber wenig wahrscheinlich.
Hegesippi qui dicitur Historia libri V (Die Geschichte des sogenannten Hegesippus in 5 Büchern) Buch 2, 4, Ed. Ussani, 1932

9 HEKATAIOS aus Milet, etwa 550-560 v. Chr. geboren. Entstammte der Aristokratie seiner Vaterstadt und gehörte zu den hervorragenden Männern, die Aristagoras vor dem Aufstand gegen die Perser (499 v. Chr.) um sich versammelte. Unter den Logographen, die Milet hervorgebracht hat, war er der berühmteste. Eine große Zahl der Länder, die er in seinem Werk ›Beschreibung der Erde‹ behandelt hat, muß er selber auf Reisen kennengelernt haben. Zeitpunkt der Reisen: vor 500 v. Chr. Leider sind von den zwei Büchern seines Werkes nur Fragmente erhalten.
Fragment 29 bei Stephanos von Byzanz, Müller, Fragmenta historicorum graecorum, Bd. 1 1841

10 IOSEPHOS, Flavius (die älteren Handschriften bringen alle die Form Iosepos). Lebte von 37 n. Chr. bis zum Ende des 1. Jahrhunderts. Er gehörte zur ersten der vierundzwanzig Priesterklassen. Sein Vater hieß Matthias. Nach seinen Angaben (Autobiographie 2) stammte seine Mutter von den Hasmonäern ab. Er wurde im Gesetz erzogen, neigte nacheinander zu verschiedenen theologischen Richtungen und blieb drei Jahre bei dem Asketen Banus in der Wüste, ehe er sich dem Pharisäismus verschrieb. Im Tempeldienst zu Ehren gestiegen, wurde er früh mit politischen Aufträgen nach Rom geschickt, zum ersten Male im Jahre 64 n. Chr. Durch Glaubensgenossen lernte er Poppäa kennen, die Gattin Neros, die mit der jüdischen Religion sympathisierte. In seiner Heimat wurde er in die Wirren der damaligen Zeit hineingezogen. Als Befehlshaber von Iotapata mußte er sich nach angeblich siebenundvierzigtägiger Belagerung dem römischen Feldherrn Flavius Vespasianus ergeben. In seiner Autobiographie berichtet er gar wunderliche Dinge, warum gerade er am Leben blieb, während achtunddreißig seiner Schicksalsgenossen sich den Tod gaben. Als eine Prophezeiung, die er Vespasian machte, daß er den Kaiserthron besteigen würde, tatsächlich eintraf, gab der Flavier dem Gefangenen die Freiheit, so daß dieser als Freigelassener den Gens-Namen der Flavier annahm. Vespasianus bediente sich seiner sogar als Unterhändler. Nach dem Ende des jüdischen Krieges lebte Iosephos in Rom als kaiserlicher Pensionär.

Seine bekanntesten Werke sind: ›Der Jüdische Krieg‹, die ›Jüdischen Altertümer‹, seine Autobiographie und seine Streitschrift gegen den Antisemiten Apion. Er hat viel aus anderen Büchern geschöpft. Seine Hauptquelle war die Weltgeschichte des Nikolaos, stellenweise auch der Anonymus Iudaeus. Bei der Darstellung römischer Verhältnisse benutzte er wohl den Cluvius Rufus. Seine Muttersprache war das Aramäische. Er bediente sich deshalb für die griechische Abfassung seiner Werke fremder Hilfe.
Jüdische Altertümer Ed. Bekker-Naber 1893-1895 *a* 18, 161; *b* 18, 162; *c* 18, 169; *d* 18, 179; *e* 18, 182; *f* 18, 205

11 ITINERARIUM ANTONINI AUGUSTI bestehend aus dem Itinerarium Provinciarum und dem Itinerarium Maritimum. Ein Verzeichnis der Schiffahrtswege und Straßen des Römischen Reiches, von einem Unbekannten im ausgehenden 3. Jahrhundert geschrieben. Es handelt sich aber nicht um eines der amtlichen Wegbücher, die es im Römischen Weltreich gegeben hat; denn diese müßten schon genauer gewesen sein. Vielleicht handelt es sich hier nach Kubitschek (Realenzyklopädie des klassischen Altertums S. 2113) »um die Arbeit eines Schülers, jedenfalls nicht um die eines Fachmannes«.
Itinerarium Maritimum 516, 1 Ed. Cuntz 1929.
In dieser Karte der Schiffahrtswege wird die Insel Capri irrtümlich mit Capraria bezeichnet. Die Entfernung Capri — Pozzuoli ist um ein Drittel länger angegeben. Sie beträgt 31,5 km, das sind 20,3 römische Meilen = 200 Itinerarstadien, während im Itinerarium Maritimum 300 angegeben sind. Im übrigen gab es im Altertum so viele Stadien wie Fußmaße.

12 IULIANUS APOSTATA, Flavius Claudius, von christlichen Schriftstellern Apostata, d. h. ›der Abtrünnige‹, genannt. Geboren Ende 331 in Konstantinopel als Sohn des Iulius Constantius, Stiefbruder Konstantin d. Großen, gestorben an den Wunden, die er aus eigenen Reihen in einem Gefecht gegen die Perser erhielt (26. Juni 363). In den Kämpfen unweit des Tigris schleuderte ihm ein Soldat aus seinem Heere, ein Sarazene aus dem Stamme der Taiener, einen Speer in den Rücken. (Ammianus 25, 1. 11)

Iulianus war ein tapferer und lauterer Mann. Seine Reformbestrebungen waren trotz aller Schwärmerei für den antiken Geist, weit von ihm entfernt. Er wollte christliches und neuplatonisches Ideengut in eine Heidenkirche einbringen. Stolz auf seine in Nikomedia und Athen erworbene Bildung, schrieb er viel, Briefe, Streitschriften und Satiren, darunter eine Satire gegen die römischen Kaiser, auch gegen Tiberius. Er war ein moralisierender Querkopf.

Caesares (Caesaren, oder nach dem Codex Marcianus 366 Gastmahl der Caesaren) Ed. Hertlein 1875-1876, Seite 398

13 IULIUS HONORIUS. »Verfasser oder vielmehr unfreiwillige Quelle eines geographischen Schriftchens, das allerdings so ungefähr den äußersten Tiefstand der uns bekannten römerzeitlichen Reste antiker Geographie darstellt.« (Kubitschek, Realenzyklopädie des klass. Altertums 19, S. 614, 41 ff.)

Die Zeit seines Wirkens ist unbekannt. Die untere Grenze dürfte das Jahr 312, die obere die Zeit des Cassiodorus, etwa Mitte des 6. Jahrhunderts sein. Das Werkchen, das in drei Rezensionen erhalten ist, sollte als Hilfsbuch zu den schwer lesbaren Namen einer Weltkarte dienen. Was uns überliefert ist, scheint die Abschrift oder der Auszug eines Schülers zu sein. Cassiodorus, der Kanzler Theoderichs d. Großen, hat diese Stümperei den Mönchen seines Klosters als geographischen Leitfaden empfohlen! Die drei Rezensionen sind in den Handschriften mit anderen geographischen Werken, so auch mit dem Itinerarium Antonini verquickt.

Cosmographia, Rezension A, Ed. Riese 1878 A 41, S. 46

14 IUVENALIS, Decimus Iunius. Die Vermutungen über sein Geburtsjahr schwanken zwischen 50 und 70 n. Chr. Als sein Geburtsort gilt Aquinum, wie die Scholien und Lebensbeschreibungen nach Satire 3, 318 annehmen. Vielleicht aber war seine Wiege auch dort, wo die Laren seines Vaters standen: in Rom (Satire 12, 89). In Aquinum besaß er später ein Landgut. Seit dem Jahre 90 war er dauernd in Rom. Wie aus Satire 15, 45 hervorgeht, muß er einige Zeit in Ägypten gewesen sein, ja man nimmt an, daß er unter Domitianus nach Ägypten verbannt worden war und es sich, da er damals Offizier war, um eine

militärische Strafversetzung gehandelt hat. Sein Aufenthalt in Britannien ist weniger sicher.
Juvenal ist der Dichter der zornigen Entrüstung! Nietzsche nannte ihn ›eine Giftkröte mit Venusaugen‹. Der Rhetor und der Sittenrichter in ihm waren größer als der Dichter.
Satiren, Ed. L. Friedlaender, Bd. 2 *a* Satire 10, 72, S. 462; *b* Satire 10, 93, S. 464

15 LAMPRIDIUS, Aelius. Biograph römischer Kaiser der Spätzeit. Über sein Erdenwallen wissen wir nichts. Er müßte im 4. Jahrhundert n. Chr. gelebt haben. Stil und Darstellung sind platt und oberflächlich, seine Lebensbeschreibungen der Kaiser kaum mehr als dürftige Skandalchroniken. Überliefert sind seine Biographien in den *Scriptores Historiae Augustae*, der Sammlung eines Unbekannten, die auch andere Autoren enthält, die Lampridius an Klatsch, Kritiklosigkeit und schlechtem Stil wenig nachstehen. Alle hängen von Sueton ab. Einige halten den Namen Lampridius für einen Decknamen, hinter dem sich der Fälscher der Historia Augusta versteckt. Abfassung vor 330.
Commodus Antoninus 5, 7, Ed. Peter 1865

16 MARTIANUS CAPELLA aus Madaura in der römischen Provinz Afrika. Aus zwei Stellen in seinen Werken geht hervor, daß er Anwalt war. Seine Geburt muß zwischen 284 und 330 n. Chr. liegen; denn bei ihm ist Rom noch das Haupt der Welt (VI, 311. 11), und er weiß nichts von der Verlegung der Hauptstadt des Römischen Weltreiches nach Nikomedia (330 n. Chr.) oder Konstantinopel. Der Stoff zu seinem Werk *Über die Vermählung der Philologie mit Merkur* entnahm er zum Teil den *Disciplinae* des Terentius Varro. Die zwei ersten Bücher erzählen von dieser Vermählung, die übrigen sind den sieben Künsten (Grammatik, Dialektik, Rhetorik, Geometrie, Arithmetik, Astrologie und Musik) gewidmet. Unordentliche Gelehrsamkeit, Schwulst und eine oft recht barbarische Sprache kennzeichnen dieses Machwerk. Trotzdem stand es im frühen Mittelalter hoch in Ansehen. Notker der Deutsche aus St. Gallen verfaßte dazu Kommentare und Übersetzungen in althochdeutscher Sprache.

Über die Vermählung der Philologie mit Merkur, VI. 316, 10 Ed. A. Dick

17 MELA, Pomponius. Der erste römische Geograph, der diesen Namen verdient. Geboren in Tingentaria in Spanien. Wirkte zur Zeit des Kaisers Claudius. Sein Werk entstand vermutlich zwischen 42 und 46 n. Chr. Er hat aus guten Quellen geschöpft. So nennt er selbst Cornelius Nepos. Wahrscheinlich verdankt er auch Terentius Varro viel und einem verlorengegangenen Werk des Statius Sebosus, den wir nur aus der Naturgeschichte des Plinius kennen.
De Chorographia (Erdkunde), II. 7, 121, Ed. Frick 1880 (Neudruck 1935)

18 MYTHOGRAPHI VATICANI (die sogenannten Vatikanischen Mythographen). Unter diesem Titel laufen drei Fassungen eines mythologischen Handbuches, von denen die ältere, der Mythographus Vatikanus I, nach den Schriften des Isidorus Hispalensis, also frühestens Mitte des 7. Jahrhunderts entstanden sein muß. Der Mythographus Vat. II ist nach der ersten Fassung, der Mythographus Vat. III noch später entstanden. Die Stellen über Capri sind mit geringen Abweichungen wörtlich aus den Kommentaren des Servius (26a und b) abgeschrieben.
a *Mythographus Vaticanus* I, 42 (Sirenen) Ed. Bode 1834; b *Mythographus Vaticanus* II, 187 (Oibalos) Ed. Bode

19 OVIDIUS, Publius Ovidius Naso. Geboren 43 v. Chr. in Sulmo, gestorben 17 oder 18 n. Chr. in Tomi am Schwarzen Meer (dem späteren Anadolköi bei Constanza). Er gehörte zu den Modedichtern des augusteischen Rom; aber er war nicht nur pikant, er hatte auch Form und Geist. Sein Ruhm öffnete ihm das Kaiserhaus – Glück und zugleich Unglück seines Lebens. Warum er im Jahre 8 n. Chr. plötzlich auf Lebenszeit nach Tomi verbannt wurde, hat man vergebens aus gewissen Stellen seiner Gedichte zu erklären versucht. Er selber erwähnt, daß seine Augen schuld gewesen seien, die zu viel gesehen hätten. Viele aus der Familie des Augustus führten ein lasterhaftes Leben, und die Verbannung des Dichters fällt zeitlich mit der Verbannung der jüngeren Iulia zusammen, die wegen des Ehebruches

mit Decimus Silanus – er war aber nicht der einzige Ehebrecher – auf die Insel Trimerus verbannt wurde (heute Tremiti-Inseln in der Adria). In Tomi verlor der Dichter der Liebeselegien und der Liebeskunst seine fröhliche Laune, und aus Verzweiflung fing er sogar an, in getischer Sprache zu schreiben. An den Ufern des Schwarzen Meeres fand er aber auch in seinen Elegien (Tristia) ergreifende Töne des Heimwehs:

Wandelt von jener Nacht mir das traurige Bild vor die Seele,
welche die letzte mir ward in der römischen Stadt ...

Mit erniedrigenden Schmeicheleien wandte er sich an den erzürnten Augustus, der angeblich die Absicht gehabt haben soll, dem Dichter die Rückkehr zu gestatten. Er starb über dem löblichen Vorsatz. Sein Nachfolger, Tiberius, vergaß dann den armen Dichter ganz.
Metamorphosen, 15 709, Ed. H. Magnus 1914

20 PLINIUS SECUNDUS MAIOR, Gaius (Plinius der *Ältere*). Geboren 23 oder 24 in Novum Comum. Diente als Reiteroffizier in Germanien und erfreute sich der Gunst des Vespasianus. Vielleicht hat er auch im Stabe des Titus den Jüdischen Krieg mitgemacht, wenn die Inschrift CIG III 4536 sich auf diesen Plinius bezieht. Zuletzt war er Befehlshaber der römischen Flotte in Misenum. Beim Ausbruch des Vesuvs im Jahre 79 n. Chr. kam er in Stabiae als Opfer seiner Wißbegierde ums Leben.
Seine Naturgeschichte in 37 Büchern widmete er Titus im Jahre 77. Plinius war ein sehr gebildeter und belesener Mann, jedoch stets ein großer Nehmer. Er selbst gab an, aus zweitausend Werken geschöpft zu haben, doch zeigen kritische Untersuchungen seiner Naturgeschichte, daß er sich auch auf Nachschlagwerke und Auszüge verlassen hat. Für die Verfassung der Bücher 3-6 mag er hauptsächlich auf Varro und die von Augustus angeordnete Beschreibung Italiens und die *Chorographia* des Agrippa zurückgegriffen haben. Die Stellen über Capri scheinen aus Eigenem geflossen zu sein. Plinius gibt die Entfernung von Sorrent bis zum Schloß des Tiberius auf Capri mit 8 römischen Meilen an, es sind aber 9,643 römische Meilen, gleich 14,260 km. Den Umfang der Insel mit 11,820 römischen Meilen

= 17 km, hat er dagegen mit 11 Meilen annähernd richtig angegeben.
Naturgeschichte, Ed. Mayhoff 1906; *a* III. 82; *b* xxx, 6 (S. 436)

21 PLINIUS MINOR (d. Jüngere), Gaius Plinius Caecilius Secundus. Neffe mütterlicherseits von Plinius d. Älteren, geboren 61 oder 62 n. Chr. Dank seinem Oheim, der ihn bei Quintilian studieren ließ, erhielt er eine sorgfältige Erziehung, stieg unter der segensreichen Regierung Traians, von kaiserlicher Gunst getragen, rasch in der Ämterlaufbahn, erhielt im Jahre 100 das Konsulat durch Nachwahl und verwaltete bis zwei oder drei Jahre vor seinem Tode (113?) als Konsular und kaiserlicher Legat die Provinz Bithynien und Pontus. Der weltgewandte und liebenswürdige Schöngeist, Freund des Tacitus und anderer hervorragender Männer, hat eine Sammlung von Briefen hinterlassen, die sicher von Anfang an für die Veröffentlichung bestimmt waren, darunter auch Briefe des Traian an ihn. Sie sind für seine Zeit sehr aufschlußreich. Bekannt ist seine Schilderung des Vesuvausbruchs im Jahre 79, die er auf Wunsch des Tacitus verfaßte. Darin wird auch die Insel Capri erwähnt, die während des Ausbruches in eine schreckliche dunkle Wolke gehüllt war.
Briefe, 6, 20. 11, Ed. Schuster-Hanslik 1932

22 PLUTARCH aus Chaironeia in Boiotien, geb. etwa 45 und gestorben gegen 120 n. Chr. Er brachte den größten Teil seines Lebens in Chaironeia zu, hatte enge Beziehungen zum Delphischen Orakel und brachte es in seiner Vaterstadt zum Archon. Rom hat er mehrmals besucht, und er war mit hervorragenden Römern befreundet, so vor allem mit Q. Sosius Senecio. Plutarch hat unheimlich viel geschrieben, doch ist nicht alles erhalten geblieben. Ein spätantiker Katalog nannte von ihm noch zweihundertsiebenundzwanzig Titel! Bekannt sind vor allem seine parallelen Lebensbeschreibungen, bei denen er jeweils einen berühmten Griechen einem berühmten Römer gegenüberstellte. Er schrieb auch über Philosophie, Pädagogik, Medizin und Literatur, alles später unter dem Sammeltitel *Ethika* (Moralia) zusammengefaßt.
Über die Verbannung, 8 Reiske 1777

23 PTOLEMAIOS, Claudios, der berühmte Mathematiker, Astronom und Geograph, vermutlich aus Ptolemais Hermein in Oberägypten stammend. Wirkte zwischen 100 und 178 n. Chr. Im weltberühmten Serapaion in der Rhakotis von Alexandreia lebte er seinen Studien im Umgang mit den Fachgelehrten seiner Zeit und hatte dabei alle die Hilfsmittel zur Verfügung, die ihm die Bibliotheken und die Sternwarten der großen Metropole boten. Er bestimmte bis ins 17. Jahrhundert hinein das geographische und astronomische Weltbild des Morgen- und des Abendlandes. Sein großer Vorgänger war Marinos der Tyrier, von dem wir nur durch Ptolemaios etwas wissen. Ursprünglich bildeten Erdkarten einen ergänzenden Bestandteil des Werkes. Sie sind aber verlorengegangen. Die in den Handschriften überlieferten Karten wurden später nach dem Text entworfen.
Geographie, 3, 1. 69, Ed. Müller 1883

24 ANTIKE SCHOLIEN ZU IUVENAL (Scholia vetera in Iuvenalem). Im ausklingenden 4. Jahrhundert wurde ein Kommentar zu den Satiren des Iuvenal verfaßt, angeblich von einem Probus. Der Name sagt aber gar nichts. Der Verfasser war wohl ein Römer oder einer, der Rom sehr gut gekannt hat, bestimmt auch noch Heide. Die Zeit der Abfassung läßt sich ungefähr aus der Scholie zu Satire 10, 24 bestimmen. In ihrem Urbestand gehen die Scholien auf Quellen des 2. und 3. Jahrhunderts n. Chr. zurück. Was uns der Codex Pithoeanus überliefert, sind mehr oder weniger Auszüge aus einem Kommentar, der Ende des 4. Jahrhunderts verfaßt wurde und sicher weit umfangreicher war.
a Scholie zu Satire 10, 72 (Teleboer und Tiberius);
b Scholie zu Satire 10, 93 (Apragopolis) Ed. Jahn 1851

25 SENECA, Lucius Annaeus Seneca minor (der Jüngere). Der große Ethiker, geboren etwa 4 v. Chr. zu Cordoba, Sohn des gleichnamigen Rhetors. Als junger Mann unternahm er schon eine Reise nach Ägypten und beschritt dann die übliche Ämterlaufbahn. Als Redner erwarb er sich einigen Ruhm ... und den Haß des Caligula, dem er aber noch glücklich entging. Dafür setzte die berüchtigte Messalina es durch, daß Kaiser Claudius

ihn nach Korsika verbannte. Aber er hatte auch dann wieder Glück. Die vierte Gemahlin des Kaisers Claudius übertrug Seneca die Erziehung ihres Sohnes Nero. Nach dem Tode des Claudius (unser Philosoph verfaßte über ihn eine boshafte Satire *Die Verkürbissung*) regierte Seneca als Präceptor Neros fünf Jahre lang, von 54 bis 59 fast unumschränkt das Römische Weltreich. Sein Regiment soll segensreich gewesen sein. Freilich, auf die Dauer blieb seinen Erziehungsversuchen der Erfolg versagt. Der Haß des größenwahnsinnig gewordenen Kaisers wandte sich gegen seinen Erzieher und dessen Abgeklärtheit und Weltweisheit. Als Nero dem Philosophen dann den Befehl gab, sich die Adern zu öffnen, tat er es stoisch und heiter, die klagenden Freunde tröstend.
Briefe an Lucilius, 72, Ed. Hense 1914

26 SERVIUS, M. Servius Honoratus. Der bekannte Scholiast Vergils. Er hielt in Rom Ende des 4. Jahrhunderts Vorlesungen über Grammatik und erklärte Vergil. Über sein Leben gibt es nur magere Hinweise. In den Saturnalia des Macrobius (ein Gelehrtengastmahl wie das des Athenaios) tritt er als Dialogpartner auf. Nicht einmal sein Name ist verbürgt; es findet sich auch die Form Sergius.
Kommentare zu Vergils Aeneis, Ed. Thilo-Hagen 1878-1902
a 5, 864; *b* 7, 734; *c* 7, 735

27 SERVIUS AUCTUS (Der erweiterte Servius). In vielen Handschriften sind die Kommentare des Servius mit anderen Scholien vermengt, die teils manches vom Texte des Servius weglassen, teils manches einschalten oder hinzufügen. Man vermutet hinter diesen Scholien einen Vorgänger des Servius. Es ist aber nicht Donatus, den ja Servius nebst anderen frühen Vergil-Erklärern benutzt hat. Früher nannte man diese Zusatzscholien Scholia Danielis (nach ihrem Entdecker) oder auch Deuteroservius. Wir folgen hier der Benennung im Thesaurus Linguae Latinae.
Kommentare zu Vergils Aeneis, Ed. Thilo-Hagen 1878-1902, 7, 735 (Capreus)

28 SIDONIUS, C. Sollius Modestus Apollinaris Sidonius, Dichter, Höfling und Bischof, geboren 430, gestorben 483 n. Chr. Ent-

stammte einer angesehenen Familie aus Lyon und heiratete Papianilla, die Tochter des späteren Kaisers Avitus, den er in einem geölten Lobgedicht (Carmen VII) besang, als er am 1. Januar 456 zu Rom sein Konsulat antrat. Da der kaiserliche Schwiegervater nach zehnmonatiger Regierung von dem Sueben Ricimir gestürzt wurde, kehrte der Dichter in seine Heimat zurück. Er stellte sich aber auch mit dem Nachfolger des Avitus gut, besang ihn gebührend, und als ihn Kaiser Anthenios wieder nach Rom rief, trug er auch diesem mit Pathos eine Lobhudelei vor. Aus Freude darüber ernannte der Kaiser Sidonius 468 zum Stadtpräfekten. Sein politischer Einfluß verschaffte ihm später die Bischofswürde zu Clermont. Er gab nun seine weltlichen Dichtungen auf und schrieb eine Unzahl Briefe nach dem Vorbilde des jüngeren Plinius, wurde aber auch in die politischen Wirren seiner Zeit hineingezogen. Der Westgotenkönig Eurich setzte ihn für einige Zeit gefangen. Doch Sidonius war ein Stehaufmännchen, wendig und liebenswürdig, und versöhnte sich mit den neuen Machthabern. Sein Stil war geschraubt, voller Wortspiele. Seine Vorbilder waren Statius und Claudianus: erreicht hat sie unser dichtender Bischof nicht.

a *Carmen* 5, 321 (Lobgedicht auf Kaiser Maiorianus);
b *Carmen* 7, 104 (Lobgedicht auf Kaiser Avitus) Ed. Luetjohann 1887

29 SILIUS ITALICUS, Tiberius Catius. Er wurde um 25 n. Chr. geboren, vermutlich zu Italica in der Hispania Baetica (am Guadalquivir nördlich des heutigen Sevilla). Im Todesjahr des Kaisers Nero war er Konsul. Damals hatte er einen schlechten Ruf und galt als Denunziant. Später verwaltete er die Provinz Asia als Prokonsul – ehrenhaft und ohne Makel. Dann zog er sich ins Privatleben zurück. Er besaß in Kampanien mehrere Villen und sammelte Bücher und Kunstwerke mit Leidenschaft. Er starb 101, wie uns Plinius d. Jüngere (Briefe 3 und 7) berichtet, auf seinem Landgut bei Neapel eines freiwilligen Hungertodes: »Er litt an einer unheilbaren Geschwulst, und bei der ekelhaften Beschaffenheit derselben entschloß er sich, mit unerschütterlicher Standhaftigkeit in den Tod zu gehen.« Das Vorbild zu seinem Epos *Punica* war Vergil, den er über alles verehrte. »Er dichtete mit mehr Fleiß als Talent«, sagte Plinius.

Von Vergil hat er auch die Teleboersage übernommen, ohne den Namen der Insel Capri zu nennen. Für ihn ist sie die Insel des Königs Telon.

Punica, Ed. Lemaire 1. Band 1823

a 7, 418; *b* 8, 541; *c* 14, 443

30 STATIUS, P. Papinius, wurde vermutlich um 40 n. Chr. in Neapel geboren, kam früh zu Dichterruhm, zog nach Rom, heiratete die literarisch interessierte Witwe Claudia und gehörte zu den Hofdichtern des kaiserlichen Scheusals Domitianus. Neben der zwölfjährigen dichterischen Webarbeit an seinem Epos Thebais schrieb er viele Gelegenheitsgedichte. Kein Thema verdroß ihn. Er besang den zahmen Löwen seines Kaisers mit der gleichen Hingabe wie das siebente Konsulat des Domitianus, das Haar des kaiserlichen Lustknaben Earinus, den an einer Magenverstimmung verschiedenen Papagei des Melior und das Landhaus seines Gönners Pollius Felix in Sorrent ... und er tat es jeweils mit Geschmack und Eleganz, ja mit Seele.

Silvae 3. Ed Klotz 1911. *a* 1, 128; *b* 2, 23; *c* 5, 100

31 STEPHANOS VON BYZANZ. Griechischer Grammatiker, der unter der Regierung Justinians I. ein umfangreiches geographisches Wörterbuch, die Ethnika, verfaßte. Von den ursprünglich über fünfzig Büchern besitzen wir nur die Auszüge des Grammatikers Hermolaos. Vermutlich waren an der Fassung des Werkes noch mehr Autoren beteiligt. Der Artikel *Dodone*, der ganz erhalten geblieben ist, läßt ahnen, wie ausführlich diese Enzyklopädie war. Durch Stephanos sind uns viele Zitate aus sonst verlorengegangenen Werken der griechischen Literatur und viele Stellen aus älteren geographischen Werken überliefert worden. Er berücksichtigte auch jeweils die berühmten Männer, die aus dem angeführten Orte stammen. So ist Stephanos der einzige, der die Herkunft des Possendichters Blaisos aus Capri bezeugt.

Ethnika, Ed. Meineke 1849, Seite 357

32 STRABON. Aus Amasia in Kappadokien, südlich des Schwarzen Meeres. Sein Leben läßt sich ungefähr von 63 v. Chr. bis 20

n. Chr. verfolgen. Er entstammte einer angesehenen Familie und genoß eine gute wissenschaftliche Ausbildung. Über seine näheren Lebensumstände ist aber nichts bekannt. Seit etwa 29 v. Chr. soll er in Rom gelebt haben. Jedenfalls muß ihm Italien und vor allem Großgriechenland bekannt gewesen sein. Aus eigener Anschauung kannte er auch Kleinasien, Ägypten, Äthiopien, die Nordküste Afrikas und einen großen Teil Griechenlands. Er benutzte gute Vorgänger, Geographen und Historiker. Von der römischen Fachliteratur hielt er wenig. Er war zu seinen Lebzeiten nicht sehr bekannt. Erst jüngere Schriftsteller wie Stephanos v. Byzanz und Eustathius zitieren ihn.
Geographie, Ed. Kramer 1844-53. *a* 1, 22; *b* 1, 60; *c* 2, 123; *d* 5, 247; *e* 5, 248; *f* 6, 258

33 SUETONIUS, Gaius Suetonius Tranquillus. Lebte etwa von 75 bis 140 n. Chr. Er war plebejischer Herkunft, sein Vater Legionstribun, sein Großvater (Caligula 19) vermutlich ein kleiner Bediensteter am Hofe. Unter Traian lehrte Sueton Rhetorik in Rom. Sein Gönner, Plinius d. J., verschaffte ihm kaiserliche Vergünstigungen und kleine Ämter. Durch den selben Plinius kam er in den Kreis von Gelehrten und Dichtern, den dieser liebenswürdige Höfling um sich sammelte. Traians Nachfolger, Kaiser Hadrian, stellte Sueton als Geheimschreiber an, doch verlor er bald die kaiserliche Gunst. Sueton zeigt sich in seinem Werk über die ersten römischen Kaiser nicht als Geschichtsschreiber von Format. Schon seine analytische Darstellungsweise schließt jeden zusammenhängenden historischen Gedanken aus. Dadurch ist es auch mit der Zeitabfolge der Ereignisse schlecht bestellt. Sein Wissen um die Vorgänge seiner Zeit, seine Kenntnisse der geheimen Staatsakten, die anderen nicht zugänglich waren, hat er im Grunde nur angewandt, um möglichst viele Anekdoten zu erzählen und alles getreulich nach einem bestimmten Schema zu katalogisieren, z. B., wie viele günstige oder ungünstige Vorzeichen sich bei der Geburt oder vor dem Tode dieses oder jenes Kaisers gezeigt haben, wie viele Frauen und Kinder ein jeder gehabt hat, welche Krankheiten, welche Fehler, welche Laster, welche Vorzüge usw. Sein Werk wirkt mehr wie eine Sammlung von Material. Durch

diese Zettelkastenarbeit zerstört er jeden größeren Zusammenhang. Für die Nachrichten, die wir aus der Antike über Capri besitzen, ist er aber neben Tacitus unser ergiebigster Gewährsmann.
De Vita Caesarum (Biographien von zwölf Kaisern) Ed. Ihm 1909
a Augustus 72, 3; *b* Augustus 92, 2; *c* Augustus 98, 2-4; *d* Tiberius 40; *e* Tiberius 41; *f* Tiberius 43; *g* Tiberius 60; *h* Tiberius 62, 2; *i* Tiberius 65, 2; *k* Tiberius 73, 1; *l* Tiberius 74; *m* Caligula 10; *n* Vitellius 3, 2

34 TACITUS, Publius (?) Cornelius Tacitus. Sein Vorname steht nicht mit Sicherheit fest: Publius oder Gaius. Die meisten Historiker plädieren für Publius. Nach Nipperdays Berechnung wurde Tacitus im Jahre 54 n. Chr. geboren und entstammte einer Familie, die in der Gallia Cisalpina beheimatet war. Strittig ist auch, ob Tacitus dem Ritterstand angehörte oder ob er aus einem Zweig des uradeligen Geschlechts der Cornelier stammte. Wenn später Interamna als sein Geburtsort angegeben wurde, so ist das eine höfische Mystifikation zugunsten des spätrömischen Kaisers Cornelius Tacitus, der aus Interamna stammte.
Tacitus genoß die übliche rhetorische Ausbildung vornehmer junger Leute, die sich dem Staatsdienste widmen wollen. In den Jahren 77 oder 78 verheiratete er sich mit der Tochter des Feldherrn Agricola, dessen Leben er dann auch beschrieben hat. Dann durchlief er die Staatsämter. Im Jahre 88 sehen wir ihn als Prätor. Während der letzten acht Regierungsjahre des Domitian war Tacitus gezwungen, ein zurückgezogenes Leben zu führen; denn Domitian haßte den Familienanhang des Agricola. So war der glühende Patriot während seiner besten Mannesjahre zur Untätigkeit verurteilt. Das hat ihm das Leben verbittert und jenen Tyrannenhaß erzeugt, der seinen Gerechtigkeitssinn gegenüber anderen Kaisern (besonders gegenüber Tiberius) beeinträchtigt hat.
Unter Nerva, im Jahre 97, wurde Tacitus nachgewählter Konsul, und drei Jahre später focht er gemeinsam mit dem jüngeren Plinius den Prozeß gegen den erpresserischen Prokonsul von Afrika, Marius Priscus, durch. Plinius (Briefe 2, 11) hat den Prozeß anschaulich geschildert und dabei seinen Freund Tacitus gut charakterisiert: »Es antwortete Cornelius Tacitus mit

außerordentlicher Beredsamkeit und der ihm eigenen Würde, die in seinen Worten liegt.« Wahrscheinlich ist Tacitus, was ja das übliche Amt nach einem Konsulat war, Prokonsul in der Provinz Asia gewesen, und zwar 112-113, sofern die entsprechende Inschrift diesen Tacitus meint. Tacitus starb etwa im sechsundsechzigsten Lebensjahr bald nach Veröffentlichung seiner Annalen.
Mit Recht schrieb Ernst Kornemann (Tacitus S. 62), daß Tacitus »die Literaturgattung vom Untergang des Abendlandes eröffnet hat«. Die Gewißheit, daß die Res Publica, das altrömische Ideal des Gemeinwohls, für immer dahin war, und die Ahnung von einem Niedergang der römischen Welt liegen wie ein Alpdruck auf seinen Schriften, besonders auf seinen Annalen.
Von seinen Werken blieben erhalten: Der Dialog über die Redner, die Lebensbeschreibung des Agricola, die *Germania*, beträchtliche Teile der Historien und der Annalen. Bedauerlich ist in den Annalen die Lücke zwischen dem Fragment des 5. und dem Anfang des 6. Buches, in die der Sturz des Seianus fällt.
Annalen (eigentlich *Ab Excessu Divi Augusti*) Ed. Halm-Andresen 1913. *a* 4, 57; *b* 4, 58; *c* 4, 67; *d* 6, 1; *e* 6, 2; *f* 6, 10; *g* 6, 20

35 VERGILIUS, P. Vergilius Maro. Geboren am 15. Oktober 70 v. Chr. in Andes, einem Dorf bei Mantua, Er besuchte die Schulen in Mailand und Cremona und kam später nach Rom und Neapel. In Neapel genoß er den Unterricht und die Freundschaft des griechischen Dichters Parthenios aus Nikaia; in Rom hörte er den epikureischen Philosophen Siron. Er kehrte dann in seine Heimat zurück und studierte in ländlicher Abgeschiedenheit die griechischen Dichter. Bei der Landverteilung an die Veteranen nach den Wirren des Bürgerkrieges wurde auch das Landgut, das Vergil besaß, verlost. Es gelang Vergil aber, durch Vermittlung des Maecenas, von Octavianus eine Entschädigung zu erhalten, wohl in der Form, daß er ein Landgut in Kampanien erhielt. Mit der *Bucolica*, einer Nachahmung der Hirtenidyllen des Theokritos, erwarb er sich den ersten Dichterruhm. Er wurde mit einflußreichen Persönlichkeiten bekannt, blieb aber der stille in sich gekehrte Dichter, ein keuscher Träumer unter den weinfrohen und genießerischen Literaten der augu-

steischen Zeit. Er lebte meist nur noch in Neapel. Das milde Klima der griechischen Stadt am blauen Golf war seiner schwachen Gesundheit zuträglicher, als der hektische Betrieb der Weltstadt. In Neapel vollendete er die *Georgica*, ein Lehrgedicht, das er auf Anregung des Maecenas schrieb. Dann arbeitete er elf Jahre lang an seiner Aeneis und starb auf der Rückkehr von einer Reise nach Griechenland in Brindisi am 21. September 19 v. Chr. Er war mit Augustus in Athen zusammengekommen, reiste in dessen Gefolge zurück und erreichte sein geliebtes Neapel erst als Toter. Daselbst liegt er auch begraben ... vielleicht auf dem Posillipo, wo man noch heute ein Columbarium zeigt. Das, was ihn über alle Dichter seiner Zeit hinaushebt, ist seine seelische Haltung, seine Castitas und Pietas, sein Glaube an eine Weltordnung, seine transzendent begründete Rechtfertigung der römischen Sendung. Die prophetische Schau einer hereinbrechenden neuen Zeit tritt schon in seiner berühmten vierten Ekloge, nicht erst in den seherischen Stellen der Aeneis hervor. Darin steht er einsam in der Zeit wie alle Großen.
Aeneis, 7, 733 ff, Ed. Ribbeck 1895

Von den nachstehenden vier Titeln, die wir der Vollständigkeit halber bringen, sind 36 und 37 in bezug auf Capri zweifelhaft. Bei 38 handelt es sich um die sogenannte Schenkung des Tertullus an das Kloster von Montecassino.

36 MARTYROLOGIUM HIERONYMIANUM, fälschlich dem heiligen Hieronymus zugeschrieben. Ein Verzeichnis der Märtyrer nach Kalendertagen geordnet und nach dem Orte der Verehrung oder des Martyriums. Soll aus dem 4. Jahrhundert stammen und nach Duchesne auf die Vereinigung eines orientalischen mit einem römischen und afrikanischen Martyrologium zurückgehen. Ob die Textstelle Capri betrifft oder eine andere Insel ähnlichen Namens, ist schwer zu sagen. Auch der Thesaurus Linguae Latinae, Onomasticon C ist im Zweifel, ob es sich um Capri oder Cabrera (Capraria) handelt.
Acta Sanctorum, II *Delehaye-Quentin 1931*

37 RAVENATIS ANONYMI COSMOGRAPHIA. Unbekannter Geograph des ausgehenden 7. Jahrhunderts, ein dürf-

tiges erdkundliches Hilfsbuch, nach einer kreisrunden Erdkarte verfaßt, in deren Mittelpunkt Ravenna lag. Der Urtext muß griechisch gewesen sein. Überliefert wurde er in drei lateinischen Handschriften. Nach Kubitschek (Realenzyklopädie des klass. Altertums 20 Karten, S. 2115) ergibt sich eine Abhängigkeit von den Tabulae Peutingerianae, wie aus gemeinsamen Fehlern hervorgeht.
Cosmographia 5, 25. 5, Ed. Schnetz 1940. (Es ist auch hier nicht klar, ob Capri oder Capraria gemeint ist.)

38 REGESTA PETRI DIACONI. Petrus Diaconus wurde 1107 in Rom geboren und trat in jungen Jahren in das Kloster Montecassino ein. Im Jahre 1138 begab er sich an den Hof Lothar II. in Melfi, um den Frieden zwischen den Mönchen und dem Papst Innocenz II. zu stiften. Er führte die Chronik des Klosters von Montecassino des Leo Ostiensis bis zum 4. Buch fort. Es handelt sich hier um die sogenannte Schenkung Capris an das Kloster durch den Patrizier Tertullus (6. Jahrhundert).
Praeceptum Tertulli (Codex 518), S. 218. (Hierzu Erich Caspar, S. 231 Peter Diaconus und die Montecassiner Fälschungen, Berlin 1909.)

39 SERMO DE TRANSITO SANCTI CONSTANTII. Obwohl diese Predigt zu Ehren des heiligen Constantius, des Schutzpatrons der Insel Capri, erst Ende des 12. Jahrhunderts aufgezeichnet worden ist und nicht eigentlich zu den Texten aus der Antike gehört, so ist sie doch wegen der Nachrichten über das antike Capreae erwähnenswert. Sie bringt den Hinweis auf das Grabmal des Königs Telon, von dem sonst in keiner Handschrift die Rede ist. Die Handschrift dieser Predigt ist von dem Mönch Marinus im Auftrage eines gleichnamigen Abtes am 1. August 1174 im S. Severino-Kloster zu Neapel beendet worden. Das bezieht sich nur auf die Aufzeichnung der Predigt, deren Original wohl nicht lange nach dem Jahre 991, also nach dem Sarazeneneinfall, verfaßt wurde.

Sermo de Transito Sancti Constantii, Ed. Hofmeister nach der ehemaligen Wiener Handschrift Lat. 739 (Hofmeister, Aus Capri und Amalfi, Münchner Museum 1924, Bd. 4, 3.)

Bibliographie Capris in neuerer Zeit

(Weitere Namen von Autoren, besonders solchen der Unterhaltungs- und Reiseliteratur, sind im Register am Ende des Buches zu finden.)

GESCHICHTE UND ALLGEMEINES

Beloch, Julius, Campanien, Geschichte und Topographie des antiken Neapels und Umgebung, Breslau 1890, 2. Auflage (Capri S. 6, 278 bis 292, Ergänzungen 433-434 u. 437)

Canale, Antonio, Storia dell'Isola di Capri dalla età remotissima sino ai tempi presenti, Napoli 1887 (Kirchengeschichte Capris)

Capaccio, Giulio Cesare, Urbis Neapolis a secretis et divis historiae neapolitanae libri duo etc., Neapel 1607 (2. Auflage 1771, darin Capri S. 166-178)

Capasso, Bartolomeo, Le fonti della storia delle provincie napoletane dal 568 al 1500 con note del Dr. E. Oreste Mastrojanni, Napoli 1902

Cerio, Edwin, Capri nel Seicento, documenti e note (Capri im 17. Jahrhundert), Capri 1934

– L'Ora di Capri, Capri 1950 (deutsch: Capri, ein kleines Welttheater im Mittelmeer, München 1954; englisch: The Masque of Capri, London 1957)

Della Torre Rezzonico, Conte, siehe Romanelli

Diurnali del Duca di Monteleone a cura di Michele Manfredi, Bologna 1960 (1. Ausgabe 1895) S. 173 Eroberung Capris durch Alfons von Aragonien

Douglas, Norman, Capri, Materials for a description of the island, Florence 1930

– Siren Land, London 1911 (2. Auflage 1929)

Du Camp, Maxime, L'Ile de Capri; souvenirs du Golfe de Naples, in Revue des Deux Mondes, Paris 1862

Friedlaender, Immanuel, Capri, tradotto da Angelo de Angelis, Roma 1937

Furchheim, Friedrich, Bibliographie der Insel Capri und der Sorrentiner Halbinsel sowie von Amalfi, Salerno und Paestum, 2. Auflage, Leipzig 1916

Giordano, Fabio, De Capreis Insula, aus Historia Neapolitana, Ms.

Nr. XIII-B26 ex Biblioteca Nazionale Napoli (ca. 1580?) bei Norman Douglas, Materials S. 49-100

Gregorovius, Ferdinand, Die Insel Capri, mit Bildern und Skizzen von K. Lindemann-Frommel in Folio, Leipzig 1868, zuerst erschienen unter dem Titel Capri, eine Einsiedelei, in Figuren, Geschichte, Leben und Scenerie aus Italien, Leipzig 1856

Helwig, Werner, Capri, Lieblicher Unfug der Götter, Düsseldorf-Köln 1959, mit Buchschmuck von Laetizia Cerio. Siehe auch Namensregister über weitere Werke

Hofmeister, Adolf, Aus Capri und Amalfi, Münchner Museum 1924, 4. Bd. Heft 1 und 3. Vgl. auch Nr. 39 der Bibliographie aus der Antike

Le Fèvre, Jean, Journal de Jean Le Fèvre, evêque de Chartres, chancelier des Rois de Sicile Louis I et Louis II d'Anjou. Publié par H. Moranville, Paris 1887

Kopisch, August, Entdeckung der Blauen Grotte auf der Insel Capri. Zuerst erschienen in dem Jahrbuch *Italia*, herausgegeben von Alfred Reumont, Berlin 1838. Auch in den Gesammelten Werken, Berlin 1856

Mac Kowen, Capri, Napoli 1884

Mangoni, Rosario, Ricerche storiche sull'Isola di Capri, Napoli, 1834. Siehe auch unter Archäologie

Peterich, Eckart, Italien III. Prestel-Verlag, München 1967 (Capri S. 604-633)

Petraccone, Enzo, L'Isola di Capri, Bergamo 1913

Proelss, Johannes, Deutsch-Capri in Kunst und Dichtung, Leben und historischem Rückblick und poetische Blütenlese, Oldenburg und Leipzig 1901

Romanelli, Domenico, Isola di Capri, Manoscritti inediti del conte Della Torre Rezzonico, del professore Breislak e del Generale Pommereuil, pubblicati dall'abate Domenico Romanelli con sue note, Napoli 1816. (Diese Manuskripte gehörten ursprünglich Hadrawa und sollten dem zweiten Band seines Werkes, das er vorbereitete, angehängt werden. Er starb vorher. Siehe Hadrawa unter Archäologie)

Ruocco, Giobbe. Dieser Heimatforscher und streitbare Priester hat eine große Anzahl Monographien über Capri von sehr unterschiedlichem Wert geschrieben. In seiner Begeisterung für die

schöne Insel ließ er es oft an kritischem Urteil mangeln, und er verlor sich meist in nutzlosen Polemiken. Das Beste, was er geleistet hat, ist seine Sammlung mittelalterlicher Dokumente
- Monumenta Longobarda et Latina ad historiam Caprehensiam pertinentia, a cura di Ettore Patrizi, Neapel 1948
- Archivio storico Caprense I.-x (meist ohne Jahr) Neapel
- Capri attraverso i suoi documenti del secolo xv, Napoli 1955
- desgleichen Secolo xvi und xvii
- Capri nella sua storia e nei documenti angioini
- Capri nei suoi documenti archivistici
- La Basilica di S. Costanzo ossia il più vetusto monumento architettonico caprense religioso, Napoli 1948
- Capri nella donazione di Tertullo, Napoli 1930

Schoener, Dr. Reinhold, Capri, Natur, Volkstum, Geschichte und Altertümer der Insel, Wien-Pest-Leipzig 1892

Stegmann, Carl Joseph, Verfasser der anonym erschienenen Fragmente über Italien. Aus dem Tagebuch eines jungen Deutschen I. u. II, Tübingen und Stuttgart 1798-1799

Steinmann, Ernst, Capri, S. 334-355 in Pilgerfahrten in Italien, Olga von Gerstfeldt u. Ernst Steinmann, Leipzig 1910

Stoll, Heinrich Alexander, Capri, Traum und Leben. Ein Tagebuch, Göttingen 1937

Studniczka, Hanns, Saturnische Erde – Italien – 1940. Neuauflage in Goldmanns Taschenbüchern o. J.

Trede, Walter, Capri, die Perle des Mittelmeeres, Bilder aus Natur und Menschenleben. Mit 50 Lichtbildern. Hamburg 1893

Trower, Harold E., The Book of Capri. Naples 1906

Waiblinger, Wilhelm, Briefe aus der Insel Capri, gerichtet an Hofrat Winkler in Dresden (1828). Band 9 S. 161-203 der Gesammelten Werke von H. v. Canitz. Hamburg 1839

ARCHITEKTUR, TOPOGRAPHIE, ARCHÄOLOGIE UND EPIGRAPHIK

Alvino e Quaranta, Le antiche rovine di Capri disegnate dall'architetto F. Alvino, ed illustrate dal Cav. B. Quaranta. Napoli 1835, mit farbigen Holzschnitten

Bellucci, Antonio, Una iscrizione greco romana a Capri, Napoli 1958, Nachdruck aus der Zeitschrift Fuidoro 3-4, Anno v S. 67-78

Cerio, Edwin, L'avvaloramento archeologico di Capri. Le Pagine dell'Isola Capri, 1921
- La Casa nel Paesaggio di Capri, Roma o. J. (1922)
- La casa di Capri ed il Regolamento Edilizio Le Pagine dell'Isola, 1921

Corpus Inscriptionum Latinarum, Berlin 1883 Bd. x Nr. 6806-6810
Ephemeris Epigraphica, 1891 Bd. VIII Additamenta ad Vol x Nr. 670-673, Pars Posterior x Instrumentum domesticum – tegulae Campanae 8042, 60, 8059, 430 – Ex Familia Augusta p. 1189, VI Pars secunda, Berlin 1882 Nr. 8409; I, Pars prior S. 247

De Franciscis, Alfonso, Le statue della Grotta Azzurra nell'isola di Capri. Capri 1964

Feola, Giuseppe, Rapporto sullo stato dei ruderi Augusto-Tiberiani, MS 1830, pubblicato e annotato dal Dr. Ignazio Cerio. Napoli 1894

Hadrawa, Norbert, Norbert Hadrawas freundschaftliche Briefe über verschiedene auf der Insel Capri entdeckte und ausgegrabene Altertümer. Aus dem Italienischen übersetzt, mit Kupfern. Dresden 1794 in der Waṭtherischen Hofbuchhandlung. Dieser Übersetzung waren zwei italienische Ausgaben, 1793 in Neapel und 1794 in Dresden vorangegangen

Ihm, Maximiilan, Die sogenannte Villa Iovis auf Capri und andere Suetoniana, Hermes, Zeitschrift f. klassische Philologie, Bd. 36 S. 287-291, Berlin 1901

Inscriptiones Graecae Siciliae et Italiae etc. (IGI) Ed. Georgius Kaibel S. 9 Falsae Nr. 67, S. 234-235 XVI Capreae Insula Nr. 896-902; Addenda 897-901 a, Berlin 1890

Maiuri, Amedeo, Breviario di Capri, Napoli 1937, 2. Auflage 1947
- Scavo di Villa Jovis a Capri, in Atti del III Congresso nazionale degli Studi Romani, Roma 1934 – Nachgedruckt in
- Saggi di varia antichità, Venezia 1954, S. 443-458
- Dall'Egeo al Tirreno, Napoli 1962 (Capri S. 137-164)

Mangoni, Rosario, Ricerche topografiche ed archeologiche sull'Isola die Capri 1834

Pane, Roberto, Capri, Venezia 1954 – Über die Kirchenbauten auf Capri und Capreser Stil

Secondo, Giuseppe Maria, Relazione storica dell' antichità, rovine e residui di Capri, umiliata al Re da Giuseppe Maria Secondo, governatore dell'Isola. Napoli 1750

Thesaurus Linguae Latinae, Vol. II Onomasticon C (Artikel Capreae) S. 172, Berlin 1907-1913

Weichardt, C., Das Schloß des Tiberius und andere Römerbauten auf Capri, Leipzig 1900

ÜBER DIE EROBERUNG CAPRIS DURCH DIE FRANZOSEN IM JAHRE 1808

Alberino, Francesco, La presa di Capri. Poemetto con prefazione di Raffaello Flaminio. Napoli 1892

Ayala, Mariano d'Ayala, Memorie Storiche-Militari dal 1734 al 1815. Napoli 1835

Cerio, Edwin, La presa di Capri cantata da un prete anacaprese Fuidoro VII-VIII S. 65-67

– La presa di Capri in un frammento raro di MS, Le Pagine dell' Isola Capri o. J. (1922?)

– La letteratura sulla Presa di Capri, Le Pagine dell'Isola, Aprile 1922, S. 1-2

Chevalley de Rivaz, Voyage de Naples à Capri et à Paestum, exécuté le 4 Octobre 1845 à bord du bateau à vapeur Stromboli usw., Neapel 1846

Church, E. M., Sir Richard Church, London 1905

Coletta, Pietro, Storia del Reame di Napoli dal 1734 al 1825, Capolago 1834. Hat an dem Sturm auf Capri selbst teilgenommen

Douglas, Norman, Disiecta Membra in Capri 1936, S. 302-308 »Manuscripts in British Museum«

Fontanarosa, Vincenzo, Gioacchino Murat a Napoli ed a Capri Cronache Napolitane, Napoli 1896

Knowles, Sir Lees, The British in Capri – 1806-1808, London 1918. The Taking of Capri, London 1923

Lowe Papers, den Gouverneur der Insel, Sir Hudson Lowe, betreffend. Manuskripte im Britischen Museum. Siehe Douglas, Disiecta Membra

Saliceti, A., Rapporto del ministero della polizia generale sulla congiura dell'anno 1807 contro l'armata francese nel Regno di Napoli e contra la persona di S. M. Giuseppe Napoleone. Hierzu:

Trame, Le, Le trame dei Reazionari. Documenti di una congiura ordita nel Regno di Napoli nel 1807 e scoperta dal ministro Saliceti. Napoli 1861

VORGESCHICHTE

Bassani, F., e A. *Galdieri*, Strumeti chellani dell'isola di Capri. Parma 1911

De Blasio, A., L'epoca chelleana nell'Isola di Capri, Siena 1906

Duhn, Friedrich von, Artikel Capri im Reallexikon der Vorgeschichte, Berlin 1925, 2. Bd. S. 273-274

Giuffrida-Ruggeri, Nuovo materiale paleolitico nell'Isola di Capri, Roma 1908

Pignorini, L., Materiali paletnologici dell'Isola di Capri, in Bull. di Paletnologia italiana 1906

Regalia, Sul museo dell'Imperatore Augusto, in Archivio per l'Antropologia et Etnologia, 1889 fasc. III

Reinach, Salomon, Le Musée de l'Empereur Auguste, in Revue d'Anthropologie 1899

Rellini, Ugo, La grotta delle Felci a Capri, in Monumenti antichi pubblicati per cura della R. Accademia Nazionale dei Lincei, XXIX, Roma 1923

– Le Origini della civiltà Italica, Roma 1929

GEOLOGIE

Bellini, Raffaele, Alcuni appunti per la geologia dell'Isola di Capri, Roma 1902

– Osservazioni a favore della Tirrenide, in Bollettino Società Geologica Italiana, Rom 1926

– Ancora della Geologia dell'Isola di Capri, Roma 1902

– Osservazioni geomorfologiche sull'Isola di Capri, Milano 1910

– Studio sintetico sulla geologia dell'Isola di Capri, Pavia 1916

– Osservazioni nell'Isola di Capri e conferma dell'antico stato della regione tirrena, Napoli 1920

Breislak, Scipione, Mineralogia dell'Isola di Capri, bei Romanelli (siehe Geschichte und Allgemeines)

De Lorenzo, L'isola di Capri, in Atti della Reale Accademia dei Lincei, Roma 1907

Friedlaender, Immanuel (siehe Geschichte und Allgemeines)

Karsten, Hermann, Zur Geologie der Insel Capri, in Neues Jahrbuch für Mineralogie, Geologie etc., Stuttgart 1895 Bd. 1 S. 139-161

Kranz, W., Hohe Strandlinien auf Capri. Von W. Kranz, Haupt-

mann in der 1. Ingenieurs-Inspektion (Swindemünde). Mit 1 Kartenskizze auf Tafel I und 7 Abbildungen auf Tafel II
Oppenheim, Dr. Paul, Beiträge zur Geologie der Insel Capri und der Halbinsel Sorrent, mit einer geologischen Karte, Berlin 1889
– Die Insel der Sirenen von ihrer Entstehung bis zur Gegenwart, Berlin 1890
Parona, C. F., Fauna dei calcari con ellipsactinidi dell'Isola di Capri, in Rendiconto R. Accademia dei Lincei 1905
Rovereto, L'isola di Capri, Genova 1907
– Studi di geomorfologia, Genova 1908
Suess, Edouard, La face de la terre III. 1, Paris 1902 (über das Tyrrhenis-Problem)
Geologische Karte. Gute Aufschlüsse über die Geologie Capris gibt die neueste geologische Karte des Servizio Geologico: Carta Geologica d'Italia – Sorrent – I. di Capri, Foglio 196 Maßstab 1:100000 und 1:25000. Dazu auf Transparentpapier eine Gravimetrische Karte in den gleichen Maßstäben

FLORA

Cerio, Edwin, Flora privata di Capri, Napoli 1939
– Il giardino e la Pergola nel paesaggio di Capri, Rom 1922
Cerio, Ignazio e Raffaello *Bellini*, Flora dell'Isola di Capri, Napoli 1900
Gillbanks, Jackson, Plants in the island of Capri, in The Garden, Vol. XI, London 1877
Giraldi, Dott. Luigi, Catalogo delle piante dell'Isola di Capri, bei Bertoloni, Antonio, ›Flora Italica‹. Bologna 1833-54
Guadagno, Ing. Michele, Flora Capearum nova, Forlì 1932
Gussone, Giovanni, Catalogo di piante che riguardano Capri e Castellammare, in Giornale Enciclopedico Napoletano, anno V vol I. Napoli 1812
Herbich, F., Botanischer Ausflug nach der Insel Capri, Botanische Zeitung 1824, S. 481-488
Knuth, Paul, Blütenbiologische Beobachtungen auf der Insel Capri, Gent 1893
Pasquale, Giuseppe Antonio, Flora dell'Isola di Capri, in Statistica fisica ed economica dell'Isola di Capri, Napoli 1840, S. 23-53 mit einer Tafel

— Flora Vesuviana o Catalogo ragionato delle piante del Vesuvio, confrontate con quelle dell'Isola di Capri e di altri luoghi circostanti, in Atti della R. Accademia delle Scienze fisiche e matematiche Vol. IV, Napoli 1868

Tenore, Michele, Memoria sulle peregrinazioni botaniche effettuate nella provincia di Napoli nella primavera del 1825, in Atti dell'Accademia delle scienze, sezione della Società Reale Borbonica, vol. III Napoli 1832 (Im 2. Teil S. 66-98 Flora der Insel Capri)

Wiener, Kurt, Capri, eine Einführung in die Pflanzenwelt des Mittelmeergebietes, Hannover 1934, mit 15 Abbildungen. Im Anhang weitere Literaturangaben

FAUNA – DIE FARAGLIONI-EIDECHSE

Abel, Dr. Erich, Die Faraglioni-Felsen bei Capri, der Lebensraum schwarzblauer Eidechsen, in Natur und Volk, Bericht der Senckenbergischen Naturforschenden Gesellschaft 82, Heft 12, Frankfurt a. M. 1. Dez. 1952, Seite 381-386 mit 4 Abbildungen

Bedriaga, J. von, Über die Entstehung der Farben bei den Eidechsen, Jena 1874

— Die Faraglioni-Eidechse und die Entstehung der Farben bei den Eidechsen, Heidelberg 1876

— Beiträge zur Kenntnis der Lacertiden-Familie, Frankfurt a. M. 1886

Braun, Max, Lacerta Lilifordi und Lacerta Muralis – Inaugural-Dissertation, Würzburg 1877, S. 44ff über die Faraglioni-Eidechse.

Cerio, Edwin, La lucertola del Faraglione, in Le Pagine dell'Isola, Agosto 1922, S. 1-2 – weiteres in L'Ora di Capri, 1950 S. 443-444

Douglas, Norman, On the Darwinian hypothesis of sexual selection II. The case of the wall lizard, in Natural Science, London 1895 S. 401

Eimer, Dr. Theodor, Zoologische Studien auf Capri von Dr. Th. Eimer, Privatdozent für Zoologie an der Universität Würzburg, mit teilweise kolorierten Tafeln, Würzburg 1873

— Zoologische Studien auf Capri II. Lacerta muralis coerulea. Ein Beitrag zur Darwinschen Lehre. Mit 2 kolorierten Tafeln und drei Holzschnitten, Leipzig 1874

— Notiz über die Faraglioni-Eidechse in Amtl. Bericht der 50. Versammlung deutscher Naturforscher und Aerzte, München 1877

– Untersuchung über das Variieren der Mauereidechse, Berlin 1881

Giglioli, E. H., Colour variation in Lizards, in Nature, London, 5. Dezember 1878. Antwort an A. R. Wallace

Lehrs, Ph., Über die Faraglioni-Eidechse, in Zoologischer Anzeiger, Leipzig, 10. März 1902

Mertens, Prof. Dr. Robert, Schwarzblaue Inseleidechsen und die neueren Ansichten über ihr Farbkleid, in Natur und Volk, Bericht der Senckenbergischen Naturforschenden Gesellschaft, 82, Heft 12 S. 386-394, mit vier Bildern, Frankfurt a. M., 1. Dezember 1952

Wallace, A. R., Remarkable local colour-variation in Lizards, in Nature, London, 7. November 1878

Namen- und Sachregister

(Römische Namen sind im allgemeinen unter dem Familiennamen zu suchen, doch erscheinen bekannte Persönlichkeiten wie Domitian, Tiberius, Statius, Tacitus usw. unter dem häufiger zitierten Vor- oder Nachnamen.)

ABBEVILIEN 22
Abel, Erich, 243, 343
Achenbach, Oswald 292
Acheuléen 30–31, 36
Actium 125
Acton, Harold, 276
Acton, Sir J. F. Edward, 221
Addison, Joseph, 210–211, 311
Aelius Sabinus, 64
Aeneas 31, 313
Agathe, Heilige, 153
Agesandros 99
Agoranomen 12, 42, 97, 98, 110
Agrippa I., jüd. König, 107–112, 117–125, 145
Agrippa II., jüd. König, 110, 121
Agrippina 91, 144, 145
Akropolis d. Sarazenen 148
Alberino, Francesco, 227f., 340
Aldington, Richards, 281
Alexander der Große 129, 138
Alexandros Alabarchos 117, 135
Alfons I. von Aragon 54, 177–179, 181–182, 196, 220

Alfons III. von Aragon 175–176
Allers, Wilhelm Christian, 294–296
Allmers, Hermann, 250–251
Alvino, Francesco, 45, 63, 338
Amalfi 147–148, 149, 150, 158, 162, 163, 170, 179, 180, 196, 201, 337
Amulgavari 175
Andersen, Hans Christian, 231, 239
Andreas Bergamatis 149
Andrejewa, Maria Fjodorowna, 270–271
Andronikos Paläologos II. 175
Anthemoessa 32
Antike Scholien zu Juvenal 74, 327
Antike Treppe nach Anacapri 11, 51, 226
Antipas, Herodes, jüd. König, 110, 111, 125
Antonia, Frau Drusus d. Ä., 108, 118, 120–121, 124, 141, 144
Apion 122–123

Apragopolis 70–74, 314, 326
Aprea, Eugenio, 309
Aragonier 54, 116, 173–176, 177–178
Archenholz, Joh. Wilhelm, 210
Arcucci, Eliseo, 154, 163
Arcucci, Gennaro, 216
Arcucci, Jacobus, 163–165
Aretino, Pietro, 192
Aristobulos d. Ä. 108, 118
Aristobulos d. J. 111–112
Aristodemos 40
Aristoteles 160
Artemidoros 313
Artieri, Giovanni, 288, 299
Arudsch Barbarossa 188–189
Asinius Gallus Saloninus, Caius, 140–141
Athanadorus-Inschrift 99
Athanasius, Bischof, 148–149
Athenaios 46, 47, 48, 202, 313, 317
Atlantis-Sage 19
Aufidius Bassus 135
Augustus 10, 12, 50, 54–55, 63, 65, 70–71, 79, 89, 97–98, 104, 106, 126–128, 129, 131, 132, 137, 139–140, 141, 142, 314, 318, 324, 334
Aurelius Victor 314, 317–318
Ausonius 85, 318
Averroes 161
Avicenna 161

BAGNI DI TIBERIO 65, 88
Balestrieri, Lionello, 297–298
Barile, Antonio, Herzog von Marianella, 206–207
Barrias, Felix Joseph, 292
Bedriaga, J. von 242–243
Behring, Emil, 263
Belisar 179

Bellini, Raffaello, 240, 341
Bellucci, Padre Antonio, 102–103, 338
Beloch, Julius, 38, 42, 62, 247, 336
Benner, Jean, 293
Berenike d. Ä. 108, 109, 118
Berenike d. J. 110, 121
Bierbaum, Otto Julius, 261
Blaisos 12, 46–49, 313, 330
Blaue Eidechsen 10, 240–245 343, 344
Blaue Grotte 9, 65, 66, 83, 85–88, 225, 228, 229, 230–239, 250, 269f., 277, 293, 297, 311, 337
Blechen, Karl 292
Boalim 150–151
Boccaccio, Giovanni, 168
Bochart, Samuel, 27, 40–41
Bogdanow 272
Bouchard, Jean Jacques, 150, 205–206, 211
Bourgeois 260, 285–286
Bunin, Iwan, 271
Byzantinische Restauration 152

CALIGULA (Caius) 79, 119, 121, 124, 125, 135, 143, 144–145, 327, 331
Calpurnius Piso Pontifex 111
Caltabellotta 176
Camerelle 67, 76, 79
Campanella, Tommaso, 195–196
Campetiello 224
Campo Pisco 226
Capaccio, Giulio Cesare, 157, 205, 211, 233, 236
Capasso, Bartolomeo, 157, 336
Capo d'Orso 184, 185
Capraria 43, 44, 316, 321, 334
Capreus, König, 12, 27, 31–32, 313, 314, 328

REGISTER

Caprile 51
Capua 40, 148, 163, 170, 177
Caracciolo, Francesco, 222
Caracciolo, Tristano, 179, 180, 183
Carmelina, La Bella, 289–290, 297
Casa Rossa 10, 90, 92, 98, 100, 309
Casaubonus 55
Caserta 66, 156, 163, 170
Caspar, Erich, 316, 335
Cassiodorus 322
Cassius Dio 80, 136, 141, 142–143, 146, 312, 314, 318
Castello di Barbarossa 190, 234
Castello, Raffaele, 299–300
Castiglione 53, 62, 65, 88, 99, 151, 176, 191, 193, 202, 226
Cato 314
Celentano, Carmelita, 300
Cerio-Wiedermann, Claretta, 248, 259, 267, 302
Cerio, Edwin, 186, 205, 220, 239, 242, 248, 258, 262, 266, 280, 286, 287, 298, 302–307, 310, 336, 339, 340, 342
Cerio, Ignazio, 23, 240–242, 267, 268, 286, 302, 342
Cerio-Holt, Laetitia, 301
Certosa 30, 67, 157, 163, 164, 165, 182, 183, 192, 193, 196, 201, 203, 208, 214, 265, 297, 310
Cesareo, Augusto, 288
Cetara 149
Chatelet, C. L., 291
Cheireddin Barbarossa 188–192, 194, 195, 203, 234
Chelléen 22
Ciamurri 167
Cicala, Scipio (Bassa Sinan), 195
Cicero 134

Citrella 88
Claudia Quinta 84
Claudianus 318–319, 329
Claudius, Kaiser, 108, 118, 125, 324, 327–328
Clavel, Gilbert von, 278, 302
Clemens IV., Papst, 166
Clemens VII., Papst, 169
Cluvius Rufus 122, 314, 321
Cocceius Nerva, der Jurist, 143
Coignet, J., 292
Coleman, Charles Caryl, 283
Coletta, Pietro, 224, 340
Commodus, Kaiser, 80, 145–146, 317
Como, Ignazio Maria, 103
Conrad, Joseph, 278
Consalvo, Pater, 183, 184–186
Contrada del Mulo 33, 88
Cornelius Nepos 324
Corot, Camille, 292
Costanzo, Angelo di, 178–179
Crispina 80, 146
Croce, Benedetto, 181
Crô-Magnon 22
Curtis, Gian Battista de, 288–289
Curtius Atticus 143

DAMECUTA 56, 64, 65, 66, 88, 193, 224, 239, 286
Danilewski, Gregor, 269
Dante Alighieri 162, 168, 230
Dantschenko, Basil Nemirowitsch, 269
Däubler, Theodor, 261–262
Della Torre Rezzonico, Conte, 72, 73, 77, 104, 336
Desprez, L. J., 292
De tribus impostoribus 161
Diefenbach, Wilhelm, 296–297, 305

Dietrich von Nieheim 170
Diliarchos 316
Diodoros Aristophaneos 48
Dionys von Halikarnass 37
Diurnali del Duca di Monteleone 177, 237, 336
Dohrn, Anton, 265
Domitian, Kaiser, 131, 136, 145, 322, 330, 332
Donatus, Aelius, 32, 328
Doré, Gustave, 293, 294
Doria, Andrea, 186, 192
Doria, Filippino, 184–185
Douglas, Norman, 23, 41, 45–46, 79, 81, 86, 92, 99, 100–101, 104, 190, 227, 231, 239, 248, 258, 260, 275–279, 281, 284, 310, 316, 336, 337, 340, 343
Dragut, der Korsar, 192, 203
Drake, Sir Francis, 188
Drusus d. Ä. 131, 141
Drusus d. J. 108, 109, 144, 145
Du Camp, Maxime, 284–286
Due Mari 53, 179
Duhn, Friedrich von, 24, 263, 341
Dumas d. Ä., Alexandre, 231
Dzershinski, Felix, 271

EDRISI, Esch Scherif al, 151
Eduard I. von England 176
Egizio, Matteo, 103, 104
Eimer, Theodor, 241–242, 343
Elephantis 76
Enzo, König, 161
Ephoros 37, 38
Erchempert 149
Erzengel Michael 152–153, 156
Etrusker 11, 40, 41, 53
Eugen, Prinz von Schweden, 298
Euhemeros 90

Euodos 13, 143
Eutychos 119, 120, 121
Ewers, Hans Heinz, 258

FARACE, Antonio, 227
Farace, Michele, 298
Faraglioni 18, 73, 81, 232, 234, 240, 242, 243–245, 292, 297
Farinelli, Arturo, 210
Fasti Antiates 43, 97
Fasulo, Manfredi, 288
Feola, Giuseppe, 62, 88, 220, 339
Ferdinand I. (IV.), König beider Sizilien, 210, 216, 219, 220–221, 229
Ferdinand I. von Neapel (Ferrante) 181, 182
Ferrarius, Philippus, 154, 155
Ferraro, Angelo, 230, 231
Fersen, Comte Jacques de Fersen Adelswaerd, 266
Flor, Roger de, 175
Florentinus 21
Förster, Richard, 99
Forsyth Mayor, I. C., 18
Fortino, Il, 91, 101, 283
Fourmont, Michèle, 99
Franz I. von Frankreich 184, 186
Freccia, Marino, 148
Friedlaender, Immanuel, 24, 45, 61, 73, 78–80, 83, 86, 104, 156, 239, 244, 263, 336, 341
Friedrich Barbarossa 154, 163, 164
Friedrich II. von Aragon-Sizilien 176
Friedrich II. von Hohenstaufen 158–162, 163, 174, 220
Fries, Ernst, 230, 231, 293
Furchheim, Friedrich, 239, 247–248, 336

GAETA 147, 148, 176, 189
Galli-Inseln (Sirenusae) 16, 33, 72, 149, 206, 243
Gamboni, Bischof Nicola Saverio, 216
Geibel, Emanuel, 247
Germanicus 92, 108, 119, 130, 131, 144
Giannone, Pietro, 148, 179
Gigante, Giacinto, 291
Giordano, Fabio, 75, 88, 190, 286, 316, 336–337
Giraldi, Luigi, 66, 83, 342
Goethe, Johann Caspar, 210
Goethe, Johann Wolfgang von, 34, 86, 209, 210, *211–214*, 247, 291, 293
Gonzaga, Giulia, 189–190
Gori, Francesco, 103
Gorki, Maxim, *269–274*
Gradelle, Le, 225, 228
Gregor der Große, Papst, 43, 153, 316, 319
Gregorovius, Ferdinand, 79, 102–104, *105*, 246, 337
Grosse, Julius, 247
Grotta Bianca 83
Grotta del Castiglione 83
Grotta dell'Arsenale 83–84
Grotta delle Felci 23, 24, 35, 341
Grotta di Matromania, 83, *84*, 102, 103, 106
Grotta di Tiberio 83
Grotta Meravigliosa 258
Grotta Oscura 67, 211, 233, 311
Grotta San Felice 265
Grotta Verde 297
Gryphius, Andreas, 209
Grzimek, Bernhard, 203

HACKERT, Philipp, 291–293
Hadrawa, Norbert, 62, 65–66, 79, 92, 220, *221*, 339
Hadrian 105, 317, 331
Haeckel, Ernst, 250–251
Hamilton, Lady und Lord, 221
Hatzfeld, Adolf v., 303
Hauptmann, Gerhart, 252, *257*
Hegesippus 319
Hehn, Victor, 247
Heine, Heinrich, 292
Heinrich VI., Kaiser, 162
Hekataios 28, 41, 43, 312, 315, *320*
Heliogabal 78
Helwig, Werner, 248, 261, 303, 311, 337
Herkulaneum 209, 220
Hermolaos 46, 330
Herodes der Große 107, 108, 118, 125
Herodias 110
Herodot 20
Herondas 48
Hesiod 30, 32, 36, 38, 39
Hesychios 46, 48, 313
Heyse, Paul, 247, *248–249*, 250
Hippodrom 79, 100
Hippokles 38
Hipponax von Ephesos 48
Hölderlin, Friedrich, 235
Höppner (Meister Fidus) 296
Hofmeister, Adolf, 335, 337
Hohenbruck, Brüder, 162, 163
Horaz 12, 279
Hyacinthus 67, 89, 101
Hypatos-Inschrift 100, 102–106, 136, 338 (Bellucci)

IHM, Maximilian, 55, 339
Illyrische Wanderung 28–29
Io 55, 61, 339

Ippolito de'Medici, Kardinal, 190
Ischia 12, 24, 25, 39, 40, 45, 66, 68, 142, 151, 168, 176, 184, 237
Itinerarium Antonini 321

JAYME von Sizilien 175, 176
Jerome, Thomas Spencer, 258, 260, 281
Johann II. von Frankreich 169
Johanna I. von Anjou 163, 168, 169, 170, 171
Johanna II. von Anjou 172, 177
Johannes der Täufer 110
Joseph Napoleon, König, 222, 223
Josephos, Flavius, 107, 117, 119, 122, 123, 125, 143, 314, 319, 320–321
Julia d. Ä. 89, 139–140
Julia d. J. 324
Julianus Apostata 314, 317, 321–322
Julius Caesar 108, 127, 129, 133, 136, 137
Julius Honorius 43, 315, 322
Julius Marinus 143, 144
Julius Silanus 137, 143
Justinian, Kaiser, 46, 313, 330
Juvenal 64, 77, 280, 305, 314, 322–323, 327

KAIBEL, Georg, 42, 90, 98, 99, 106, 317, 339
Kaprietoi-Inschrift 42, 98, 309
Karl I. von Anjou 162, 163, 166, 173, 174, 175, 220
Karl II. von Anjou (der Hinker) 174, 176
Karl III. von Bourbon 103, 219, 220

Karl von Durazzo 165, 169, 170, 171, 182
Karl v., Kaiser, 183, 184, 186, 191, 220
Karl Martell von Ungarn 168
Kiepenheuer, Karl Otto, 303
Kleber, Friedrich, 220, 303
Kniep 214, 291
Knowless, Sir Lees, 228, 340
Koch, Joseph Anton, 239
Konon 162
Konradin 162
Kopisch, August, 85, 87, 89, 230–231, 233, 238, 337
Kornemann, Ernst, 132, 333
Krupp, Friedrich Alfred, 9, 264–268, 304, 307
Kubitschek, Wilhelm, 321, 322, 333–334
Kyme (Cuma) 35, 37–39, 40, 45, 52

LADISLAUS, König, 171, 172, 177, 179
Lamarque, Jean Maximin, 178, 224, 225
Lampridius 78, 323
Landsberg (Warthe) 15
Lautrec, Odet de Fois, Vicomte de, 184
Lawrence, D. H., 277–278
Le Fèvre, Jean, 171, 337
Lellis, Camillo de, 163, 165
Lenin 269, 271-273
Lessing, Gotthold Ephraim, 99
Leto, Achille, 297–298
Leuchtturm (Faro) 78, 315
Ligorio, Pirro, 91, 99
Lingg, Hermann, 234, 247
Lipsius, Justus, 55
Littera, Filipella de, 162–163
Littera, Nicola de, 162

REGISTER

Livia Augusta 56, 67, 89, 131–133, 139, 141, 144
Livius, Titus, 37
Lo Bianco, Salvatore, 265
Loria, Roger de, 174, 175
Lowe, Hudson, 222–227, 340
Lucera 161, 162
Lucilla 80, 146
Ludwig II., Kaiser, 148
Ludwig I. (Valois-Provence) 169, 170, 171
Ludwig II. (Valois-Provence) 171
Ludwig III. (Valois-Provence) 177
Ludwig IX. von Frankreich 166
Lunatscharski, Anatol, 271
Lydos, Johannes, 46, 47, 313
Lysippos 61

MACCHIA 20, 306
Mac Kowen 90, 239, 282–283, 284, 309, 337
Macrobius 328
Madonna della Libera 191
Maiuri, Amedeo, 52, 63, 73, 86, 102, 103, 239, 286, 309, 339
Malaparte, Curzio, 287 f., 300
Manfred, König, 173, 174
Mangoni, Rosario, 11, 15, 27, 62, 77, 91, 98, 148, 186, 208, 337, 339
Marc Aurel, Kaiser, 317
Mariamne 107–108
Marie von Bretagne 169, 171
Marie Karoline, Königin, 216, 221, 222, 229
Marina Grande 10, 11, 18, 50, 51, 53, 54, 64, 80, 82, 84, 99, 151, 174, 176, 222, 224, 226, 291
Marina Piccola 18, 82, 205, 224, 309

Marinus, Herzog von Amalfi, 148, 149
Martial 72
Martianus Capella 315, 323
Martorelli, Giacomo, 40, 44, 73, 103, 104
Martyrologium Hieronymianum 315, 334
Marucello 51
Masgaba 71, 72, 73
Materita 193
Mau, August, 263
Maximilian I., Kaiser, 183
Mayer, Karl August, 246
Megasthenes 38
Mela, Pomponius, 16, 315, 324
Mendelssohn-Bartholdy, Felix, *237–238*
Mertens, Robert, 244, 344
Migliora 51
Misenum 13, 17, 62
Mithras-Relief 84, 155
Mommsen, Theodor, 40, 79, 134, 247
Monacone 72, 73, 82
Montecassino 148, 153, 316, 335
Monte San Michele 53, 79, 156, 226, 271
Monte Sant'Angelo 9, 153
Monte Solaro 11, 17, 18, 21, 23, 44, 51, 53, 178, 202, 225, 226, 234, 240, 291, 303
Monte Tiberio 18, 183, 185, 286, 290
Montesquieu, Charles de Secondat, Baron de, 211
Morgano, Lucia, 249, 294, 296, 297
Moritz, Karl Philipp, 210
Mulo, Contrada del, 33, 38
Munthe, Axel, 92, 135, 136, 201, 278, 279, 280, 283, 302, 309

Murat, König Joachim, 54, 220, 222, 223, 225, 227, 229
Muratori, Lodovico, 103
Mutaner, Ramón, 175
Mythographi Vaticani 33, 314, 324

NAEVIUS, Sertorius Macro, 121, 144
Napoleon I. 216, 222–223, 229, 285
Neapel 9, 17, 33, 35, 40–42, 45, 68, 142, 147, 148, 150, 161, 167, 173, 178, 179, 184, 192, 207, 209, 219, 222, 280
Negri, Ada, 287, 303
Nelson, Lord Horatio, 221, 222
Nero, Kaiser, 72, 132, 320, 328
Nerva, Kaiser, 332
Niccolini, Antonio, 86
Nicola, Sergio de, 175–176
Nicolaus Magister 183
Nicolaus IV., Papst, 176
Nietzsche, Friedrich, 323
Nikias 56
Nilos Doxapatrios 152
Nissen, Heinrich, 247
Normannen 147, 148, 152, 153, 166, 196
Notker der Deutsche 323
Novella, Morgigni, 233

ODYSSEUS 11, 16f., 29, 30, 33, 308
Öhman, Yngve, 303
Oibalos 11, 27–31, 313, 314, 324
Orico 178, 224, 225
Ostgoten 147, 159, 179
Ottaviano degli Ubaldini 162
Ovid 12, 140, 315, 324–325

PACICHELLI, Giovanni B., 211
Pagano, Giuseppe, 87, 230f., 232

Palazzo a mare 65, 89, 91, 142, 202, 286
Palladius 21
Palme, Carl, 298
Pan, der Große Pan, 14
Panchaia 90
Pandataria 89, 140
Pane, Roberto, 203, 339
Parate 202
Parrino, Domenico Antonio, 233
Parthenope 33, 36, 40
Passatiello 178, 225
Paterculus 41, 135
Paule, Hans, 298
Paulus Diaconus 149
Pedro III. von Sizilien 173–174, 175
Pellegrino, Bischof, 164, 196, 201, 208
Pellegrino, Paolo, 186–187
Pelliccia, Alessio Aurelio, 99, 100
Peterich, Eckart, 68, 308, 337
Petraccone, Enzo, 239, 337
Petrarca, Francesco, 168
Petrus Diaconus 316, 335
Peyrefitte, Roger, 226
Phanathemos von Athen 202
Philipp II., König von Spanien, 188
Philipp IV., König von Spanien, 206
Philipp VI., König von Frankreich, 169
Philo Judaeus 135
Phoiniker 20, 40, 41
Pitloo, A., Snunk van, 291–292
Platen, Graf August von, 230, 231, 236, 237
Platon 19
Plinius d. Ä. 20, 32, 44, 62, 63, 76, 111, 314, 315, 325–326

Plinius d. J. 75, 134, *326*, 331, *332*
Plutarch 13, 75, 314, *326*
Pollius, Felix, 81, *330*
Polybios 42
Polydoros 99
Pompeji 21, 35, 40, 45, 209, 221
Pomponius Flaccus 111, 112
Pontano, Giovanni, 182
Pratilli, Abbate, 104
Preller, Friedrich, 21, 293-294
Preuschen, Hermione von, 258
Prignano, ›Butillo‹, 170
Priscus Caesonius 143
Procida 66, 68, 168, 176
Proelss, Johannes, 249-250, 337
Promunturium Minervae 17, 33, 62
Pseudo-Aristoteles 33
Ptolemaios 112, 160, 315, *327*
Punta Campanella 17, 149, 185, 226
Punta Pino 224
Puteoli (Pozzuoli) 17, 45, 70, 72, 86, 117, 118, 237, 321

QUARANTA, Bernardo, 45, 63

RAINALD von Dassel 154
Ramses III., Pharao, 29
Rasch, Gustav Heinrich, 252
Rastelli, Bischof, 201
Rasumoffski, Andreas, 221
Ravenatis Anonymi Cosmographia 315, *334-335*
Rellini, Ugo, 24, 286, *341*
René (Renato) von Anjou 177, 178, 179
Rhinton 47-48
Rhodos 99, 138
Richard, Herzog der Normandie, 153
Rilke, Rainer Maria, 260-261

Robert von Anjou 167, 168
Robert Guiskard 149
Robert, Leopold, 292
Roger I. von Sizilien 152, 158, 220
Roger II. von Sizilien 151
Romanelli, Domenico, 73, 77, *337*
Ruocco, Don Giobbe, 27, 165, 193, 309, *337-338*

SAINT-NON, R. de, 292
Salerno 40, 147, 148, 149, 179, 185, 192
Saliceti, Cristofero, 223, *340*
Salome 110
Salto di Tiberio 10, 18, *75*
Salvaneschi, Nino, 287, 303
Sama 30, 165
Samniten 48, 53, 128
San Costanzo 84, 99, 100, 152-156
San Severino 154, 155
Sant'Anna 156
Santa Maria a Cetrella 157
Santa Maria delle Grazie 157
Santa Maria di Costantinopoli 157
Santa Sofia 157
Santo Stefano (Pro-Kathedrale) 10, 153-154, 156, 157, 164, 191, 206, 208, 316 (Kloster)
Sarazenen 148-151, 153
Scarfoglio, Edoardo, 264-265
Schadewaldt, Wolfgang, 38
Schaljapin, Fjodor, 271
Scheffel, Joseph Victor von, 246, 248-250, 251
Schlözer, Leopold von, 260-261
Schoener, Reinhold, 51, 62, 82, 247, 283, *338*
Scoglio delle Sirene 33, 38, 88

Scrofa, Sergio, 158, 163
Secondo, Giuseppe Maria, 103, 104, 220, 339
Sejan, Aelius, 12, 61, 64, 85, 109, 130, 131, 133, 137, 143, 144, 314
Selim II., Sultan, 189
Sellaria 76–77, 79
Sempronius Gracchus 140
Seneca d. Ä. 135
Seneca d. J. 111, 315, 327–328
Serafina di Dio, Suor, 204–205, 208, 277
Sermo de transito Sancti Constantii 28, 32, 150, 154–155, 314, 335
Servilius Nonianus 135
Servius Auctus 28, 32, 33, 314, 328
Servius Honoratus 27, 28, 32, 314, 328
Sidonius, Apollinaris, 328–329
Sigismondo de Sicula 163
Silanus, Decimus, 325
Silius Italicus 27, 329–330
Sirenen 11, 14, 21, 27, 32–36, 324
Siviero, Carlo, 298–299
Skyras 47
Smith, Sir Sydney, 222
Sorrent, 9, 17, 35, 72, 147, 153, 196, 201, 288
Sotades von Maroneia 48
Spadaro, Giuseppe, 242, 272, 297, 305
Sperlonga 84, 189
Spinthrii 76, 77, 78
Stahr, Adolf W. Th., 44, 76, 136
Statius, Papinius, 27, 36, 73, 78, 81, 143, 315, 329, 330
Stegmann, Carl Joseph, 91, 92, 214–217, 338
Stephanos Byzantios 43, 46, 312, 320, 330

Stoll, Heinrich Alexander, 105, 136
Strabon 28, 33, 37, 45, 50, 52, 313, 330–331
Strina, Familie, 171, 204
Suess, Edouard, 342
Sueton 10, 14, 44, 55, 56, 61, 70, 73–75, 77–79, 83–85, 111, 126, 134–135, 136, 139, 141, 143–145, 292, 314, 315, 318, 331–332
Suleiman II., Sultan, 126, 192
Suzzarelli, Antonio, 223
Syme, Ronald, 127

TACITUS 10, 27, 55, 56, 65, 77, 84, 126, 131–132, 133–135, 136, 141, 314, 315, 332–333
Taurubulae (Tuori) 73, 80–81
Teleboer 11, 27, 28–31, 78, 308, 313, 315, 327
Telmann, Conrad, 239, 258
Telon 11, 12, 27, 28–31, 313, 314, 335
Tenore, Michele, 240
Terentius, Marcus, 126, 130
Terentius Varro 323, 324, 325
Tertullus 316
Theokritos 47
Thorold, Sir Nathaniel, 216, 217–218
Thrasyllos 14, 71
Thukydides 37, 53
Thylander, Hilden, 92
Tiberius 9, 10, 13–14, 44, 55, 56, 61–63, 65, 67, 71–72, 76, 78, 83–89, 90, 97, 99, 100, 102, 104–107, 109, 111, 118, 120, 122–124, 126–146, 150, 160, 230, 277, 280, 281, 312, 314, 322, 325, 327, 332
Tiberius Gemellus 118, 119, 121, 144

Timaios 36
Timberino 88, 91
Tischbein, Johann H. W., 291
Titus 110, 325
Tommaso da Procida 165
Tragara 12, 64, 67, 81–82, 234
Trajan 129, 155, 326, 331
Trasele 202
Trower, Harold, 281, 282, 284, 338
Truglio 51, 151
Tuoro Grande (siehe auch Taurubulae) 67, 73, 81
Turgenjew, Iwan Sergejewitsch, 269–270
Tyrrhenis 18–19, 22, 244, 341, 342

UMBERTO I., König von Italien, 250
Ungaretti, Giuseppe, 300
Unghia Marina 11, 16, 67, 89, 311
Urban VI., Papst, 169, 170

VERGIL 12, 27, 32, 33, 37, 111, 130, 313, 328, 329, *333–334*
Vescularius Flaccus 143
Vespasian 80, 320
Via Longano 52
Via Tragara 23, 302
Viktor Emanuel II., König von Italien, 220

Villa Cesina 90, 92, 282
Villa der Io *55–56*, 61–65, 66, 83, 99, 101, 315
Villa Jovis 55, 88, 339
Villa Julia 89
Villa Narcissus 90, 98, 283
Vipsania 14, 138, 139
Vipsanius Agrippa, Marcus, 139, 325
Vitellius, Kaiser, 88, 143, 145
Vitellius, Lucius, 143, 145

WACHTELBISCHÖFE 196, 201
Wachteln 159, 196, *201–203*, 210, 217, 221, 232
Waiblinger, Wilhelm, 89, 211, 231, *232–236*, 338
Waimar von Salerno 153
Wald-Zedtwitz, Ewald von, 295
Weber, August, *258–259*, 260
Weichardt, Carl, 51, *63*, 263, 340
Wenner, Arnold, 83, 280, 310, 311
Wenner, Robert, 98
Wilde, Oscar, 235, 284
Wilhelm II., Kaiser, 11, 264, 265, 267
Willkomm, Adolf, 251–252
Wreford, Henry, 260, 282

XIPHILINOS 318

ZSCHALIG, Heinrich, 289

Erläuterungen zur Karte der Insel Capri

1. Fundstätte von diluvialen Tierknochen und paläolithischem Werkzeug
2. Funde aus der Stein- und Bronzezeit in der Grotta delle Felci
3. Reste der griechischen Großsteinmauer bei der Bergstation der Drahtseilbahn
4. Reste der griechischen Stadtmauer am Westabhang des Castiglione
5. Antike Treppenstraße nach Anacapri, fälschlich ›Phönizische Treppe‹ genannt
6. Römischer Sarkophag auf der Terrasse des Hotels Grotta Azzurra (vermutlich aus dem 4. Jh. n. Chr.)
7. Antike Kloake
8. Trümmer der antiken Hafenmole, vom Meer überspült
9. In diesem Umkreis befand sich vermutlich die antike Stadt an der Marina Grande, eines der Städtchen des Strabon
10. Anhäufung antiker Gräber. Nekropole der Stadt an der Marina Grande?
11. Römische Zisterne (Truglio)
12. Fünf römische Zisternen (Marucello)
13. Römische Zisterne mit Quellwasserspeisung (Acquaviva)
14. Palast mit umfangreichen Anlagen in Meeresnähe, vermutlich des Kaisers Augustus (Palazzo a mare)
15. Hafenanlagen aus römischer Zeit mit Schwimm- und Fischbecken. Die sogenannten ›Bagni di Tiberio‹
16. Ruinen einer römischen Kaiservilla auf dem Castiglione und mittelalterliche Burg. Darunter die riesige Höhle des Castiglione
17. Palastanlagen des Kaisers Tiberius, die größten und umfangreichsten der Insel. (Villa der Io)
18. Felsabsturz, angeblich die Hinrichtungsstätte des Tiberius (Salto di Tiberio)